Droemer

HOTELS FÜR
KENNER UND LIEBHABER

Klein, aber fein

Deutschland

Aus dem Englischen übersetzt
von Maria Paukert, Günther Kirchberger,
Ernö und Renate Zeltner

Droemer Knaur

Herausgeber *Chris Gill, Nicola Cunningham, Lucy Koserski*
Assistenten *Nicola Davies, Ian Stratford*
Tester *Philip Baldwin, Joanna Baldwin, Nick Palmer*
Design *Mel Petersen*

3., revidierte Auflage 1996

Titel der englischen Originalausgabe
»Charming Small Hotel Guides: Germany«

Umschlaggestaltung: Atelier ZERO, München
Satzarbeiten: Fox and Partners, Norton St Philip, England
Druck: G. Canale & C. SpA, Turin
Printed in Italy

ISBN 3-426-26582-6

4 5 3

Inhalt

Einführung

Der Verlag legt hier die vollständig bearbeitete und aktualisierte Neuausgabe des Bandes DEUTSCHLAND in der Reihe *Hotels für Kenner und Liebhaber* vor, die auch die Bände Frankreich, Italien, Spanien, Großbritannien, Österreich, Schweiz, Neuengland, Toskana und Umbrien sowie einen Band über Frankreich Bed & Breakfast umfaßt. Sie unterscheidet sich von anderen verfügbaren Hotelführern, weil die einzelnen Bände genau auf die Wünsche abgestimmt sind, die der Reisende von heute unserer Meinung nach wirklich hat.

Der größte Unterschied wird bereits im Titel angedeutet: Wir möchten nur solche Hotels und Pensionen vorstellen, die einen gewissen Charme haben und klein genug sind, um dem Gast einen wirklich persönlichen Service, zumeist vom Besitzer selbst, zu bieten. In Deutschland, wo stetig steigende Touristenzahlen zwangsläufig zu einer erheblichen Erweiterung der meisten Hotels zu führen scheinen, war dies nicht ganz leicht, doch die meisten der von uns vorgestellten Hotels haben weniger als 40 Gästezimmer; nur wenige mehr als 60.

Die Bände dieser Reihe unterscheiden sich auch noch durch die Beschreibung der einzelnen Häuser und durch die Gesamtkonzeption von anderen Hotelführern. Die Beiträge verwenden nur verbale Begriffe und enthalten kein einziges Symbol. Sie wurden von Menschen geschrieben, die etwas Persönliches zu sagen haben, und nicht von Bürokraten, die es längst verlernt haben, das Empfehlenswerte vom Mittelmaß zu unterscheiden. Das für die Herausgabe der Bände verantwortliche Team ist klein, bringt große Erfahrung in der Beurteilung von Hotels mit und besitzt ein sicheres Auge für besonders wichtige Details. Wir haben zwar auch Berichte und Erfahrungen von Lesern verarbeitet und sind für weitere Kommentare unserer Leser (siehe S. 11) dankbar, aber trotzdem haben wir uns bemüht, bei unserer Auswahl und in unseren Beschreibungen einen einheitlichen Stil zu wahren.

Diese Vorzüge erweisen ihren Wert erst, wenn man den Führer praktisch nutzt. Andere Vorteile liegen deutlicher auf der Hand: Farbige Abbildungen zeigen Hotels, die bereits äußerlich einen besonderen Reiz haben. Die einzelnen Beiträge werden in geographisch geordneten Gruppen präsentiert. Jedes Hotel wird bereits durch den Unterkunftstyp charakterisiert (z.B. Landgasthaus oder Strandhotel).

Beiträge und Farbfotos

In diesem Band haben wir Verbesserungen eingeführt, die im Laufe der Zeit auch auf die anderen Bände dieser Reihe ausgedehnt werden sollen. Wir haben die Zahl der Hotels erhöht, die auf einer ganzen Seite und mit einem Foto vorgestellt werden. Gleichzeitig haben wir eine neue Form von Kurzeinträgen geschaffen, die eine viertel Seite umfassen. Auf diese Weise können wir auch Hotels berücksichtigen, die keine ausführliche Beschreibung rechtfertigen würden, es aber wert sind, daß man sie sich notiert. Die Zahl der in diesem Band beschriebenen Hotels hat sich auf mehr als 370 erhöht.

Verbesserte Karten

Die Orientierungskarten im vorderen Teil des Buches sind durch die Aufnahme von Ortsnamen und Seitenhinweisen für jedes Hotel verbessert worden und erleichtern somit stark das Auffinden eines bestimmten Hotels.

Große und kleine Hotels in Deutschland

Kleine Hotels standen schon immer in dem Ruf, einen persönlicheren Empfang und eine individuellere Betreuung bieten zu können, während in größeren Häusern der Betrieb zwangsläufig eher routinemäßig abläuft. Doch in Deutschland standen wir bei der Suche nach erstklassigen kleinen Hotels vor einem besonderen Problem, das in anderen Ländern in diesem Maße nicht auftaucht: Der geschäftstüchtige, erfolgreiche Hotelier möchte hier so viele Gäste wie möglich beherbergen und seinen Betrieb deshalb ausbauen. Obwohl es sehr viele seit langem bestehende Familienbetriebe gibt, sind die meisten der komfortabelsten und attraktivsten Hotels eher groß und unpersönlich. Gleichzeitig stellten wir bei unseren Reisen durch Deutschland fest, daß es zahlreiche kleine, traditionelle Hotels gibt, die nicht sehr reizvoll sind. Vermutlich sind sie so klein geblieben, weil es ihren Besitzern nicht gelang, genügend Besucher anzulocken, als daß sich eine Erweiterung gelohnt hätte.

Trotz dieser Schwierigkeiten konnten wir etwa 370 Hotels, Pensionen und Gasthäuser entdecken, die unserer Meinung nach das Reisen in Deutschland noch angenehmer machen. Im Rahmen der Übersichtsartikel über die einzelnen Bundesländer bzw. Regionen werden noch zahlreiche weitere Hotels erwähnt, die für unsere Leser von Interesse sein können, auch wenn sie in mancherlei Hinsicht nicht unseren Anforderungen entsprechen.

Unser Idealhotel besitzt eine ruhige, hübsche Lage. Das Gebäude selbst ist entweder schön oder historisch bedeutsam oder besitzt zumindest einen besonderen Charakter. Die Zimmer sind geräumig, aber nicht riesig oder einschüchternd. Ausstattung und Mobiliar harmonieren, sind komfortabel und werden tadellos gepflegt; dazu gehören auch antike Stücke, die man benutzen und nicht bloß bewundern soll. Die Eigentümer und das Personal lieben ihren Beruf, sind umsichtig und aufmerksam, ohne aufdringlich zu wirken, und haben ein Gespür für die Wünsche ihrer Gäste.

Das Essen, ob es sich nun um einfache Gerichte oder um eine Küche für gehobene Ansprüche handelt, ist frisch, interessant und sorgfältig zubereitet. Zusätzliche Einrichtungen wie Sauna oder Hosenbügler sind von untergeordneter Bedeutung, werden aber in der Regel aufgeführt.

Natürlich verdient nicht jedes hier berücksichtigte Hotel in jeder Hinsicht die Note »Eins«. Die meisten schneiden jedoch fast auf jedem Gebiet gut ab; zudem scheuen wir uns nicht, auf etwaige Mängel hinzuweisen.

Wie man einen Beitrag findet

Die Einträge in diesem Band sind nach geographischen Gesichtspunkten geordnet. Deutschland wird zunächst in fünf Regionen unterteilt. Wir beginnen mit Norddeutschland und fahren in südlicher Richtung mit Westdeutschland, Deutschland-Mitte, Ostdeutschland und schließlich Süddeutschland fort. Jede dieser Regionen besteht aus einem oder mehreren Bundesländern. Die Hotelbeschreibungen sind im weiteren Verlauf zu Abschnitten zusammengefaßt, die einzelnen Bundesländern entsprechen. So umfaßt z.B. die Region Norddeutschland die Bundesländer Schleswig-Holstein, Hamburg und Niedersachsen.

Es gibt zwei Ausnahmen. Zentraldeutschland besteht aus einem einzigen Bundesland: Hessen. Bayern wird aufgrund seiner geographischen Größe und der großen Anzahl ganzseitiger Hoteleinträge in Nord- und Südbayern unterteilt.

Die Region, die wir hier als Ostdeutschland bezeichnen, entspricht dem Gebiet der ehemaligen DDR. Da wir jetzt, fünf Jahre nach der Wiedervereinigung, in diesem Abschnitt noch sehr wenige Hotels vorstellen, haben wir ihn weiter nicht in Bundesländer unterteilt. Wir hoffen jedoch, daß wir in späteren Ausgaben mehr Hotels aus den neuen Bundesländern aufnehmen können. Ostdeutschland ist nämlich ein attraktives Reiseland; mit dem wirtschaftlichen Aufschwung wird sicherlich auch die Zahl der empfehlenswerten Hotels steigen.

Die Abschnitte für jedes Bundesland sind folgendermaßen gegliedert:

- Übersichtsartikel über das geographische Gebiet (Überblick über die allgemeine Hotellage im jeweiligen Bundesland und kurze Erwähnung von Hotels, die einen ausführlichen Eintrag nicht gerechtfertigt hätten, z.B. Hotels in Städten, die ansonsten überhaupt nicht vertreten wären; wo der Abschnitt nur ein oder zwei Kurzeinträge enthält, werden diese direkt an den Einführungstext angehängt).
- Ganzseitige Hoteleinträge (alphabetisch geordnet nach den Städten, in denen sich die Hotels befinden).
- Viertelseitige Kurzeinträge (ebenfalls alphabetisch nach den Städten geordnet).

Wenn Sie ein Hotel in einer bestimmten Region suchen, so überfliegen Sie einfach die Köpfe und Überschriften, bis Sie das jeweilige Gebiet gefunden haben. Oder benutzen Sie die Karten, die im Anschluß an diese Einführung folgen, um die betreffenden Seiten festzustellen. Um ein bestimmtes Hotel bzw. ein Hotel in einer bestimmten Stadt zu finden, verwendet man am besten die beiden Register am Ende des Bandes, in denen die Einträge alphabetisch, zuerst nach dem Namen der Hotels und dann nach dem Namen des Orts, aufgeführt sind.

Wie man einen Beitrag richtig liest
Der Name des Ortes, wo sich das betreffende Hotel befindet, steht in einem breiten, farbig unterlegten Balken über dem Eintrag, zusammen mit einer stichwortartigen Charakterisierung des jeweiligen Hotels, die nach Möglichkeit für sich selbst steht.

Informationskästen
Die am Ende jeder (ganzseitigen) Hotelbeschreibung folgenden Informationen in farbigen Kästen sind nach einem bestimmten Schema geordnet, das kaum Erklärungen benötigt.

Telefon: Angegeben werden die Vorwahl und Rufnummer des Hotels in Deutschland; wenn Sie aus einem anderen Land anrufen, so lassen Sie die Null am Anfang weg. Wo vorhanden, führen wir auch die Faxnummer auf (häufig ohne Vorwahl, um Platz zu sparen).

Lage: Wir geben hierbei Kurzinformationen über die Lage des Hotels und seine Parkmöglichkeiten sowie Hinweise auf die Anfahrt.

Mahlzeiten: Hier werden die im Hotel angebotenen Mahlzeiten aufgeführt.

Preise: In dieser Neuausgabe sind keine Preise angegeben, sondern Preiskategorien. Die erste Angabe bezieht sich auf das billigste Einzelzimmer in der Vor- und Nachsaison, die zweite auf das teuerste Doppelzimmer in der Hauptsaison:

bis 100 DM	D
100 – 150 DM	DD
150 – 200 DM	DDD
über 250 DM	DDDD

Einführung

Versteht sich der Zimmerpreis einschließlich Frühstück, wird dies angegeben. Ansonsten nennen wir den Preis für das Frühstück gesondert, sofern es der Platz erlaubt. Danach folgen die Preise für weitere Mahlzeiten. Falls keine Angaben zum Übernachtungspreis (mit oder ohne Frühstück) allein verfügbar sind, nennen wir die Preise für Halbpension (HP) oder Vollpension (VP).

Die angegebenen Preise enthalten Steuer und Bedienung. Soweit es möglich war, haben wir die Preise für 1996 angegeben, aber bei vielen Hotels lagen diese Preise zum Zeitpunkt der Drucklegung noch nicht vor. Die Preise können deshalb 1996 allein schon aufgrund der Inflationsrate höher als die genannten sein. Sie sollten dabei jedoch bedenken, daß die Besitzer von Hotels und Pensionen ihre Preise möglicherweise auch stärker erhöhen. Erkündigen Sie sich also vor der Zimmerreservierung nach dem genauen Preis.

Zimmer: In dieser Rubrik führen wir die Anzahl und die Art der vorhandenen Zimmer auf. Berücksichtigt werden dabei nur feste Einrichtungen und nicht auch Sonderleistungen wie Blumen, Gratisgetränke oder Toilettenartikel.

Anlage: Aufgezählt werden dabei die Gesellschaftsräume des Hotels sowie die Einrichtungen und Sportmöglichkeiten außerhalb des Hauses, die entweder zum Hotel gehören oder in unmittelbarer Nähe verfügbar sind. Anlagen in der Nachbarschaft, die nicht direkt mit dem Hotel verbunden sind, werden bisweilen am Ende der Beschreibung unter »Umgebung« aufgeführt, die ansonsten eine Auswahl von Sehenswürdigkeiten und Freizeitaktivitäten in der näheren Umgebung gibt.

Kreditkarten: Hierbei gelten die folgenden Abkürzungen:
AE American Express
DC Diners Club
MC Master Card (Access/Eurocard)
V Visa (Barclaycard/Bank Americard/Carte Bleue usw.)

Die letzte Rubrik im Informationskasten ist normalerweise der Name des oder der Hotelbesitzer(s) bzw. der Hotelbesitzerin; wo das Hotel jedoch von einem Manager geführt wird, geben wir dessen Namen an.

Kommentare des Lesers

Teilen Sie uns bitte Ihre persönlichen positiven oder auch negativen Erfahrungen mit kleinen Hotels, Pensionen und Gasthäusern mit. Wir sind auch an Hotels interessiert, die nicht in diesem Führer berücksichtigt sind, sowie an kleinen, reizvollen Hotels in Großbritannien und Irland, Italien, Frankreich, Spanien, Portugal, Österreich, der Schweiz und anderen europäischen Ländern sowie an der Ost- und der Westküste der USA.

Schreiben Sie an:

Editor
Charming Small Hotel Guides
Duncan Petersen Publishing Ltd
31, Ceylon Road
London W14 0YP
England

Anmerkungen:
Handeln Sie bitte jedes Hotel auf einem eigenen Blatt ab. Vergessen Sie dabei auch nicht, Ihren Namen, Ihre Adresse und Ihre Telefonnummer anzugeben.

Sie erleichtern uns die Arbeit, wenn Sie Ihren Bericht mit der Maschine schreiben und folgendermaßen gliedern:

Name des Hotels
Ort, in dem es liegt oder in dessen Nähe es sich befindet
Vollständige Adresse mit Postleitzahl
Zeitpunkt und Dauer des Aufenthalts
Gebäude und Lage
Gesellschaftsräume
Gästezimmer und Badezimmer
Einrichtung (Stühle, Betten, Heizung, Beleuchtung, Warmwasser)
Zustand und Betriebsführung des Hotels
Atmosphäre, Empfang und Service
Essen
Preis-Leistungs-Verhältnis

Wir gehen davon aus, daß Sie keine Einwände dagegen haben, daß wir Ihre Erfahrungen unentgeltlich, entweder wörtlich oder in bearbeiteter Form, veröffentlichen. Die Namen der freiwilligen Mitarbeiter mit größeren Beiträgen werden auf der letzten Seite genannt.

Wenn Sie daran interessiert sind, professionell nach Hotels zu suchen, die für unsere Führer geeignet sind, dann teilen Sie uns auf einem gesonderten Blatt Ihre bisherigen Reise- und Hotelerfahrungen mit.

Orientierungskarte

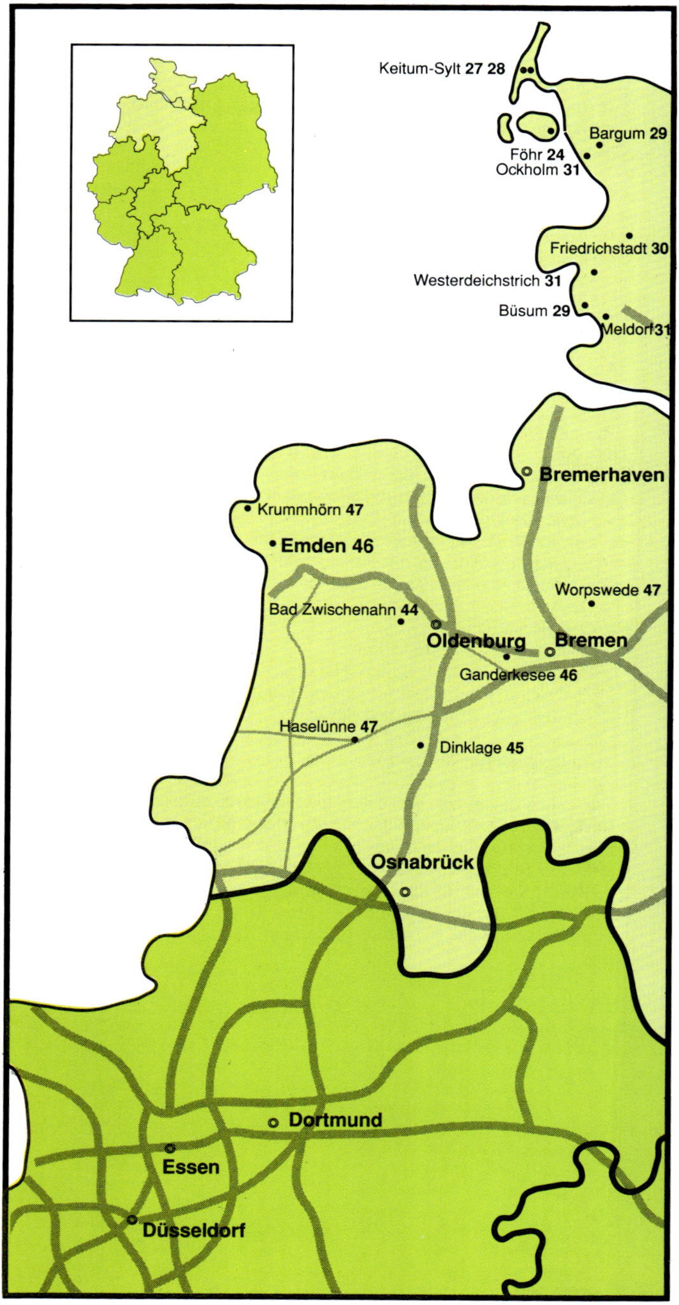

Orientierungskarte

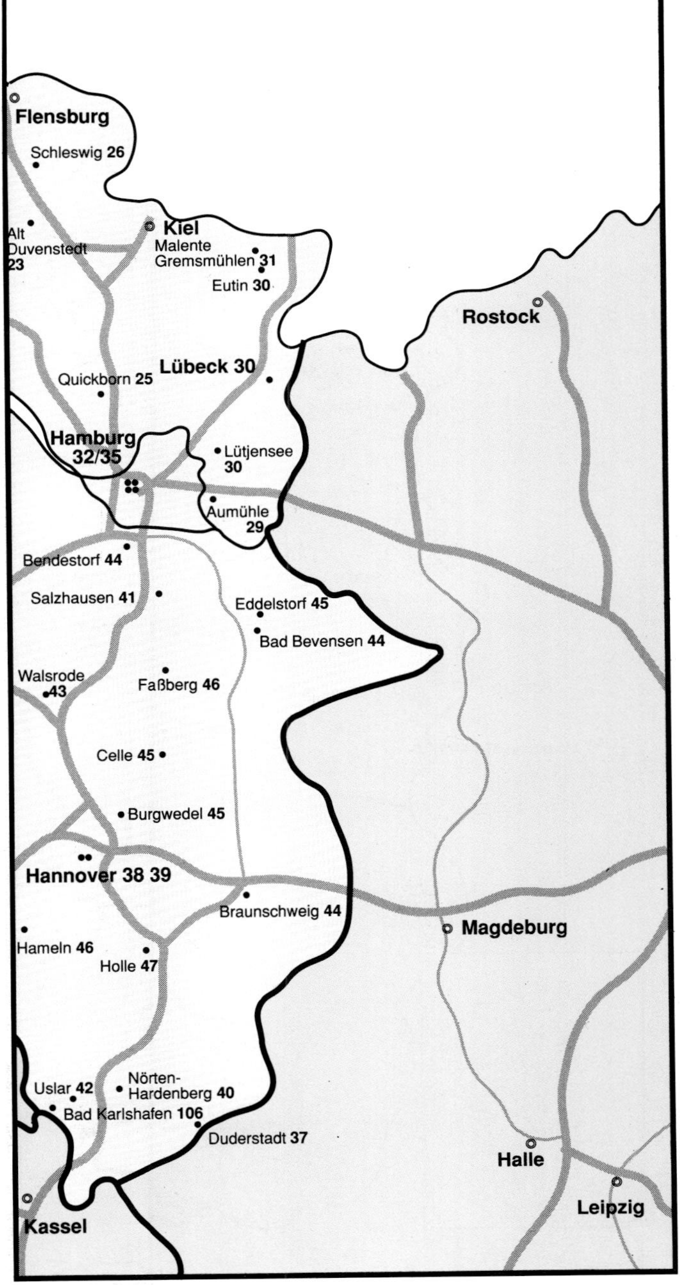

Orientierungskarte

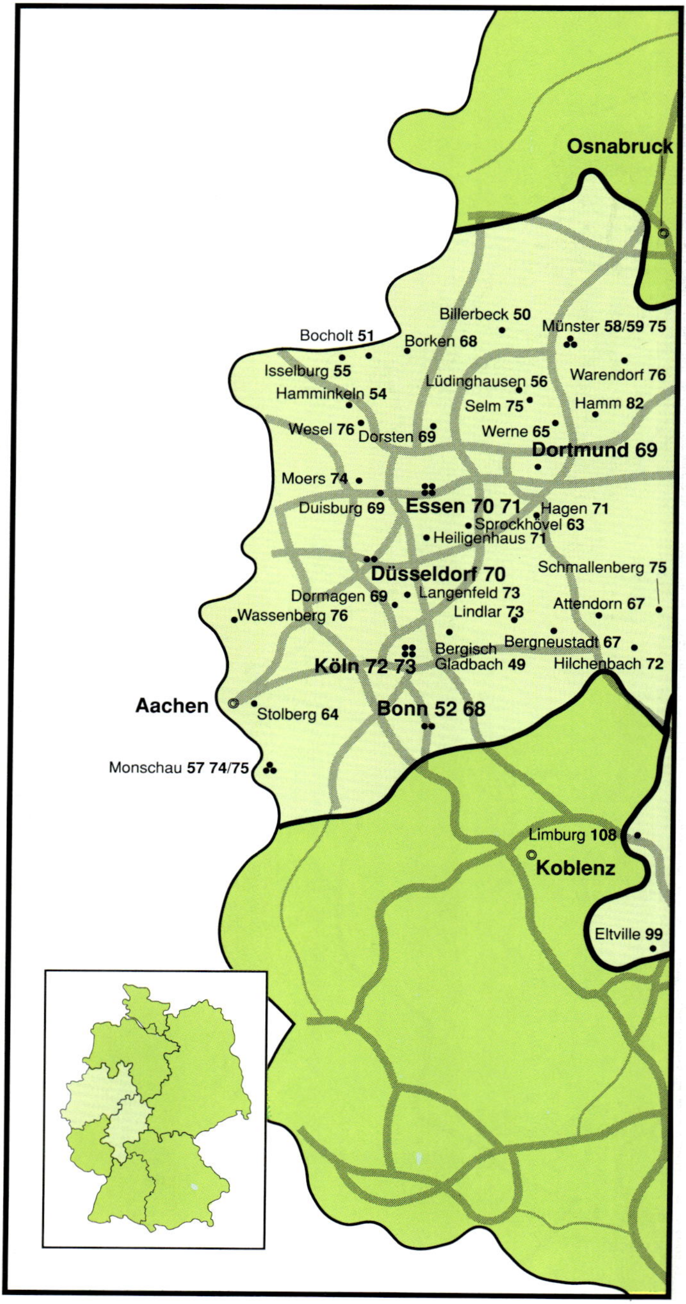

Orientierungskarte

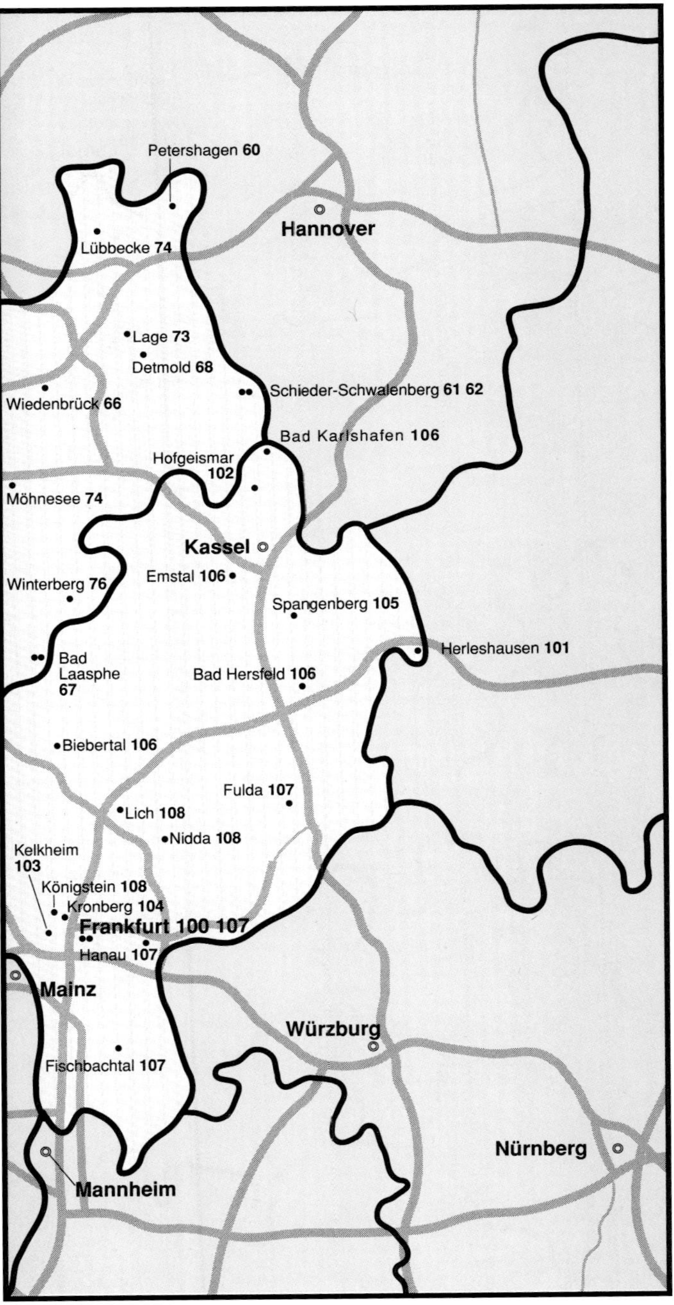

Orientierungskarte

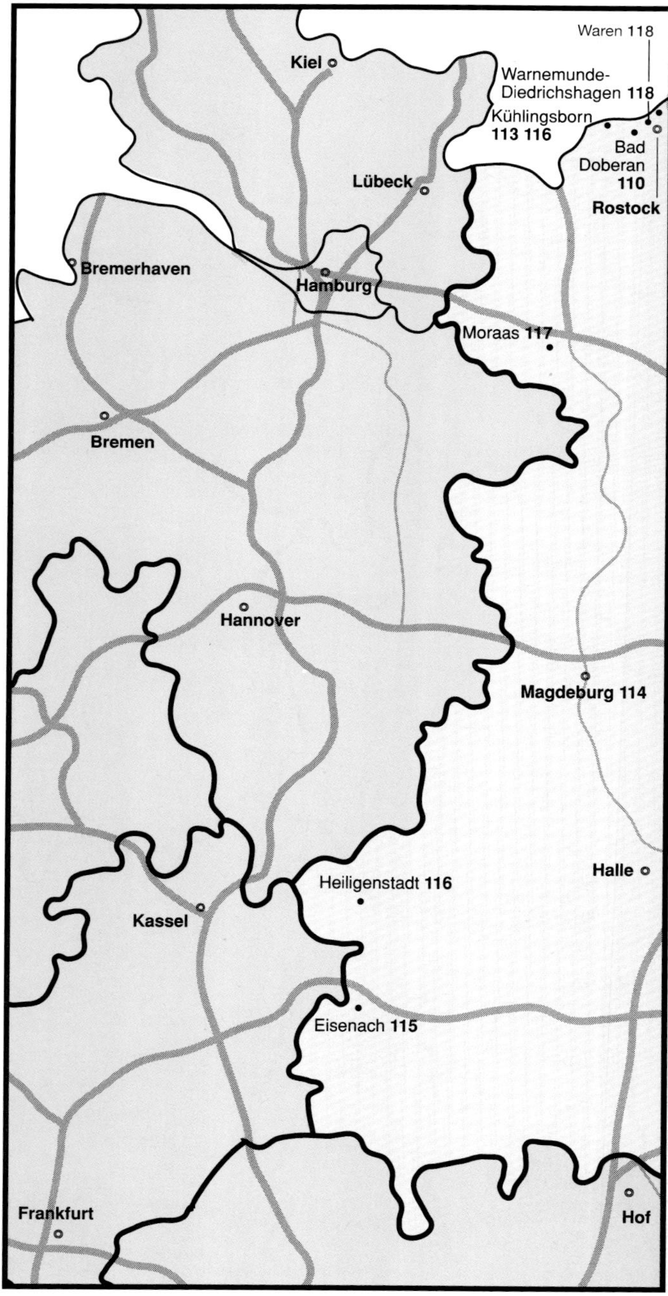

Orientierungskarte

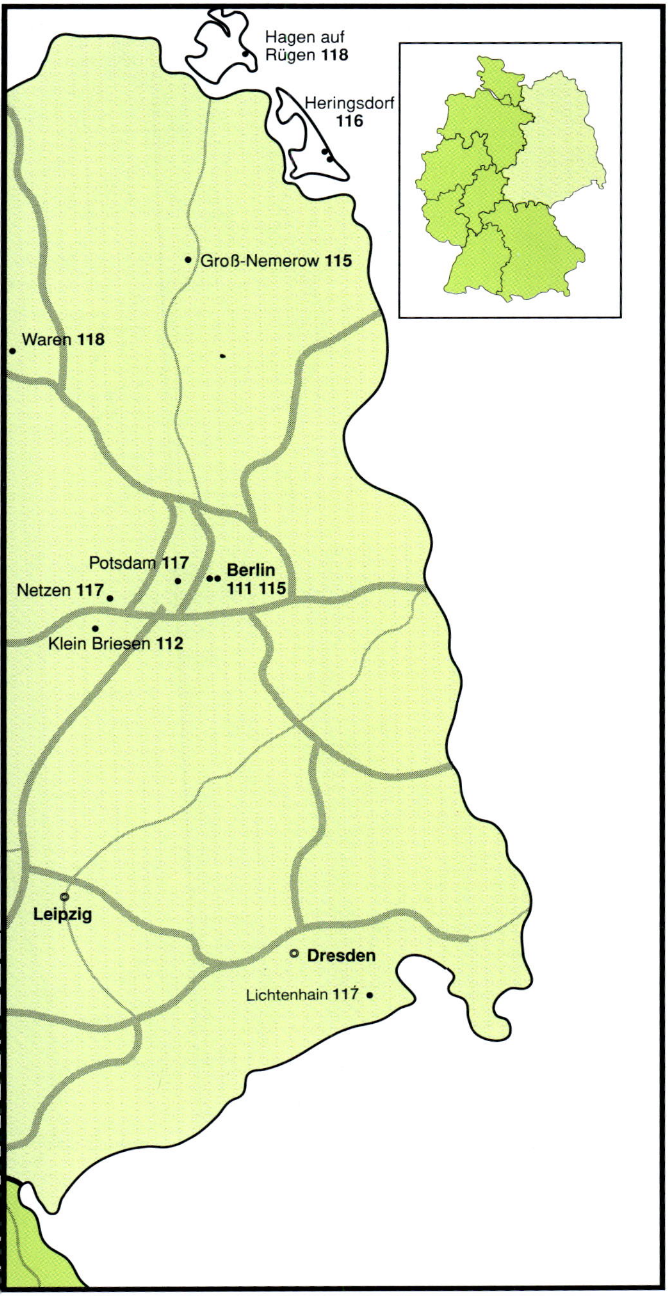

Orientierungskarte

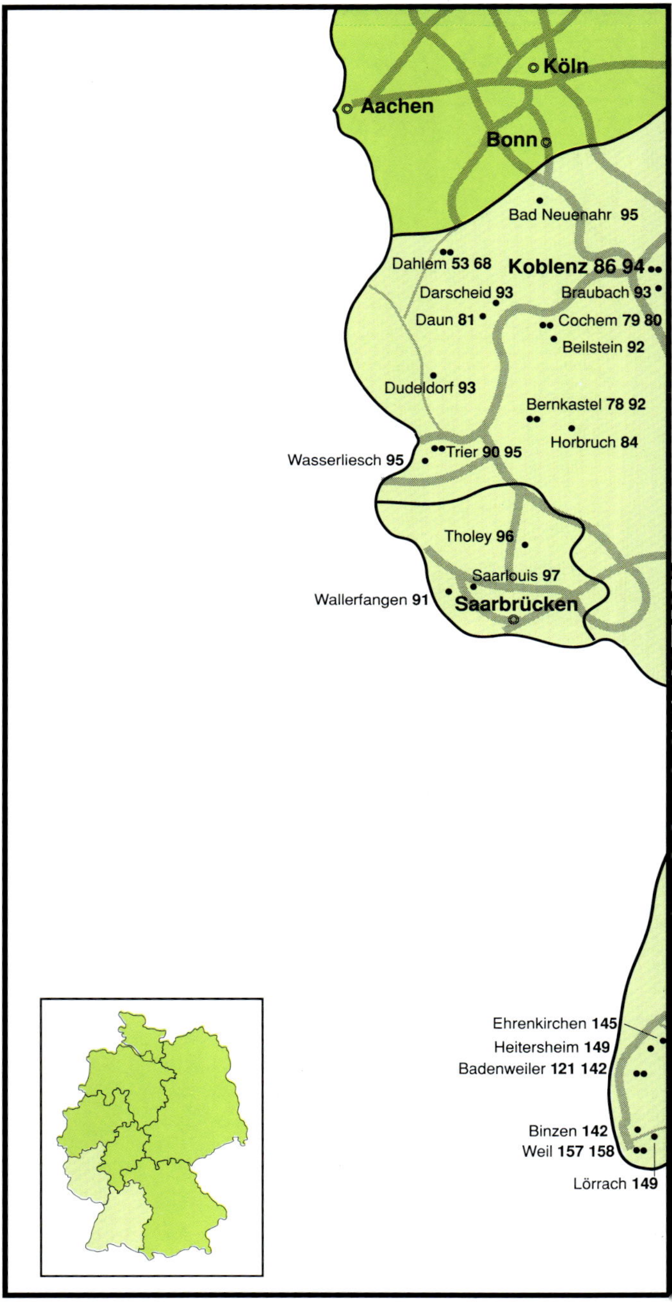

Orientierungskarte

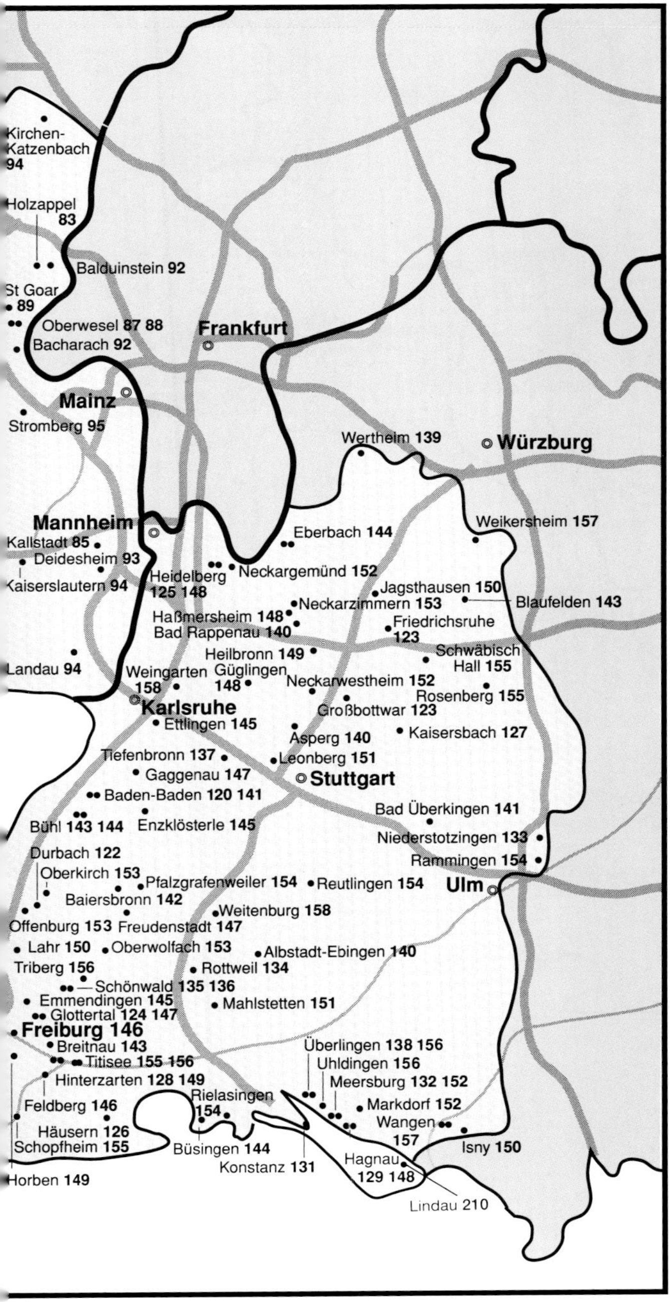

Orientierungskarte

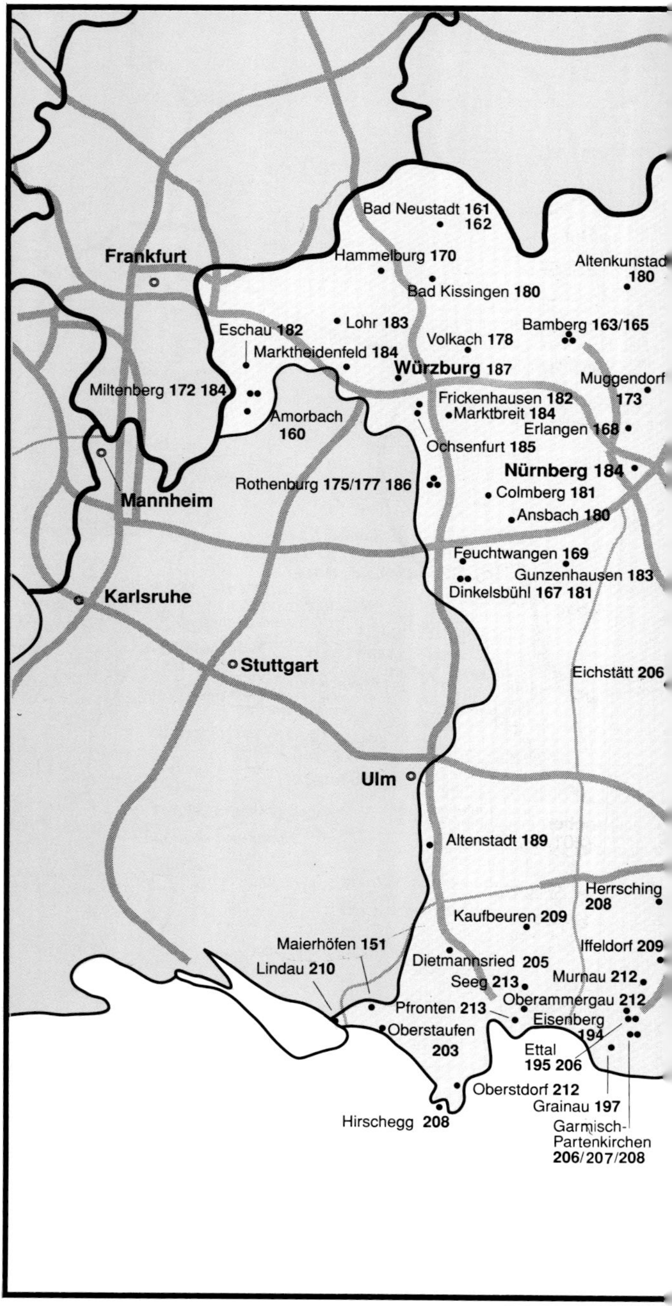

Orientierungskarte

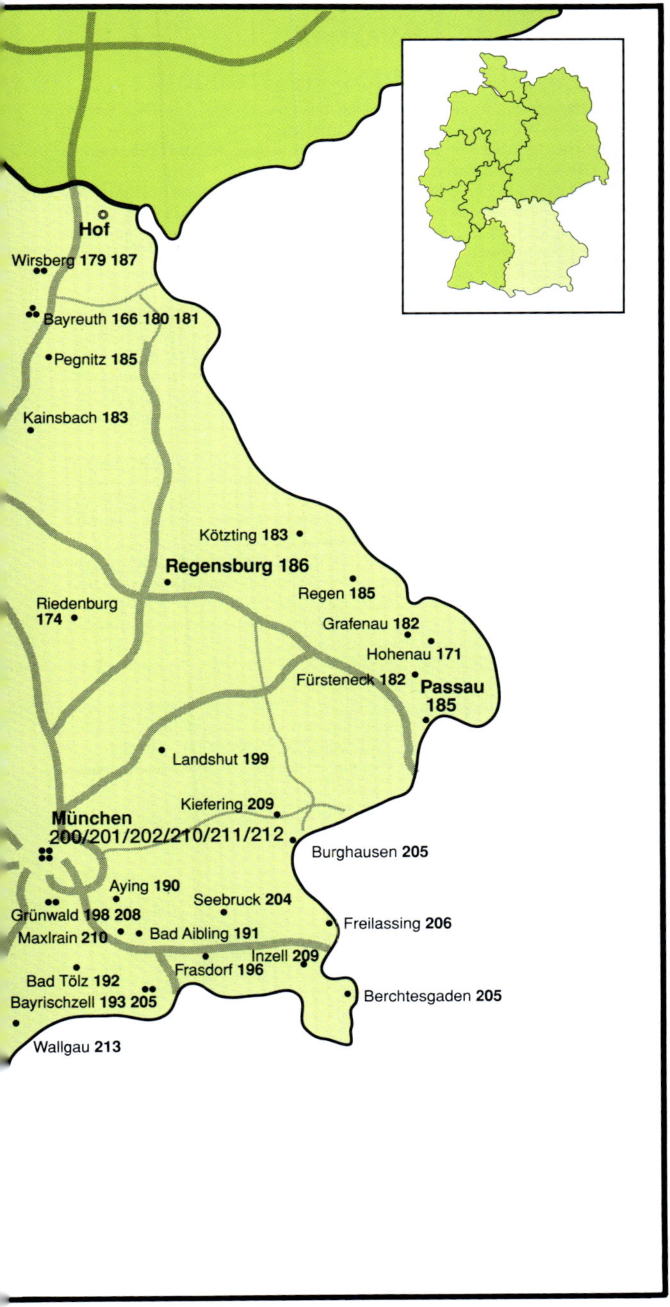

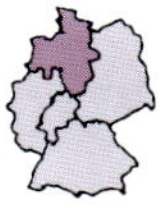

Schleswig-Holstein

Überblicksartikel

Hotels in Schleswig-Holstein

Das nördlichste Bundesland reicht nördlich der Elbe bis zur dänischen Grenze und grenzt im Westen an die Nordsee und im Osten an die Ostsee. Am interessantesten für Touristen sind neben den Küstengebieten die landschaftlich reizvolle Holsteinische Schweiz.

Die Hauptstadt Kiel, eine größtenteils moderne Stadt, liegt an der Mündung des Nord-Ostsee-Kanals. Zu den empfehlenswerten Hotels gehören hier: *Kieler Kaufmann* (Tel. 0431/88110, Fax 8811135, 47 Zimmer), ein elegantes, modernes Hotel mit angeschlossenem exklusivem Club; *Wiking* (Tel. 0431/67301, Fax 673054, 42 Zimmer), ein modernes Hotel mit Restaurant (bodenständige Küche) im Stadtzentrum. Außerhalb des Zentrums in ruhiger Lage: *Birke* (Tel. 0431/524011, Fax 529128, 64 Zimmer); *Zur Waffenschmiede* (Tel. 0431/369690, Fax 363994, 12 Zimmer) in einem hübschen Grundstück.

Schleswig, das an der Kreuzung der Hauptverkehrsverbindungen von Nord nach Süd und von Ost nach West liegt, besitzt mehrere historisch bedeutsame Baudenkmäler. Neben dem *Waldhotel am Schloß Gottorf* (S. 26) empfehlen wir hier: *Strandhalle* (Tel. 04621/22021, Fax 28933, 28 Zimmer), ein komfortables, einladendes Hotel mit seemännischem Flair.

Die Hansestadt Lübeck, im Mittelalter das bedeutendste Handelszentrum in Nordeuropa, konnte viel von ihrem prächtigen alten Stadtkern bewahren, der von Kanälen umgeben ist. Der *Kaiserhof* (Tel. 0451/791011, Fax 795083, 70 Zimmer) ist etwas zu groß für einen eigenen Eintrag in diesem Führer, verbindet aber die Atmosphäre eines eleganten Stadthauses mit hohem Komfort.

Ausführlich stellen wir mehrere Hotels auf den vielbesuchten Ferieninseln vor der Westküste des Landes vor. Auf Sylt weiterhin empfehlenswert: *Stadt Hamburg* (Tel. 04651/8580, Fax 858220, 85 Zimmer), ein traditionelles, komfortables Hotel, sowie das elegante, von Michelin ausgezeichnete *Jörg Müller* (Tel. 04651/27788, 3 Zimmer), beide im mondänen Kurort Westerland. Auf Amrum liegt *Öömrang Wiarthüs* (Tel. 04682/836, Fax 1432, 12 Zimmer), ein malerisches Hotel mit Fischerkneipe in Norddorf.

Weitere Unterkunftsmöglichkeiten gibt es in Lütjenburg, östlich von Kiel: *Brüchmann am Markt* (Tel. 04381/7001, Fax 6035, 28 Zimmer), ein einfaches, traditionelles Hotel am Marktplatz; *Ole Liese* (Tel. 04381/4374), einen elegant möblierten, aber bescheidenen alten Gasthof in Panker, einige Kilometer weiter nördlich.

Auf dieser Seite werden empfehlenswerte Hotels in Schleswig-Holstein vorgestellt, die keinen eigenen Eintrag erhalten. Die langen Einträge mit den Hotels, von denen wir am meisten begeistert waren, beginnen auf der nächsten Seite. Wir waren jedoch auch von den Hotels angetan, die hier nur mit Kurzeinträgen (ab S. 29) berücksichtigt sind.

Schleswig-Holstein

Landhotel, Alt-Duvenstedt

Töpferhaus

Das Töpferhaus liegt zwischen Flensburg und Hamburg, nur 5 Autominuten von der Autobahn entfernt. Seine ruhige Lage am Ufer des Bistensees könnte einen Gast, der nur eine Nacht bleiben will, auch zu einem längeren Aufenthalt verführen; und das ist sicherlich das Ziel des Geschäftsführers Frank-Michael Schmidt, der das Hotel seit 1991 leitet.

Er hat auch das Regiment in der Küche übernommen, die früher mit Peter-Dirk Howold als Küchenchef viel Lob geerntet hat; man kann nur hoffen, daß sie den hohen Standard hält. Sie bietet regionale Gerichte und internationale Spezialitäten.

Das Hauptrestaurant und die Gesellschaftsräume sind im Landhausstil gehalten: schmucklose, weiße Wände mit freiliegendem Gebälk und solide Holzmöbel. Große Panoramafenster, die einen Ausblick über die Terrasse und den Garten auf den See bieten, tragen dazu bei, daß die Räume hell und luftig wirken. Überall stehen hübsche Blumensträuße, viele davon in Tonvasen aus der Töpferei, von der das Hotel seinen Namen hat.

Den Gästezimmern sieht man noch an, daß sie erst vor kurzem frisch renoviert worden sind, aber sie sind hübsch eingerichtet, mit Einbauschränken und -tischen, und besitzen mit Marmorfliesen ausgestattete Bäder. Alle Zimmer verfügen über eigene Balkone oder Terrassen.

Umgebung: Rendsburg (15 km) mit Altstadt und Eisenbahnhochbrücke; Ostsee (30 km)

Am Bistensee, 24791 Alt-Duvenstedt
Tel.: (04338) 402
Fax: 551
Lage: am Ufer des Bistensees, 15 km n von Rendsburg, ausgeschildert von der E 45; auf einem Grundstück mit großem Parkplatz
Mahlzeiten: Frühstück, Mittag- und Abendessen
Preise: Zimmer DD/DDD incl. Frühstück; Mahlzeiten 55-98 DM
Zimmer: 10 Doppelzimmer, 8 mit Bad, 2 mit Dusche; 11 Einzelzimmer mit Dusche; alle Zimmer mit Zentralheizung, TV, Telefon, Radio
Anlage: Speiseraum, Halle, Konferenz- und Veranstaltungsraum; Terrasse, Tennisplatz, Sauna und Solarium, Fahrräder
Kreditkarten: AE, DC, MC, V
Kinder: willkommen
Behinderte: keine speziellen Einrichtungen
Tiere: nicht erlaubt
Geschlossen: nie
Fremdsprachen: Englisch
Manager: Frank-M. Schmidt

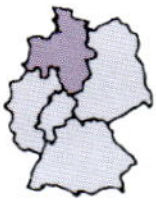

Schleswig-Holstein

Landrestaurant mit Gästezimmern, Insel Föhr

Landhaus Altes Pastorat

Föhr ist mit etwa 12 km x 9 km eine der größten Inseln im Nordwesten Deutschlands, wesentlich ruhiger als das benachbarte Sylt und eine wirkliche Insel ohne Eisenbahnverbindung zum Festland. Die meisten Hotels liegen in der Hafenstadt Wyk. Dieses Haus gehört nicht dazu, lohnt jedoch einen Besuch.

Die El-Dessoukis haben aus Freude am Beruf ihr Privathaus ausgebaut und für Gäste geöffnet. Der Herr des Hauses arbeitete früher als Manager in größeren Hotels und verwöhnt heute seine Gäste mit seinen selbsterlernten Kochkünsten. Das Ergebnis ist beeindruckend: anspruchsvolle, einfallsreiche und sättigende Abendmenüs mit sechs Gängen. Der Garten, aus dem die meisten Kräuter stammen, ist neben dem Hotelbetrieb das Reich von Ingrid.

Das Haus, ein langgestreckter roter Ziegelbau aus dem 17. und 18. Jahrhundert, ist mit Ausnahme des steilen Giebels einstöckig. Einige der gemütlichen Gästezimmer liegen unter dem Dach; von dort blickt man auf den üppigen Blumengarten hinter dem Haus. In den Zimmern findet man neben alten und modernen Kunstwerken, Antiquitäten und Büchern ebenfalls viele Blumen. Ein reizvolles Hotel.

Umgebung: Vogelschutzgebiet, Radtouren, Wanderungen

Süderende, 25938 Insel Föhr
Tel.: (04683) 226
Lage: mitten in einem alten friesischen Dorf auf der Insel; auf einem Grundstück mit Parkplatz
Mahlzeiten: Frühstück, Abendessen, Fünfuhrtee
Preise: HP DDD/DDDD pro Person
Zimmer: 3 Doppelzimmer mit Dusche/WC, 2 Einzelzimmer mit Bad; alle Zimmer mit Zentralheizung, Telefon, TV, Fön
Anlage: Salon, Speiseraum, Bibliothek; Park mit Sonnenliegen, Fahrräder
Kreditkarten: keine
Kinder: werden nicht aufgenommen
Behinderte: nicht geeignet
Tiere: nicht erlaubt
Geschlossen: Okt. bis Ostern
Fremdsprachen: Englisch, Arabisch
Besitzer: Hussen und Ingrid El-Dessouki

Schleswig-Holstein

Landhaushotel, Quickborn

Jagdhaus Waldfrieden

Hamburg ist nicht einmal eine halbe Stunde entfernt, aber man befindet sich hier in einer anderen Welt. Die Villa, die ein Reeder vor hundert Jahren im traditionellen Jagdhausstil mit steilem Dach und kleinem Turm errichten ließ, steht in einem wunderschönen kleinen Park. Die alten Bäume dort halten den Verkehrslärm von der nahen B 4 ab. Die Lage ist auch die Hauptattraktion des Hotels, aber Siegmund Baierle, der große Erfahrung als Manager von größeren Hotels besitzt, sorgt dafür, daß sein kleiner, aber aufstrebender Betrieb einen hohen Standard bietet.

Die wenigen Gästezimmer im alten Haus sind auf altmodische Weise gemütlich. Wir bevorzugen die Zimmer im 1990 hinzugekommenen Neubau: Sie sind im Landhausstil eingerichtet und besitzen elegante Bäder. Im Haus gibt es zahlreiche Räume, wo man sich hinsetzen und entspannen kann, darunter den faszinierenden Speisesaal mit dekorativer Empore, Flügel und Jagdtrophäen. Man kann aber auch im neu entstandenen Gartenhaus (als Frühstücksraum benutzt) oder – bei schönem Wetter – unter den Bäumen im Park essen. Die Küche ist recht anspruchsvoll, das Personal freundlich.

Umgebung: Hamburg (23 km)

Kieler Straße (B 4), 25451 Quickborn
Tel.: (04106) 3771
Fax: (04106) 69196
Lage: 3 km n der Stadt, direkt neben der Hauptstraße; mit Park und großem Parkplatz
Mahlzeiten: Frühstück, Mittag- und Abendessen
Preise: Zimmer DD/DDD incl. Frühstück; Mahlzeiten 48-98 DM
Zimmer: 19 Doppel-, 5 Einzelzimmer mit Bad; alle Zimmer mit Zentralheizung, TV, Telefon, Radio, Fön, Minibar
Anlage: Speiseräume, Frühstücksraum; Terrassen, Teich
Kreditkarten: AE, DC, MC, V
Kinder: willkommen
Behinderte: Zugang leicht
Tiere: erlaubt
Geschlossen: nie
Fremdsprachen: Englisch, Französisch
Besitzer: Siegmund Baierle

Landhotel, Schleswig

Waldhotel am Schloß Gottorf

Es handelt sich hier um kein weiteres großartiges, altes Schloß, sondern um ein Jugendstilgebäude (1908 erbaut) auf dem Grundstück eines solchen Schlosses. Schloß Gottorf, in dem das Schleswig-Holsteinische Landesmuseum für Kunst- und Kulturgeschichte sowie für Vor- und Frühgeschichte und das Landesarchiv untergebracht sind, gehört zu den Sehenswürdigkeiten dieser Region. Das Waldhotel selbst liegt hinter dem Schloß am Waldrand. Seine Hauptattraktion ist deshalb auch seine herrlich ruhige Lage.

Die Gästezimmer sind kürzlich im Landhausstil renoviert worden. Alle sind individuell eingerichtet, aber durchweg komfortabel; leider hat man nicht von allen einen Blick auf das Schloß. Der Speiseraum im Erdgeschoß ist geräumig und wirkt mit seinen großen Fenstern und hübschen Blumengestecken recht gefällig. Es gibt zwar keinen Salon, aber dafür eine große, sonnige Terrasse.

Die Röselers besitzen viele Stammgäste, weil sie den Gästen eine ordentliche Unterkunft zu vernünftigen Preisen bieten.

Umgebung: Museen im Schloß Gottorf, Renaissance-Kapelle, Nydam-Schiff, Dom mit Bordesholmer Altar

Stampfmühle 1, 24837 Schleswig
Tel.: (04621) 23288
Fax: (04621) 23239
Lage: auf einem bewaldeten Hügel hinter dem Schloß Gottorf; mit Garten, Garagen und großem Parkplatz
Mahlzeiten: Frühstück, Mittag- und Abendessen, kleine Gerichte
Preise: D/DD incl. Frühstück; Kinderbett 16 DM; Mahlzeiten 20-50 DM
Zimmer: 7 Doppelzimmer mit Bad, 1 Einzelzimmer mit Bad, 1 Familienzimmer mit Bad; alle Zimmer mit Zentralheizung, Telefon, Radio, Minibar, TV auf Anfrage
Anlage: Speiseraum, Café, Konferenzzimmer; Terrasse
Kreditkarten: AE, MC
Kinder: willkommen
Behinderte: Zugang schwierig
Tiere: erlaubt (5 DM pro Nacht)
Geschlossen: nie
Fremdsprachen: Englisch
Besitzerin: Ute Röseler

Schleswig-Holstein

Landhaushotel, Insel Sylt

Benen-Diken-Hof

Dieses reizvolle Ferienhotel versteht sich als »Insel auf der Insel«. Es gehört zu den exklusiveren Hotels auf Sylt, wie man bereits an der breiten, von Weidezäunen gesäumten Zufahrt erkennt.

Es besteht aus einer Reihe von reetgedeckten, weißgetünchten Häusern, die typisch für diese Region sind. Der in den 80er Jahren errichtete Anbau ist kaum vom ursprünglichen Gebäude aus dem Jahre 1841 zu unterscheiden. Die Innenräume sind in einer geschmackvollen Mischung aus stilvollen modernen Möbeln, guten Reproduktionen und echten antiken Stücken eingerichtet. Das Dekor ist zurückhaltend, was den Blumengestecken und den alten Standuhren zugute kommt. Bilder von einheimischen Künstlern schmücken die Wände; im winzigen Kapitänsraum, wo man Bridge oder Schach spielen kann, zeigen die Wandgemälde das Meer. Die Gästezimmer sind hell und sauber.

Claas Johannsen, der Landwirt war, ehe er das Hotel übernahm, legt viel Wert auf eine entspannte Atmosphäre. Das Hotel bietet zwar offiziell nur ein Frühstück an, aber dennoch hat man am Abend eine kleine Auswahl von Gerichten. In der näheren Umgebung gibt es einige ausgezeichnete Restaurants.

Umgebung: FKK-Strände, Vogelbeobachtung; Rotes Kliff, Westerland (5 km) mit Kureinrichtungen und Spielkasino

Süderstraße, 25985 Keitum-Sylt
Tel.: (04651) 31035
Fax: (04651) 31038
Lage: in einem Dorf im Osten von Sylt; mit Grundstück und privatem Parkplatz
Mahlzeiten: Frühstück
Preise: Zimmer DDD/DDDD; Frühstück 25 DM
Zimmer: 21 Doppelzimmer (5 mit Einzelbetten) mit Bad, 6 Einzelzimmer mit Dusche, 10 Familienzimmer mit Bad; alle Zimmer mit Zentralheizung, TV, Telefon, Radio, Fön
Anlage: Frühstückszimmer, Bar, Bridgezimmer; Schwimmhalle, Sauna, Solarium, Whirlpool, Sonnenterrasse
Kreditkarten: AE, DC, V
Kinder: werden aufgenommen
Behinderte: Zugang leicht
Tiere: nicht erlaubt
Geschlossen: nie
Fremdsprachen: Englisch, Französisch, Dänisch
Besitzer: Claas Johannsen

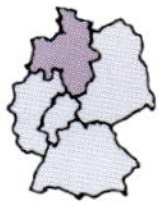

Schleswig-Holstein

Landhotel, Insel Sylt

Seiler Hof

Auf Sylt sind sogar die Campingplätze regelmäßig ausgebucht. So überrascht es auch nicht, daß dieses hübsche Landhaus in der Hauptsaison voll belegt ist mit Stammgästen, die sich ihr Zimmer bereits ein Jahr vorher haben reservieren lassen. Es war uns daher nicht möglich, die Gästezimmer zu sehen; doch dem übrigen Haus nach zu urteilen dürften sie keine unangenehmen Überraschungen bergen. Einige können als mehrräumige Appartements genutzt werden.

Der Seiler Hof ist ein typisches niedriges, strahlend weißes Friesenhaus mit schmalen Fenstern und dem überhängenden Reetdach und paßt sehr gut zu dem malerischen Dorf Keitum. Es wurde 1761 von den Vorfahren Inken Johannsens errichtet, deren Bruder den größeren Benen-Diken-Hof (siehe vorangehende Seite) besitzt. Das Haus ist geschmackvoll eingerichtet mit einer Mischung von ländlichen und gemäßigt modernen Möbeln. Der Speiseraum besitzt einen gefliesten Boden und an den Wänden Delfter Kacheln, die als Ballast auf Segelschiffen zurückgebracht wurden.

Die Gäste werden gebeten, bis Mittag zwischen zwei Abendmenüs auszuwählen. Wenn die gesunde Hausmannskost nicht nach Ihrem Geschmack ist, können Sie im und rund um den Ort zahlreiche Restaurants finden.

Umgebung: FKK-Strände, Vogelbeobachtung; »Rotes Kliff« Westerland (5 km) mit Kureinrichtungen und Spielcasino

Gurstig 7, 25980 Keitum, Sylt-Ost
Tel.: (04651) 31064
Fax: (04651) 35370
Lage: mitten im Dorf; mit Garten und Parkplatz
Mahlzeiten: Frühstück, Abendessen
Preise: Zimmer DD/DDDD incl. Frühstück; Abendessen 25-45 DM
Zimmer: 10 Doppelzimmer, 5 mit Bad, 5 mit Dusche; 1 Einzelzimmer mit Dusche; alle Zimmer mit Zentralheizung, TV, Telefon, Radio, Fön
Anlage: Frühstückszimmer; Sauna, Dampfbad, Fitneßraum, Whirlpool
Kreditkarten: keine
Kinder: willkommen
Behinderte: nicht geeignet
Tiere: nicht erlaubt
Geschlossen: Restaurant So
Fremdsprachen: Dänisch
Besitzerin: Inken Johannsen

Schleswig-Holstein

Umgebaute Mühle, Aumühle

Fürst Bismarck Mühle

Da die Fürstin Bismarck dieses Gebäude selbst in ein Hotel umwandelte, hat Jochen Dölger eine Sammlung von Erinnerungsstücken und alten Möbeln des Eisernen Kanzlers geerbt. Die ruhige Lage inmitten von Wäldern und Seen zieht viele Wochenendausflügler aus Hamburg an.

Mühlenweg 3, 21521 Aumühle **Tel.:** (04104) 2028 **Fax:** (04104) 1200 **Mahlzeiten:** Frühstück, Mittag- und Abendessen **Preise:** Zimmer D/DD; Frühstück 15 DM; Mahlzeiten ab 22 DM **Zimmer:** 7, alle mit Bad oder Dusche, Zentralheizung, Telefon, TV **Kreditkarten:** DC, MC, V **Geschlossen:** Restaurant Mi **Fremdsprachen:** Englisch, Französisch

Hotel am See, Aumühle

Hotel Waldesruh am See

Dieses im 18. Jahrhundert errichtete Jagdschloß liegt idyllisch, was für das etwas überladene Dekor in den Innenräumen entschädigt. In den Gesellschaftsräumen dominieren matte Rot- und Grüntöne, während die geräumigen Gästezimmer heller sind. Seeterrasse.

Am Mühlenteich 2, 21521 Aumühle **Tel.:** (04104) 3046 **Fax:** (04104) 2073 **Mahlzeiten:** Frühstück, Mittag- und Abendessen, kleine Gerichte **Preise:** Zimmer D/DDD incl. Frühstück; Mahlzeiten 10-55 DM **Zimmer:** 15, alle mit Bad oder Dusche, Zentralheizung, Telefon, TV, Minibar **Kreditkarten:** AE, DC, MC, V **Geschlossen:** Di **Fremdsprachen:** Englisch, Französisch

Restaurant mit Gästezimmern, Bargum

Andresen's Gasthof

Die Gästezimmer stehen bei den »Friesenstuben« an zweiter Stelle. Der Hauptgrund, warum man Elke Andresens komfortables, modernes Gasthaus besuchen sollte, sind die gastronomischen Köstlichkeiten des anerkannten jungen Küchenchefs Torsten Ambrosius. Freundliche Bedienung, nette Atmosphäre.

An der Bundesstr. 5, 25842 Bargum **Tel.:** (04672) 1098 **Mahlzeiten:** Frühstück, Abendessen **Preise:** Zimmer D/DDD incl. Frühstück; Mahlzeiten 83-165 DM **Zimmer:** 5, alle mit Dusche, Zentralheizung, Telefon, TV, Fön **Kreditkarten:** AE, DC, MC, V **Geschlossen:** Mo, Di; Restaurant mittag **Fremdsprachen:** Englisch

Landhotel, Büsum-Deichhausen

Der Rosenhof

Neue Besen kehren gut. Die Perotkas stammen aus der Schweiz und haben sich daran gemacht, das kleine Hotel so stilvoll wie gemütlich einzurichten. Zu den Freizeiteinrichtungen gehören Sauna und Schönheitssalon. Ruhige Lage nahe dem Meer und dem Watt.

To Worth 12, 25761 Büsumer Deichhausen **Tel.:** (04834) 9800 **Fax:** (04834) 98080 **Mahlzeiten:** Frühstück, Mittag- und Abendessen, kleine Gerichte **Preise:** Zimmer D/DDDD incl. Frühstück; Gerichte ab 15 DM **Zimmer:** 23, alle mit Bad oder Dusche, Zentralheizung, TV, Minibar, Radio **Kreditkarten:** keine **Geschlossen:** Restaurant Mo **Fremdsprachen:** Englisch

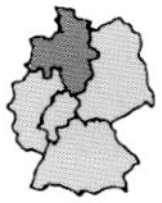

Schleswig-Holstein

Hotel am See, Eutin

Romantik-Hotel Voss-Haus

Von der Sonnenterrasse hat man einen wunderbaren Blick auf den See und den Garten. Das historische Romantik-Hotel besitzt eine 300 Jahre lange Geschichte. Das Dekor ist sehr auffällig; die Gästezimmer sind groß. Attraktives Restaurant mit Balkendecke. Einfallsreiche Küche.

Vossplatz 6, 23701 Eutin **Tel.:** (04521) 1797 **Fax:** (04521) 1357
Mahlzeiten: Frühstück, Mittag- und Abendessen **Preise:** Zimmer D/DDD incl. Frühstück; Ermäßigung für Kinder unter 6 Jahren; Mahlzeiten 32-60 DM **Zimmer:** 16, alle mit Bad oder Dusche, Zentralheizung, Telefon, TV, Radio, Fön, Minibar **Kreditkarten:** AE, DC, MC, V **Geschlossen:** nie **Fremdsprachen:** Englisch, Französisch

Stadthotel, Friedrichstadt

Holländische Stube

Ein reizvolles Ensemble von Reihenhäusern am Kanal, die typisch für diese großenteils von niederländischen Handwerkern erbaute Stadt sind. Einfache, aber einladende Salons und Speiseräume mit vereinzelten antiken Möbelstücken, stilvolle Gästezimmer.

Am Mittelburgwall 24-26, 25840 Friedrichstadt **Tel.:** (04881) 7245 **Fax:** (04881) 7126
Mahlzeiten: Frühstück, Mittag- und Abendessen **Preise:** Zimmer D/DD incl. Frühstück **Zimmer:** 8, alle mit Dusche, Zentralheizung, Telefon, TV, Radio, Fön **Kreditkarten:** AE, DC, MC, V **Geschlossen:** nie **Fremdsprachen:** Englisch, Dänisch

Stadthotel, Lübeck

Schwarzwaldstuben

In Lübeck gibt es nur sehr wenig kleine, reizvolle Hotels – die Schwarzwaldstuben gehören zu den besten davon. Zentral gelegenes Haus mit freundlicher Atmosphäre, wenn auch etwas eigenwilligem Dekor. Großzügig wirkende Räume und sehr vernünftige Preise.

Koberg 12-15, 23552 Lübeck **Tel.:** (0451) 77715 **Fax:** (0451) 705414
Mahlzeiten: Frühstück, Mittag- und Abendessen, kleine Gerichte **Preise:** Zimmer D/DD incl. Frühstück, Mahlzeiten 20 DM **Zimmer:** 21, alle mit Dusche, Zentralheizung, Telefon, Fön, einige mit Radio, Minibar **Kreditkarten:** keine **Geschlossen:** nie **Fremdsprachen:** Englisch, Dänisch

Hotel am See, Lütjensee bei Trittau

Fischerklause

Dieses teilweise reetgedeckte Gebäude liegt wunderschön am Ufer des friedlichen Lütjensees. Durch die großen Fenster im Speiseraum, der leider etwas nüchtern wirkt, und von der Uferterrasse hat man eine schöne Aussicht auf den See.

Am See 1, 22952 Lütjensee **Tel.:** (04154) 7106 **Fax:** (04154) 75185
Mahlzeiten: Frühstück, Mittag- und Abendessen **Preise:** Zimmer D/DD incl. Frühstück; Mahlzeiten ab 28 DM **Zimmer:** 15, alle mit Dusche, Zentralheizung, Telefon, TV **Kreditkarten:** MC **Geschlossen:** Jan.; Do

Schleswig-Holstein

Landhotel, Malente-Gremsmühlen

Weißer Hof

Die Familie Heusser-Schmieder nennt ihr Haus zu Recht »Gartenhotel«, denn das niedrige, schwarzweiße Gebäude ist von hübschen Rasenflächen und Teichen umgeben. Die Gästezimmer sind geräumig und komfortabel, aber etwas gemischt im Stil.

Voßstr. 45, 23714 Malente **Tel.:** (04523) 3962 **Fax:** (04523) 6899
Mahlzeiten: Frühstück, Mittag- und Abendessen **Preise:** Zimmer DD/DDD incl. Frühstück; Mahlzeiten 45-50 DM **Zimmer:** 18, alle mit Bad oder Dusche, Zentralheizung, Telefon, TV, Minibar, Radio **Kreditkarten:** keine **Geschlossen:** Nov.; Restaurant Di **Fremdsprachen:** Englisch

Restaurant mit Gästezimmern, Meldorf

Hotel Dithmarscher Buch

Eine hübsche, aber nicht außergewöhnliche Villa mit weißgetünchten Wänden und gefliesten Böden, die mehr zu bieten hat, als man zunächst vermuten würde. Elegante Möbel (zumeist Produktionen alter Stücke) und eine schöne Sammlung von alten Spielsachen und Puppen.

Helgolandstr. 2, 25704 Meldorf **Tel.:** (04832) 7123 **Mahlzeiten:** Frühstück, Abendessen **Preise:** Zimmer D/DD; Mahlzeiten ab 20 DM **Zimmer:** 9, alle mit Bad oder Dusche, Zentralheizung, Radio, teilweise TV **Kreditkarten:** keine **Geschlossen:** Jan. und Febr.; Mittagessen Juni bis Sept. Sa, So **Fremdsprachen:** Englisch

Landhotel, Ockholm-Bongsiel

Gaststätte Bongsiel

Ein massives, aus rotem Backstein errichtetes Friesenhaus, das in offener, flacher Landschaft nahe der Nordsee liegt, nur wenige Kilometer von der dänischen Grenze entfernt. Der Speiseraum und die Gaststube sind recht hübsch eingerichtet. Das Dorfgasthaus ist für seine gute Küche bekannt (Spezialitäten: einheimische Fische und Meeresfrüchte).

Bongsiel, 25842 Ockholm **Tel.:** (04674) 1445 **Fax:** (04674) 1458
Mahlzeiten: Frühstück, Mittag- und Abendessen **Preise:** Zimmer D/DD (pro Person) incl. Frühstück; Mahlzeiten ab 20 DM **Zimmer:** 12, alle mit Dusche, Zentralheizung; Ferienwohnungen im Friesenhaus (für 4-8 Personen) **Kreditkarten:** keine **Geschlossen:** Mitte Jan. bis Ende Febr.; Di

Umgebautes Bauernhaus, Westerdeichstrich

Der Mühlenhof

Im Sommer kommen zahllose Touristen in das Gebiet um Büsum. Deshalb ist das umgebaute Müllerhaus häufig ausgebucht. Die Gästezimmer und das Mobiliar sind trotz der erfolgten Erweiterung durch den neuen Besitzer Rolf Eisenbeisser schlicht. Die Hauptattraktion ist das danebenliegende Windmühlenrestaurant (gehobene Gastronomie).

Dorfstr. 22, 25761 Westerdeichstrich **Tel.:** (04834) 9980 **Fax:** (04834) 99888
Mahlzeiten: Frühstück, Mittag- und Abendessen **Preise:** Zimmer D/DDD incl. Frühstück; Mahlzeiten ca. 20-50 DM **Zimmer:** 17, mit Dusche, Zentralheizung, TV, Radio **Kreditkarten:** AE, MC, V **Geschlossen:** Mo **Fremdsprachen:** Englisch, Französisch, Schwedisch, Italienisch

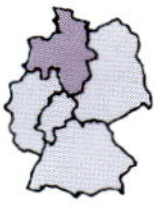

Hamburg

Überblicksartikel

Hotels in Hamburg

Das von der Elbe durchflossene Hamburg ist die zweitgrößte deutsche Stadt (nach Berlin), der größte Hafen des Landes und neben Bremen einer der beiden Stadtstaaten. Bedeutung erlangte die Stadt als Mitglied der Hanse (die im Mittelalter den Seehandel in der Nord- und der Ostsee kontrollierte); heute ist sie ein modernes Geschäfts- und Industriezentrum. Da sie im Zweiten Weltkrieg schwere Bombenschäden erlitt, ist der Stadtkern weitgehend modern. Weltweit bekannt ist Hamburgs Vergnügungsviertel, die Reeperbahn.

Natürlich gibt es in Hamburg zahlreiche ruhige, kleine, komfortable Hotels, von denen einige auf den folgenden Seiten detailliert beschrieben werden. Weiterhin empfehlenswert sind: *Außen Alster* (Tel. 040/241557, Fax 2803231, 27 Zimmer) in einem Stadthaus aus dem 19. Jahrhundert mit modernem Interieur, das trotz der zentralen Lage relativ ruhig ist (einige Zimmer haben Alsterblick). Ebenfalls in zentraler Lage nahe der Alster, aber mit eigenem Parkplatz und Garten befindet sich das *Prem* (Tel. 040/241726, Fax 2803851). Der österreichische Kunstsammler Rudolf Prem hat zwei Stadthäuser in ein elegantes Hotel umgewandelt, das elegant und geschmackvoll mit vielen antiken Stücken ausgestattet ist; sein Restaurant *La Mer* bietet eine interessante Küche. Das *Wedina* (Tel. 040/243011, Fax 2803894, 38 Zimmer) ist ein einfaches, ruhiges, freundliches Hotel an der Alster mit Garten und Swimmingpool, aber ohne eigenes Restaurant.

Außerhalb des Zentrums empfehlen wir: *Haus Lindtner* (Tel. 040/790090, Fax 7909952, 17 Zimmer) mit Garten in Harburg; *Mellingburger Schleuse* (Tel 040/6024001, Fax 60227912, 40 Zimmer), ein ruhiges, 250 Jahre altes Bauernhaus in Sasel.

Stadthotel, Hamburg-Pöseldorf

Garden Hotels

Das Hotel besteht aus drei Patriziervillen, die insgesamt 60 Zimmer besitzen; es wird vor allem von Leuten aus der Film- und Medienbranche besucht. Jedes der Gästezimmer ist individuell gestaltet. Das Frühstück wird in einem Wintergarten serviert. Natürlich gibt es wunderschöne Gärten.

Magdalenstr. 60. 20148 Hamburg **Tel.:** (040) 414040 **Fax:** (040) 4140420 **Mahlzeiten:** Frühstück, kleine Gerichte **Preise:** Zimmer DDD/DDDD; Frühstück 20 DM **Zimmer:** 59, alle mit Bad oder Dusche, Zentralheizung, Klimaanlage, Telefon, Fön, TV, Video, Minibar, Hosenbügler, MC/CD, Radio **Kreditkarten:** AE, DC, MC, V **Geschlossen:** Weihnachten **Fremdsprachen:** Englisch, Französisch, Spanisch

Auf dieser Seite werden empfehlenswerte Hotels in Hamburg vorgestellt, die keinen eigenen Eintrag erhalten, sowie ein Kurzeintrag. Die langen Einträge mit den Hotels, von denen wir am meisten begeistert waren, beginnen auf der nächsten Seite.

Hamburg

Stadthaushotel, Hamburg

Hotel Abtei

Das Hotel Abtei ist ein wahres Juwel – ein zentral gelegenes, aber ruhiges und sehr persönliches Stadthotel. Es liegt äußerst vorteilhaft und ruhig in einer der schönsten Wohngegenden Hamburgs. Alte Kastanienbäume säumen die Straße vor dem Haus (die frühere Zufahrt zum Kloster Harvestehude). Diese Lage bietet aber noch weitere Vorteile: Die eleganten Hamburger Geschäfte sind bequem zu Fuß zu erreichen; gleich um die Ecke befindet sich die Außenalster mit Bootsanleger. Der Flughafen ist nur 15 Minuten mit dem Auto entfernt.

Die 1888 erbaute Patriziervilla wurde von den gegenwärtigen Besitzern, Petra und Fritz Lay, 1978 in ein Hotel mit privater Atmosphäre umgewandelt. Die Gästezimmer sind nicht nur mit erlesenen englischen Antiquitäten, sondern auch mit modernstem Komfort ausgestattet: Die Stereoanlage reicht bis in das Marmorbad.

Dem Hotelgast stehen ein kleines Restaurant mit guter Küche sowie ein exklusiver Club zur Verfügung. In den Sommermonaten wird der Nachmittagstee bei schönem Wetter im Garten serviert.

Umgebung: Kunsthalle, Museen, Botanischer Garten, Hafen, Fernsehturm mit Aussicht

Abteistr. 14, 20149 Hamburg
Tel.: (040) 442905
Fax: (040) 449820
Lage: in ruhiger Einbahnstraße w der Außenalster, n vom Stadtzentrum; mit Garten, Garage und Parkmöglichkeiten
Mahlzeiten: Frühstück, Nachmittagstee, Abendessen, kleine Gerichte
Preise: Zimmer DDD/DDDD incl. Frühstück; Mahlzeiten 60-120 DM
Zimmer: 13 Doppelzimmer; alle mit Bad, Zentralheizung, Telefon, Fön, Stereoanlage, TV, Minibar
Anlage: Salon, Restaurant, Club; Billardzimmer, Terrasse, Garten
Kreditkarten: AE, DC, MC, V
Kinder: werden aufgenommen
Behinderte: keine speziellen Einrichtungen
Tiere: nicht erlaubt
Geschlossen: nie
Fremdsprachen: Englisch, Französisch, Italienisch
Besitzer: Fritz Lay

Hotel am Fluß, Hamburg-Blankenese

Strandhotel Blankenese

Blankenese, früher ein Fischerdorf, ist heute ein vornehmer Vorort von Hamburg. Seine großen Villen erheben sich an einem steilen Hang mit engen Straßen, die sich zur Mündung der Elbe – an dieser Stelle über 1,5 km breit – hinunterwinden. Dieses wundervolle, leuchtend weiße Jugendstilgebäude blickt direkt auf den Fluß. Es wurde Anfang dieses Jahrhunderts als Hotel errichtet und besitzt noch sehr viele seiner alten Elemente (Gesimse, Stuckdecken, bunte Glasfenster und Glastüren), obwohl der neue Besitzer die Strandterrasse zu einem ruhigen, freundlichen Sitzplatz umgestaltet hat.

Diese Lage trägt sehr viel zum Reiz des Hotels bei. Man sollte deshalb unbedingt ein Zimmer mit Elbeblick nehmen. Die besten Gästezimmer sind wunderbar geräumig und gut geschnitten und mit einer wirkungsvollen Mischung aus alten Möbeln (zum Benutzen, nicht zum Anschauen gedacht) und modernen Kunstwerken ausgestattet. Die Liebe des Besitzers zur modernen Kunst ist im ganzen Haus zu spüren. Das luftige Frühstückszimmer, das auf die Elbe hinausgeht, wird als Galerie für Hamburger Künstler genutzt.

Im intimen Speiseraum werden reichhaltige Gerichte serviert, aber es gibt auch zahlreiche Speiserestaurants entlang der Elbe.
Umgebung: Segeln, Golf, Reiten; Wedel (5 km) mit Schiffbegrüßungsanlage Schulau (Willkommen-Höft)

Strandweg 13, 22587 Hamburg
Tel.: (040) 861344
Fax: (040) 864936
Lage: am Elbufer in einer vornehmen Wohngegend, 15 km ö vom Stadtzentrum; mit Garten und Parkplatz
Mahlzeiten: Frühstück, Mittag- und Abendessen
Preise: Zimmer DD/DDDD; Frühstück 18 DM, Mahlzeiten 25-55 DM
Zimmer: 14 Doppelzimmer, 2 mit Bad, 12 mit Dusche; 4 Einzelzimmer mit Bad, 1 Suite; alle Zimmer mit Zentralheizung, TV, Telefon, Radio, Fön, Minibar
Anlage: Speiseraum, Frühstückszimmer, Kunstgalerie; Terrasse, Privatstrand, Sauna
Kreditkarten: AE, DC, MC, V
Kinder: willkommen
Behinderte: keine speziellen Einrichtungen
Tiere: erlaubt
Geschlossen: nie
Fremdsprachen: Englisch, Französisch
Besitzer: Christian Peters, Franz Kroll

Hamburg

Stadtvilla, Hamburg

Hotel Hanseatic

Die zwei Jahre, die Wolfgang Schüler in London verbrachte, müssen ihn nachhaltig beeinflußt haben, wenn man nach dem eleganten Hotel urteilt, das er 1979 eröffnet hat. In allen Räumen, von denen viele mit englischen Antiquitäten eingerichtet sind, steht eine Karaffe mit Sherry. Beim Frühstück kann man zwischen 15 verschiedenen Teesorten wählen, die in silbernen Teekannen zusammen mit Toast und selbstgemachten Marmeladen serviert werden. Vor allem wirkt der gewandte Herr Schüler selbst mit seinem gewählten Englisch und den tadellosen Manieren wie das Abbild eines englischen Gentleman.

Das Patrizierhaus mit der weißen Fassade liegt in einem vornehmen Wohnviertel nahe der Binnenalster. Es besitzt die Atmosphäre eines exklusiven Clubs: Es gibt kein Hotelschild; die meisten Gäste erfahren durch Mundpropaganda vom Hanseatic. Man kann ausgiebig frühstücken und dabei Zeitung lesen oder im eleganten Salon sitzen und plaudern, wobei man sich an der Bar selbst bedient. Die Gästezimmer sind tadellos sauber und verbinden die Atmosphäre eines Privathauses mit dem Komfort eines großen Hotels (gegenwärtig werden 6 Zimmer beträchtlich vergrößert).

Die Innenstadt ist nur 10 Autominuten entfernt. Im Sommer können die Gäste vom Pier, der nur einige Minuten zu Fuß entfernt ist, Alsterrundfahrten unternehmen.

Umgebung: Hafenrundfahrten, Kunsthalle

Sierichstr. 150, 22299 Hamburg
Tel.: (040) 485772
Fax: (040) 485773
Lage: an einer Hauptstraße in einem Wohngebiet, 10 Minuten vom Stadtzentrum entfernt, nö von der Außenalster; mit Garagen
Mahlzeiten: Frühstück
Preise: Zimmer DDD/DDDD; Frühstück 27,50 DM
Zimmer: 13 Doppelzimmer mit Bad; alle Zimmer mit Zentralheizung, TV, Telefon, Radio, Fön, Minibar
Anlage: Salon, Frühstückszimmer
Kreditkarten: keine
Kinder: willkommen
Behinderte: nicht geeignet
Tiere: nicht erlaubt
Geschlossen: nie
Fremdsprachen: Englisch, Französisch
Besitzer: Wolfgang Schüler

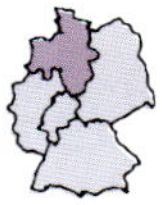

Niedersachsen

Überblicksartikel

Hotels in Niedersachsen

Die Norddeutsche Tiefebene des Bundeslands Niedersachsen zieht zwar nur relativ wenige Touristen an, hat aber weit mehr zu bieten, als man erwarten würde. Beispielsweise gibt es hier die landschaftlich schönen, fruchtbaren Ausläufer des Harzes und des Niedersächsischen Berglandes.

Bremen, wie Hamburg eigener Stadtstaat, ist der wichtigste Hafen der Region. Im Zentrum gibt es mehrere große, elegante Hotels, aber keine Häuser, die in unseren Führer passen. Am nördlichen Stadtrand liegt das *Landhaus Louisenthal* (Tel. 0421/232076, Fax 236716, 60 Zimmer), ein klassizistisches Herrenhaus mit gemütlicher Einrichtung. Ebenfalls empfehlenswert ist *Hof Hoyerwege* (Tel. 04222/2071, Fax 5306, 20 Zimmer), ein komfortables Hotel mit ruhigem Garten, nur 20 km südwestlich von Bremen in Ganderkesee. Weiter westlich im Kurort Bad Zwischenahn befindet sich das *Seehotel Fährhaus* (Tel. 04403/6000, Fax 4717, 54 Zimmer) mit wunderschönem Blick über den See. Die vor der Küste gelegenen Ostfriesischen Inseln besitzen schöne Strände und sind ein Paradies für Vogelfreunde. Wir empfehlen hier das *Strandeck* (Tel. 04972/755, Fax 6277, 42 Zimmer) auf der für den Autoverkehr gesperrten Insel Langeoog, ein sehr komfortables Hotel mit hervorragender Küche.

Die größte Stadt Niedersachsens ist Hannover. Zusätzlich zu den langen Einträgen empfehlen wir hier: *Alpha-Tirol* (Tel. 0511/131066, Fax 341535, 15 Zimmer) im Zentrum; *Landhaus Köhne am See* (Tel. 05131/91085, Fax 8367, 26 Zimmer) am Stadtrand. Im weiter östlich gelegenen Wolfsburg befindet sich das *Ludwig am Park* (Tel. 05362/51051, Fax 65214, 38 Zimmer) mit exzellentem Restaurant direkt am Stadtpark.

Die Lüneburger Heide war früher ein weitgehend unfruchtbares Moorgebiet. In der Stadt Lüneburg sollten Sie im Hotel *Zum Heidkrug* (Tel. 04131/31249, Fax 37688, 7 Zimmer), einem hübschen Restaurant mit Gästezimmern in einem gotisierten Gebäude, oder im *Stumpf* (Tel. 04134/215), einem einfachen, kleinen Hotel am Stadtrand, übernachten. Weiter südlich liegt die schöne alte Stadt Celle. Der außergewöhnlich elegante *Fürstenhof* (Tel. 05141/2010, Fax 201120, 75 Zimmer), der zur Hotelkette Relais & Chateaux gehört, ist in einem prächtigen historischen Palais untergebracht.

In Osnabrück, der größten Stadt im südlichen Niedersachsen, empfehlen wir das elegante Hotel *Residenz* (Tel. 0541/586358, Fax 571847, 22 Zimmer) und das historische *Walhalla* (Tel. 0541/27206, Fax 23751, 27 Zimmer). Das *Waldhotel Felsenkeller* (Tel. 05403/825, Fax 804, 30 Zimmer) befindet sich im 16 km weiter südlich gelegenen Bad Iburg.

Auf dieser Seite werden empfehlenswerte Hotels in Niedersachsen vorgestellt, die keinen eigenen Eintrag erhalten. Die langen Einträge mit den Hotels, von denen wir am meisten begeistert waren, beginnen auf der nächsten Seite. Wir waren jedoch auch von den Hotels angetan, die hier nur mit Kurzeinträgen (ab S. 44) berücksichtigt werden.

Niedersachsen

Stadthotel, Duderstadt

Zum Löwen

Bei der vollständigen Renovierung 1988 wurde die Fassade des Hotels originalgetreu wiedererrichtet; das Gewölbe des Weinkellers ist erhalten geblieben. Laura-Ashley-Tapeten mit dezentem Blumenmuster verhindern in den Gästezimmern, daß diese anonym wirken. Die Möbel sind Sonderanfertigungen aus Vogel-augenahorn, die sehr solide, gemütlich und gefällig wirken.

Überall im Hotel spürt man, daß hier mit viel Liebe zum Detail gearbeitet worden ist. Man mag den Stil des Innenarchitekten vielleicht kritisieren, aber man muß die Ausführung bewundern. Dies gilt vor allem für die verschiedenen Gesellschaftsräume: den eleganten holzgetäfelten Gourmet-Speiseraum, die in Rosa gehaltene, mit Kiefernholz ausgestattete Bar und das Café mit Glasdach, durch das man auf die geflieste Terrasse gelangt.

Eine Hauptattraktion des Hotels ist die ausgezeichnete Küche mit einfallsreichen, fachkundig zubereiteten, reichhaltigen Gerichten. Kleinere Gerichte gibt es auch in der Bar.

Umgebung: Altes Rathaus, Fachwerkhäuser, Propsteikirche St. Cyriakus

Marktstr. 30, 37115 Duderstadt
Tel.: (05527) 3072
Fax: (05527) 72630
Lage: in der Fußgängerzone der Stadt, 32 km ö von Göttingen; mit Garagen
Mahlzeiten: Frühstücksbüfett, Mittag- und Abendessen
Preise: Zimmer DD/DDDD incl. Frühstück; Mahlzeiten 40-110 DM
Zimmer: 28 Doppelzimmer, 24 mit Bad, 4 mit Dusche; 8 Einzelzimmer mit Dusche; alle Zimmer mit Zentralheizung, TV, Telefon, Radio, Fön, Minibar, Safe
Anlage: Speiseraum, Frühstückszimmer/Café, Konferenzzimmer, Kinderspielzimmer; Terrasse, Hallenbad, Sauna, Solarium
Kreditkarten: AE, DC, MC, V
Kinder: sehr willkommen
Behinderte: Zugang leicht; Rollstühle vorhanden
Tiere: erlaubt
Geschlossen: 1. bis 9. Jan.
Fremdsprachen: Englisch, Französisch
Manager: Andreas Pastuszka

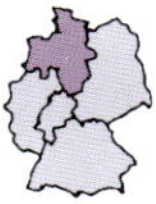

Niedersachsen

Landhaushotel, Hannover

Landhaus Ammann

Trotz seines Namens und unserer damit verbundenen Kategorisierung liegt das Landhaus günstig für Gäste, die in das Stadtzentrum oder zu den Messehallen möchten. Deshalb verkehren hier auch vorwiegend Geschäftsleute mit großzügig bemessenem Spesenkonto.

Doch auch Besucher, die ihre Rechnung aus eigener Tasche bezahlen müssen, werden zugeben, daß Helmut Ammanns Preise gerechtfertigt sind angesichts seiner gelungenen Kombination von eleganter Landhausatmosphäre und Stadtnähe, gutem Service und – nicht zuletzt – erstklassiger Küche. Die Küche ist das Reich von Herrn Ammann, der seinen Michelin-Stern wirklich verdient. Er bietet Gerichte im modernen Stil, mit unverfälschtem Geschmack und in klarer Präsentation, wobei er häufig frische Kräuter aus seinem eigenen Garten verwendet. Auch der Weinkeller kann sich sehen lassen: über 500 verschiedene Weine. Der elegante Speiseraum ist in sanften Farben gehalten. Die großen Tische sind mit feinem Leinen und ausgesuchtem Porzellan gedeckt. Aber man kann auch draußen auf der überdachten Terrasse speisen, mit Blick auf den Garten und den Wald. Die Gästezimmer sind ebenfalls elegant, in kühlen Farbtönen gehalten, mit dunklen Holzmöbeln und gut ausgestatteten Bädern. Die besten sind außerdem sehr geräumig.

Umgebung: Herrenhäuser Gärten, Niedersächsisches Landesmuseum

Hildesheimer Str. 185,
30173 Hannover
Tel.: (0511) 830818
Fax: (0511) 8437749
Lage: am Waldrand s der Stadt, nahe Südschnellweg; mit Garten und großem Parkplatz
Mahlzeiten: Frühstück, Mittag- und Abendessen
Preise: Zimmer DDDD/DDDD incl. Frühstück; Menüs 80-150 DM
Zimmer: 12 Doppelzimmer, 2 Suiten; alle mit Bad, Zentralheizung, Telefon, Fön, TV, Minibar, Radio, elektrischem Hosenbügler
Anlage: Speiseraum, Bar
Kreditkarten: AE, DC, MC, V
Kinder: sehr willkommen
Behinderte: nivellierter Zugang zum Erdgeschoß
Tiere: erlaubt
Geschlossen: nie
Fremdsprachen: Englisch, Französisch, Schwedisch
Besitzer: Helmut Ammann

Niedersachsen

Vorstadtrestaurant mit Gästezimmern, Hannover

Georgenhof

Ähnlich wie das Landhaus Ammann am anderen Ende der Stadt gehört der Georgenhof zu den angesehensten Restaurants von Hannover. Oder genauer gesagt: Er beherbergt eines, das als Stern bekannt ist. Heinrich Stern fungiert als Küchenchef, während sich seine Frau Renate und Sohn Michael um das Haus kümmern. Die modern präsentierten Gerichte sind recht einfach, aber nicht billig.

Die Gäste kommen aber nicht nur wegen des Essens; auch die Lage ist sehr attraktiv. Die Speiseräume sind – wie nicht anders zu erwarten – makellos: funkelnde Gedecke, kunstvolle Blumenarrangements und stilvolle, moderne Holzstühle, ein Minimum an Dekor, schmucklose Wände und dunkles Gebälk. Unmittelbar dahinter liegt die Speiseterrasse mit Blick auf einen von Schilfgras umgebenen Teich mit illuminierter Fontäne. Das von Kletterpflanzen überwucherte Hotel und die üppig wachsenden Bäume im Garten bilden eine friedliche Oase.

Die Gästezimmer sind ebenso tadellos sauber wie die Speiseräume. Die Betonung liegt hier auf Komfort, aber mit genug Liebe zum Detail (zur Einrichtung passende gerahmte Stiche), um sie aus dem Durchschnitt herauszuheben. Michael Stern und sein Personal sind freundlich und entgegenkommend.

Umgebung: Herrenhausen mit Park, Berg-Garten, Kestner-Museum

Herrenhäuser Kirchweg 20,
30167 Hannover
Tel.: (0511) 702244
Fax: (0511) 708559
Lage: am nö Rand der Stadt, nahe Herrenhausen; auf einem Grundstück mit großem Parkplatz
Mahlzeiten: Frühstück, Mittag- und Abendessen, kleine Gerichte
Preise: Zimmer DD/DDDD incl. Frühstück; Kinder unter 6 Jahren, die im Zimmer der Eltern schlafen, 40 DM; Mahlzeiten 36-166 DM
Zimmer: 5 Doppel-, 8 Einzel-, 1 Familienzimmer mit Bad; alle Zimmer mit Zentralheizung, TV, Telefon, Fön, Minibar, die meisten mit Radio
Anlage: Restaurant, Konferenzzimmer; Terrasse
Kreditkarten: AE, DC, MC, V
Kinder: sehr willkommen
Behinderte: nicht geeignet
Tiere: werden geduldet
Geschlossen: nie
Fremdsprachen: Englisch
Besitzer: Familie Stern

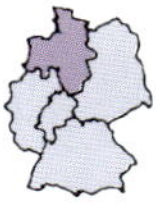

Niedersachsen

Landhotel, Nörten-Hardenberg

Burghotel Hardenberg

Bei einem solchen Namen und angesichts der Tatsache, daß es zur Gruppe »Gast im Schloß« gehört, müßte dieses Hotel eigentlich eine Burg sein. Aber die romantische, zinnenbekrönte Ruine auf dem Hügel bildet nur den malerischen Hintergrund des Hotels.

Ansonsten jedoch gibt es für den Besucher kaum etwas Enttäuschendes am Burghotel Hardenberg. Das Gebäude, ein langgestreckter, zweistöckiger Fachwerkbau, der weiß und schwarz gestrichen ist und auf drei Seiten einen Innenhof umschließt, war seit etwa 1700 ein Gasthof und bietet jetzt eine befriedigende Kombination von modernem Komfort und traditioneller Atmosphäre.

Im Hauptrestaurant, es wurde kürzlich erneuert und nach Novalis benannt, serviert man anspruchsvolle, einfallsreiche Küche im modernen Stil, die sehr angesehen ist, während es im separaten, modern eingerichteten Burgmühlenrestaurant (mit elegantem Wintergarten) vorwiegend regionale Gerichte gibt.
Umgebung: Burgruine; Northeim (10 km) und Einbeck (20 km) mit Fachwerkhäusern

Im Hinterhaus 11 a,
37176 Nörten-Hardenberg
Tel.: (05503) 1047
Fax: 1650
Lage: in einem Waldgebiet am Dorfrand, 11 km n von Göttingen; mit Garten, Garagen und großem Parkplatz
Mahlzeiten: Frühstück, Mittag- und Abendessen, kleine Gerichte
Preise: Zimmer DD/DDDD incl. Frühstück; Mahlzeiten 16-128 DM
Zimmer: 38 Doppelzimmer, 14 mit Bad, 14 mit Dusche; 7 Einzelzimmer, 4 mit Bad, 3 mit Dusche; alle Zimmer mit Zentralheizung, TV, Telefon, Radio
Anlage: Speiseräume, Bar, Wintergarten, Konferenzräume; Terrasse, Reiten, Golf, Sauna, Solarium
Kreditkarten: DC, MC, V
Kinder: willkommen
Behinderte: Zugang leicht; Rollstühle
Tiere: nur auf den Zimmern erlaubt
Geschlossen: nie
Fremdsprachen: Englisch, Französisch
Geschäftsführer: Jörg Steinhäuser

Niedersachsen

Bauernhaushotel, Salzhausen

Josthof

In Deutschland gibt es zahllose Hotels, die in alten Gebäuden untergebracht sind, seit 350 Jahren Gästen offenstehen oder sich seit 35 Jahren im Familienbesitz befinden. Aber nur ganz wenige sind so unversehrt erhalten geblieben wie dieses Bauernhaus, ein für die Lüneburger Heide typisches Fachwerkgebäude aus roten Ziegeln und mit niedrigem Strohdach.

Der Name verrät, daß hier einmal Steuern eingetrieben wurden. Aber das bedeutet nicht, daß es sich um ein langweiliges oder nüchternes Amtsgebäude handeln würde. Das massive Gebälk, die roten Fliesenböden und die wuchtigen, soliden antiken Möbel wirken sehr einladend. Das junge, freundliche Personal sorgt für eine zwanglose Atmosphäre.

Die Gästezimmer, die sich auf das Hauptgebäude und einen ebenfalls alten Anbau verteilen, wirken zunächst etwas enttäuschend: Die Besitzer haben in erster Linie Wert auf Komfort gelegt und darüber den Charakter vernachlässigt. Aber die besten davon sind bemerkenswert geräumig.

Die Lüneburger Heide ist ein beliebtes Wandergebiet. Im rustikalen Speiseraum, mit seinem riesigen Kachelofen das Herzstück des Hotels, werden entsprechend deftige Gerichte in großzügigen Portionen aufgetischt. Die Weinkarte ist überraschend umfangreich; außerdem gibt es eine große Auswahl an Spirituosen.
Umgebung: Lüneburger Heide mit Naturschutzgebiet; Lüneburg (20 km)

Am Lindenberg 1, 21376 Salzhausen
Tel.: (04172) 292
Fax: (04172) 6225
Lage: hinter der Kirche am Rande der Kleinstadt in der Lüneburger Heide, 45 km sö von Hamburg; mit Garten und großem Parkplatz
Mahlzeiten: Frühstück, Mittag- und Abendessen, kleine Gerichte
Preise: Zimmer D/DDD incl. Frühstück; Mahlzeiten 25-75 DM
Zimmer: 14 Doppel-, 2 Einzelzimmer mit Bad; alle Zimmer mit Zentralheizung, TV, Telefon, Radio, Fön, Minibar
Anlage: Speiseraum, Gaststube; Terrasse
Kreditkarten: AE, DC, MC, V
Kinder: willkommen
Behinderte: Zugang leicht; einige Parterrezimmer
Tiere: erlaubt
Geschlossen: Am Weihnachtsabend
Fremdsprachen: Englisch
Besitzer: Jörg Hansen

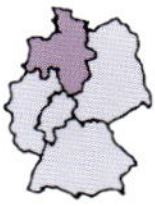

Niedersachsen

Stadthotel, Uslar

Romantik-Hotel Menzhausen

Uslar ist eine alte Stadt, die auf drei Seiten vom Solling-Vogler-Naturschutzgebiet umgeben ist. Das Menzhausen ist das erste Hotel und Restaurant am Ort. Das Gebäude mit seiner farbenprächtig verzierten Fachwerkfassade stammt aus dem 16. Jahrhundert. In den 30 Jahren, die es sich nunmehr im Besitz der Familie Körber befindet, ist es beträchtlich verändert und erweitert worden. Vor kurzem ist ein neues Gebäude auf der anderen Seite der Straße hinzugekommen; es ist mit dem Hauptbau durch eine überdachte Fußgängerbrücke verbunden.

Dieser Neubau, der weitgehend von Herrn Körber selbst entworfen und erst 1991 eröffnet wurde, ist dem traditionellen Weserrenaissancestil nachempfunden. Er enthält moderne Freizeiteinrichtungen sowie komfortable, geräumige Gästezimmer mit schönen Naturholzmöbeln und eleganten Bädern. Im Speiseraum findet man viel Gebälk und gemütliche Sitzecken.

Herr Körber ist ein Weinliebhaber; sein Weinkeller, in dem Weinproben abgehalten werden, ist nicht nur gut bestückt, sondern auch architektonisch interessant. Die Küche ist regionaltypisch; ihre Spezialität sind Wildgerichte. In der Bierstube »Alt Uslar« gibt es auch kleine Gerichte.

Umgebung: Wandern; Bootsfahrten auf der Weser (10 km)

Lange Straße 12, 37170 Uslar
Tel.: (05571) 2051
Fax: 5820
Lage: in einer Fußgängerzone der Altstadt, 35 km nw von Göttingen; mit Garten, Garagen und großem Parkplatz
Mahlzeiten: Frühstück, Mittag- und Abendessen
Preise: Zimmer DD/DDDD incl. Frühstück; Mahlzeiten 20-70 DM
Zimmer: 28 Doppelzimmer (6 mit Einzelbetten), 24 mit Bad, 4 mit Dusche; 9 Einzelzimmer mit Dusche; 3 Familienzimmer mit Bad; alle Zimmer mit Zentralheizung, TV, Telefon, einige mit Fön, Minibar
Anlage: Speiseraum, Bierstube, Weinkeller, Konferenzräume; Terrasse, überdachter Swimmingpool, Sauna, Liegewiese
Kreditkarten: AE, DC, MC, V
Kinder: willkommen
Behinderte: mehrere Parterrezimmer, Aufzug
Tiere: nur wohlerzogene Hunde
Geschlossen: nie
Fremdsprachen: Englisch, Französisch
Besitzer: Fritz Körber

Niedersachsen

Hotel garni, Walsrode

Landhaus Walsrode

Walsrode liegt nur ein paar Kilometer von den wichtigsten Autobahnen in Norddeutschland entfernt und eignet sich damit hervorragend als Zwischenstation. Am Ende einer langen Autofahrt gelangt der müde Reisende über eine von Bäumen gesäumte Zufahrt in ein ruhig gelegenes Hotel, wo er freundlich empfangen wird.

Das 400 Jahre alte ehemalige Bauernhaus mit rotem Ziegeldach steht in einem ausgedehnten Grundstück am Waldrand. Frau Wolff hat mit viel Geschmack ein elegantes Hotel geschaffen, das dennoch behaglich wirkt. Die Gästezimmer sind geräumig und gut eingerichtet; die meisten Möbel sind modern, aber in jedem Zimmer gibt es ein ausgewähltes antikes Stück und einige alte Gemälde oder Stiche.

Eigentlich wird nur Frühstück serviert, aber nach Absprache kann man auch ein kaltes Abendessen bekommen. Frau Wolff sieht es gern, wenn ihre Gäste abends gemeinsam vor dem offenen Kamin im großen Salon sitzen, wo Getränke serviert werden, oder sich in kleineren Gruppen in der Lounge oder im Bridgezimmer versammeln. Für Gäste, die sich lieber zurückziehen möchten, gibt es einen Leseraum mit Regalen voller Bücher, Zeitschriften und Zeitungen.
Umgebung: Vogelpark Walsrode (der größte der Welt), Freizeitpark, Golfplatz

Oskar-Wolff-Str. 1, 29664 Walsrode
Tel.: (05161) 8053
Fax: 2352
Lage: 300 m vom Zentrum einer Kleinstadt, 60 km n von Hannover, 10 km w von der E 4, 2,5 km von der E 71 entfernt; auf einem 2 ha großen Grundstück mit Garagen und großem Parkplatz
Mahlzeiten: Frühstück, kleine Gerichte
Preise: Zimmer D/DDDD incl. Frühstück; Mahlzeiten 75-250 DM
Zimmer: 11 Doppelzimmer (2 mit Einzelbetten), 6 mit Bad, 5 mit Dusche; 6 Einzelzimmer, 2 mit Bad, 3 mit Dusche; 2 Appartements mit Bad; alle Zimmer mit Zentralheizung, TV, Telefon
Anlage: Frühstückszimmer, Salon, Lounge, Konferenzzimmer, Bibliothek; beheizter Swimmingpool im Freien **Kreditkarten:** AE, MC
Kinder: sehr willkommen
Behinderte: Parterrezimmer
Tiere: große Hunde im Frühstückszimmer nicht erwünscht
Geschlossen: 15. Dez. bis 15. Jan.
Fremdsprachen: Englisch
Besitzerin: Lieselotte Wolff

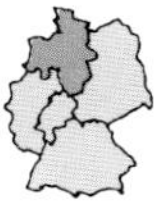

Niedersachsen

Landhotel, Bad Bevensen

Grünings Landhaus

Ein ruhiger Platz trotz der Bekanntheit von Lothar Grünings ambitionierter Küche. Nach umfassender Renovierung sind die Gästezimmer luxuriöser eingerichtet.

Haberkamp 2, 29549 Bad Bevensen **Tel.:** (05821) 3006 **Fax:** (05821) 43332 **Mahlzeiten:** Frühstück, Mittag- und Abendessen **Preise:** Zimmer DD/DDDD incl. Frühstück; Mahlzeiten ab 60 DM **Zimmer:** 25, alle mit Bad, Zentralheizung, Telefon, Radio, Fön, TV **Kreditkarten:** keine **Geschlossen:** 23. Nov bis 17. Dez. 6. bis 23. Jan. **Fremdsprachen:** Englisch

Vorstadthotel, Bad Zwischenahn

Hotel Am Kurgarten

Dieses vornehme, elegant möblierte und reich ausgestattete moderne Hotel bietet jeden nur erdenklichen Komfort. Die Gesellschaftsräume sind in einer bunten Mischung verschiedener Stilrichtungen gestaltet. Die Gästezimmer sind einfacher und geschmackvoller und besitzen herrliche, mit Marmor verkleidete Bäder.

Unter den Eichen 30, 26160 Bad Zwischenahn **Tel.:** (04403) 69011 **Fax:** (04403) 59620 **Mahlzeiten:** Frühstück **Preise:** Zimmer D/DDDD; mit Frühstück **Zimmer:** 19, alle mit Bad oder Dusche, Zentralheizung, Telefon, TV, Radio, Fön **Kreditkarten:** AE, MC, V **Geschlossen:** nie **Fremdsprachen:** Englisch

Landhotel, Bendestorf

Landhaus Meinsbur

Viele der gemütlichen, blumengeschmückten Gästezimmer in diesem roten Backstein- und Fachwerkhaus mit dem langgestreckten Dach, sind Mansardenzimmer. Freiliegendes Gebälk, Ledermöbel und Perserteppiche dominieren im ganzen Haus. Außerdem gibt es ein beliebtes, ländliches Restaurant.

Gartenstr. 2, 21227 Bendestorf **Tel.:** (04183) 77990 **Fax:** (04183) 6087 **Mahlzeiten:** Frühstück, Mittag- und Abendessen **Preise:** Zimmer DD/DDDD incl. Frühstück; Mahlzeiten ab 24 DM **Zimmer:** 16, alle mit Bad oder Dusche, Zentralheizung, Telefon, TV, Radio, Fön, Minibar **Kreditkarten:** DC, MC, V **Geschlossen:** nie **Fremdsprachen:** Englisch

Stadthotel, Braunschweig

Ritter Sankt Georg

Das älteste Fachwerkgebäude der Stadt beherbergt auch eines der komfortabelsten Hotels von Braunschweig. Hübsch bemalte Decke im Restaurant und in der Gaststube. Einfache, aber stilvoll eingerichtete Gästezimmer, von denen die besten sehr geräumig sind.

Alte Knochenhauerstr. 12-13, 38100 Braunschweig **Tel.:** (0531) 13039 **Fax:** (0531) 13038 **Mahlzeiten:** Frühstück, Mittag- und Abendessen **Preise:** Zimmer DDD/DDDD; Frühstück 15 DM, Mahlzeiten 70 DM **Zimmer:** 22, alle mit Bad oder Dusche, Zentralheizung, Telefon, TV, Radio, Fön, Minibar **Kreditkarten:** AE, DC, MC, V **Geschlossen:** Restaurant Febr.; So **Fremdsprachen:** Englisch, etwas Französisch

Niedersachsen

Dorfhotel, Burgwedel

Marktkieker

Von außen ein 300 Jahre altes Fachwerkgebäude, aber die Innenräume bieten allen modernen Komfort (sogar ein umweltfreundliches Energieversorgungssystem). Doch auch von dem alten Charme ist viel erhalten geblieben: In den Gästezimmern, die in einer behaglichen Mischung von Stilen eingerichtet sind, findet man noch offenes Gebälk.

Am Markt 7, 30938 Burgwedel (Großburgwedel) **Tel.:** (05139) 7093 **Fax:** (05139) 894065 **Mahlzeiten:** Frühstück, kleine Gerichte **Preise:** Zimmer D/DDD incl. Frühstück **Zimmer:** 16, alle mit Bad oder Dusche, Zentralheizung, Klimaanlage, Telefon, TV, Radio **Kreditkarten:** AE **Geschlossen:** 22. Dez. bis 5. Jan. **Fremdsprachen:** Englisch, Französisch

Stadtgasthof, Celle

Utspann

Ein wahres Juwel ist diese einstige Gerberei in der Altstadt an der Nordmauer. Die komfortablen, im ländlichen Stil eingerichteten Gästezimmer haben eine ganz besondere Atmosphäre. Ein gepflasterter Hof und die neue Weinstube tragen zum Reiz des Hauses noch bei.

Im Kreise 13, 29221 Celle **Tel.:** (05141) 927720 **Fax:** (05141) 927252 **Mahlzeiten:** Frühstück, Mittag- und Abendessen, Imbisse **Preise:** Zimmer DD/DDD (Aufschlag während der Messen in Hannover), Frühstück 15 DM; Mahlzeiten ab 40 DM **Zimmer:** 18, alle mit Bad, Zentralheizung, Telefon, TV, Fön **Kreditkarten:** AE, DC, MC, V **Geschlossen:** Weihnachten **Fremdsprachen:** Englisch, Spanisch

Landhotel, Dinklage

Burghotel Dinklage

»Landhotel« ist etwas irreführend: Dinklage ist ein hübsches Städtchen. Aber das gepflegt-rustikale Burghotel liegt inmitten von Wäldern. Die überaus gemütlichen Gästezimmer sind mit Holzmöbeln eingerichtet. Elegante, kühl gehaltene Speiseräume.

Burgallee 1, 49413 Dinklage **Tel.:** (04443) 8970 **Fax:** (04443) 897444 **Mahlzeiten:** Frühstück, Mittag- und Abendessen **Preise:** Zimmer DD/DDD incl. Frühstück; Mahlzeiten ab 30 DM **Zimmer:** 53, alle mit Bad oder Dusche, Zentralheizung, Telefon, TV, Radio, Minibar, einige mit Fön **Kreditkarten:** AE, DC, MC, V **Geschlossen:** nie **Fremdsprachen:** Englisch, Französisch, etwas Spanisch

Hotel-Restaurant-Reiterhof, Eddelstorf

Hansens Hof

Ein altes Anwesen inmitten von Wiesen, ausgestattet mit modernen, stilvollen Möbeln. Ein Paradies für Reitsportler und andere Urlauber. Auch Konferenzräume (mit allem technischen Komfort) sind vorhanden.

Alte Dorfstr. 2, 29575 Altenmedingen **Tel.:** (05807) 1255/1257 **Fax:** (05807) 1304 **Mahlzeiten:** Frühstück, Mittag- und Abendessen, kleine Gerichte **Preise:** Zimmer D/DDD incl. Frühstück; Mahlzeiten 18-45 DM **Zimmer:** 23, alle mit Bad oder Dusche, Zentralheizung, Telefon, TV, Radio, einige mit Minibar **Kreditkarten:** AE, DC, MC **Geschlossen:** nie **Fremdsprachen:** Englisch

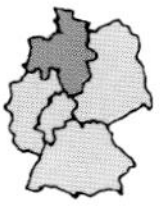

Niedersachsen

Stadthotel, Emden

Heerens Hotel

Ein recht hübsches Hotel in einer Kleinstadt in Ostfriesland. Die weiß-gelb gestrichene Villa liegt am Rande des von einem Kanal umschlossenen Stadtzentrums. Der holzgetäfelte Speiseraum und die eleganten, geräumigen Gästezimmer sind mit modernen Möbeln eingerichtet.

Friedrich-Ebert-Str. 67, 26725 Emden **Tel.:** (04921) 23740 **Fax:** (04921) 23158 **Mahlzeiten:** Frühstück, Mittag- und Abendessen **Preise:** Zimmer DD/DDD incl. Frühstück; Mahlzeiten 45 DM **Zimmer:** 21, alle mit Bad oder Dusche, Zentralheizung, Telefon, TV, Radio, Fön **Kreditkarten:** DC, MC, V **Geschlossen:** Restaurant Sa, So **Fremdsprachen:** Englisch, Schwedisch

Dorfgasthaus, Faßberg-Müden

Niemeyer's Posthotel

Der Familienbetrieb liegt inmitten des Naturparks Südheide und wird von Urlaubern und Geschäftsleuten gleichermaßen geschätzt. Die Gästezimmer bieten jeglichen modernen Komfort.

Hauptstr. 7, 29328 Faßberg **Tel.:** (05053) 1077 **Fax:** (05053) 248 **Mahlzeiten:** Frühstück, Mittag- und Abendessen, kleine Gerichte **Preise:** Zimmer DD/DDDD incl. Frühstück; Mahlzeiten ab 25 DM **Zimmer:** 39, alle mit Zentralheizung, Telefon, Satelliten-TV, Fön, Minibar **Kreditkarten:** MC, V **Geschlossen:** nie **Fremdsprachen:** Englisch

Landhotel, Ganderkesee-Bookholzberg

Waldgasthof Hasbruch

Dieses weißgetünchte Hotel liegt inmitten von Wäldern. Die frisch renovierten Gästezimmer wirken etwas gleichförmig, während die holzgetäfelten Gaststuben und Speiseräume angenehm rustikal sind. Einfache, herzhafte Kost.

Hedenkampstr. 20, 27777 Ganderkesee 2-Bookholzberg **Tel.:** (04223) 92190 **Fax:** (04223) 921930 **Mahlzeiten:** Frühstück, Mittag- und Abendessen, kleine Gerichte **Preise:** Zimmer D/DD incl. Frühstück; Mahlzeiten ab 50 DM **Zimmer:**12, alle mit Dusche, Zentralheizung, Telefon, TV, Radio **Kreditkarten:** MC **Geschlossen:** nie **Fremdsprachen:** Englisch, Französisch, Italienisch

Stadthaushotel, Hameln

Krone

Die Gästezimmer im alten Teil dieses Fachwerkhauses, das im Zentrum von Hameln liegt, sind gleichzeitig komfortabel und charaktervoll: niedrige Decken, Balken, moderne Holz- und Messingmöbel. Der Anbau und die Gesellschaftsräume wirken, trotz Renovierung, weniger stilvoll. Im ganzen Haus gibt es leise Musik und gedämpfte Beleuchtung.

Osterstr. 30, 31785 Hameln **Tel.:** (05151) 9070 **Fax:** (05151) 907217 **Mahlzeiten:** Frühstück, Mittag- und Abendessen, kleine Gerichte **Preise:** Zimmer DD/DDDD **Zimmer:** 34, alle mit Bad oder Dusche, Zentralheizung, Telefon, TV, Minibar, einige mit Fön, Radio **Kreditkarten:** AE, DC, MC, V **Geschlossen:** nie **Fremdsprachen:** Englisch, Französisch

Niedersachsen

Stadthotel, Haselünne

Burg-Hotel

Zu den Schätzen dieses alten, aus Ziegeln erbauten Herrenhauses gehört auch ein 160 Jahres altes Bett. Doch nicht alle Möbel in den Gästezimmern sind so wertvoll. Das Frühstück wird in der holzgetäfelten Bauernstube serviert, während man die übrigen Mahlzeiten im benachbarten Restaurant (gleicher Besitzer) einnehmen kann.

Steintorstr. 7, 49740 Haselünne **Tel.:** (05961) 1544 **Mahlzeiten:** Frühstück **Preise:** Zimmer D/DD incl. Frühstück **Zimmer:** 17, alle mit Bad oder Dusche, Zentralheizung, Telefon, TV, Radio, Minibar **Kreditkarten:** AE, DC, MC, V **Geschlossen:** nie **Fremdsprachen:** Englisch

Dorfhotel, Holle-Astenbeck

Gutsschenke des Fürsten zu Münster

Ansprechendes Fachwerk-Gasthaus; wegen reichlicher Mahlzeiten bei Einheimischen beliebt. Wer dort übernachtet, muß zwar versuchen, den Verkehrslärm zu überhören, wird aber durch Behaglichkeit und freundliche Gastlichkeit der Gerhardts belohnt.

31188 Holle **Tel.:** (05062) 1866 **Mahlzeiten:** Frühstück, Mittag- und Abendessen **Preise:** Zimmer D/DD incl. Frühstück **Zimmer:** 28, alle mit Dusche, Zentralheizung, Telefon **Kreditkarten:** AE, DC, V **Geschlossen:** Mo; Restaurant Mo mittag bis Mi **Fremdsprachen:** Englisch

Landhotel, Krummhörn-Greetsiel

Witthus

Greetsiel gilt als das schönste Fischerdorf an der deutschen Küste. Angesichts der vielen Kanäle und Windmühlen fühlt man sich hier fast in den Niederlanden. Dieses geschmackvolle Hotel besitzt ein Restaurant, eine Teestube, eine Gartenterrasse und eine Kunstgalerie. Alles ist makellos gepflegt, auch die harmonisch eingerichteten Gästezimmer.

Kattrepel 7-9, 26736 Krummhörn 3 **Tel.:** (04926) 540+1586 **Fax:** (04926) 1471 **Mahlzeiten:** Frühstück, Mittag- und Abendessen, kleine Gerichte **Preise:** Zimmer DD/DDD incl. Frühstück; Mahlzeiten ab 20 DM **Zimmer:** 14, alle mit Dusche, Zentralheizung, Telefon, TV, Radio, Fön **Kreditkarten:** MC, V **Geschlossen:** 25. Nov. bis 25. Dez. **Fremdsprachen:** Englisch, Holländisch

Landhotel, Worpswede

Eichenhof

Dieses langgestreckte, niedrige, weißgetünchte Gebäude, in dem Marita Monsees sich mit viel Charme um ihre Gäste kümmert, liegt mitten im Ort, dem berühmten Künstlerdorf; durch den parkähnlichen Garten ist es gegen das geschäftige Treiben ringsum abgeschirmt. Die schlichten, hellen Gästezimmer und der Frühstücksraum sind tadellos gepflegt.

Ostendorfer Str. 13, 27726 Worpswede **Tel.:** (04792) 2676 **Mahlzeiten:** Frühstück **Preise:** Zimmer DD/DDD incl. Frühstück **Zimmer:** 18, alle mit Bad oder Dusche, Zentralheizung, Telefon, TV, Radio, Fön, Minibar **Kreditkarten:** AE, DC, MC, V **Geschlossen:** Mitte Dez. bis Mitte Feb. **Fremdsprachen:** Englisch

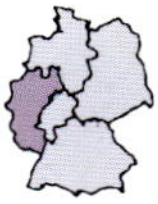

Nordrhein-Westfalen

Überblicksartikel

Hotels in Nordrhein-Westfalen

Das wichtigste Industriegebiet Deutschlands liegt im dichtbesiedelten Ruhrgebiet zwischen Duisburg und Dortmund. Es gibt hier aber auch zahlreiche historische Städte, Burgen und Schlösser. An reizvollen kleinen Hotels besteht ebenfalls kein Mangel.

Köln ist die attraktivste der im Zentrum dieser Region zusammengeballten Industriestädte. Neben den vier ausführlich beschriebenen Hotels sollte man sich hier noch merken: *Landhaus Gut Keuchhof* (Tel. (02234/76033, Fax 78687, 50 Zimmer); *Sankt Maternus* (Tel. 0221/393633, Fax 393245, 10 Zimmer), ein hübsches Restaurant mit Gästezimmern; *Spiegel* (Tel. 02203/61046, Fax 695653, 27 Zimmer) in der Nähe des Flughafens.

Historisch weniger interessant ist die Landeshauptstadt Düsseldorf, das Mode-, Geschäfts- und Verwaltungszentrum am Rande des Ruhrgebiets. Sollten die beiden beschriebenen Hotels ausgebucht sein, empfehlen wir: *Rheinterrasse* (Tel. 0211/996990, Fax 9969999, 42 Zimmer), *Haus am Zoo* (Tel. 0211/626333, Fax 626536, 22 Zimmer) und *Villa Viktoria* (Tel. 0211/469000, Fax 46900601, 40 Suiten); keines dieser Hotels ist zentral gelegen, alle sind klein und besitzen recht viel Charakter. Im relativ kleinen, historisch wenig bedeutsamen Bonn, ehemals Hauptstadt und Regierungssitz der Bundesrepublik Deutschland, empfehlen wir zusätzlich zu den drei beschriebenen Hotels die Jacobs (Tel. 0228/232822, Fax 232850, 43 Zimmer).

Weiter nördlich erstreckt sich die flache, grüne Westfälische Bucht mit zahlreichen Burgen, Herrenhäusern und Bauernhöfen. Hier empfehlen wir: *Schmelting* (Tel. 02864/311, Fax 1395, 23 Zimmer) in Reken und *Ratshotel Rudolph* (Tel. 02561/2051, Fax 2055) in Ahaus. Nördlich davon liegt in Hörstel das *Schloßhotel Surenburg* (Tel. 05454/7092, 23 Zimmer), kein Schloß, wie der Name andeutet, sondern ein einladendes, modernes Hotel auf dem Boden einer alten Burg. Auf halbem Weg zwischen Warendorf und Wiedenbrück, beide bei unseren Einträgen berücksichtigt, befindet sich in Harsewinkel das *Poppenborg* (Tel. 05247/2241, 18 Zimmer), ein elegantes, anspruchsvolles Restaurant mit recht preiswerten Zimmern.

Im bergigen Sauerland östlich des Ruhrgebiets empfehlen wir: *Landhotel Gasthof Schütte* (Tel. 02975/82501, Fax 82522, 58 Zimmer), einen schönen, alten Landgasthof, der etwas zu groß für einen eigenen Eintrag ist, und *Hubertus* (Tel. 02972/5077, Fax 1731, 24 Zimmer), beide in Schmallenberg, sowie *Haus Hilmeke* (Tel. 02723/8171, Fax 80016, 27 Zimmer) in Lennestadt. In der Nähe von Siegen, weiter südlich, befindet sich in Freudenberg ein schick modernisiertes altes Fachwerkgebäude, *Alten Flecken* (Tel. 02734/8041, Fax 1277, 25 Zimmer).

Auf dieser Seite werden empfehlenswerte Hotels in Nordrhein-Westfalen vorgestellt, die keinen eigenen Eintrag erhalten. Die langen Einträge mit den Hotels, von denen wir am meisten begeistert waren, beginnen auf der nächsten Seite. Wir waren jedoch auch von den Hotels angetan, die hier nur mit Kurzeinträgen (ab S. 67) berücksichtigt werden.

Nordrhein-Westfalen

Landhotel, Bergisch Gladbach

Waldhotel Mangold

Das Waldhotel Mangold ist ein Familienbetrieb. Der Vater des gegenwärtigen Besitzers erbaute 1927 im friedlichen Milchborntal am Waldrand das Ausflugslokal »Hänsel & Gretel«, ein beliebtes Wanderziel für Köln und Umgebung. Hans Mangold wurde dort geboren. Er übernahm den Betrieb 1966 nach dem Tode seines Vaters und hat ihn seitdem in ein aufwendiges Hotel mit Restaurant umgewandelt.

Das ruhig gelegene Hauptgebäude wirkt nach dem letzten Umbau wie ein großzügiger Landhauskomplex. Rezeption und Salon (mit altem Gebälk, schönen, alten Eichenholzmöbeln, offenen Kaminen und einer Treppe mit Holzgeländer) befinden sich im ältesten Teil des Hauses. In den großen Restauranträumen kann man eine Toreinfahrt aus dem Jahre 1821, speziell angefertigte Jugendstil-Bleiglasfenster und eine ungewöhnliche handgetriebene Messingdekke bewundern. Die sieben Gästezimmer im Hauptgebäude sind kürzlich renoviert worden: Betten für gesundes Schlafen und moderne Bäder vermitteln einen Hauch von Luxus. Die übrigen Zimmer befinden sich in einem separaten Gästehaus; sie sind nicht so aufwendig, aber gemütlich und tadellos sauber. Eine reizvolle Alternative zu den Stadthotels im 17 km entfernten Köln.
Umgebung: Waldspaziergänge, Golf

Im Milchborntal, 51429 Bergisch Gladbach
Tel.: (02204) 54011
Fax: (02204) 54500
Lage: in einem waldreichen Vorort zwischen Bergisch Gladbach und Bensberg, 17 km ö von Köln; in einem Park mit großem Parkplatz
Mahlzeiten: Frühstück, Abendessen, kleine Gerichte
Preise: Zimmer DD/DDDD incl. Frühstück; Mahlzeiten ab 60 DM
Zimmer: 18 Doppel- (6 mit Einzelbetten), 3 Einzelzimmer mit Bad und Dusche; alle Zimmer mit Zentralheizung, TV, Telefon, die meisten mit Fön und Minibar
Anlage: Speiseräume, Konferenzräume, Bar, Restaurant Waldstuben
Kreditkarten: AE, MC, V
Kinder: willkommen
Behinderte: einige Parterrezimmer
Tiere: nicht erlaubt
Geschlossen: Restaurant 4 Wochen im Juli/Aug.; So
Fremdsprachen: Englisch, Französisch
Besitzer: Hans Mangold

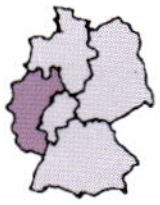

Nordrhein-Westfalen

Stadtgasthaus, Billerbeck

Domschenke

Billerbeck ist eine der vielen Kleinstädte, die in keinem Reiseführer auftauchen, aber dennoch besitzt sie einen ruhigen alten Stadtkern, der heute ausschließlich Fußgängern vorbehalten ist. Die Domschenke trägt ihren Namen zu Recht: Durch die Vordertür gelangt man direkt zum Dom, dessen beide Türme weithin zu sehen sind.

Das im 17. Jahrhundert errichtete Haus wurde in den letzten Jahren gründlich renoviert und erweitert, so daß es innen und außen eher wie eine Reproduktion wirkt. Eine Ausnahme bildet die Gaststube, die teilweise noch über altes Gebälk verfügt. Dennoch wirkt auch der von einer Balkendecke überspannte Speiseraum angenehm rustikal. Bei den Gästezimmern liegt die Betonung mehr auf Komfort als auf Charakter; sie sind zurückhaltend dekoriert und mit neuen, aber traditionell wirkenden Möbeln eingerichtet. Ein ungewöhnlicher Schnitt (wie etwa ein Alkoven, in dem ein Doppelbett untergebracht ist) verleiht einigen Zimmern einen zusätzlichen Reiz.

Das Hotel befindet sich seit mehr als 130 Jahren im Besitz der sehr entgegenkommenden Familie Groll. Frank, der Sohn, kümmert sich um die Küche und das junge Personal; neben westfälischen Spezialitäten bietet er auch moderne Gerichte.

Umgebung: Schloß Darfeld (10 km); Merfelder Bruch (10 km)

Markt 6, 48727 Billerbeck
Tel.: (02543) 4424
Fax: (02543) 4128
Lage: gegenüber dem Dom in der Fußgängerzone, 32 km ö von Münster; mit Garagen und Privatparkplatz
Mahlzeiten: Frühstück, Mittag- und Abendessen
Preise: Zimmer D/DDD incl. Frühstück; Mahlzeiten 15-48 DM
Zimmer: 18 Doppel- (5 mit Einzelbetten), 5 Einzelzimmer, 2 Suiten mit Bad; alle Zimmer mit Zentralheizung, Telefon, TV, die meisten mit Radio
Anlage: Speiseraum, Restaurant, Gaststube, Fernsehzimmer
Kreditkarten: AE, DC, MC, V
Kinder: willkommen
Behinderte: keine speziellen Einrichtungen
Tiere: geduldet
Geschlossen: nie
Fremdsprachen: Englisch, Französisch
Besitzer: Josef Groll

Nordrhein-Westfalen

Landhotel, Bocholt-Barlo

Schloß Diepenbrock

Nähert man sich Schloß Diepenbrock auf einer von Bäumen gesäumten Landstraße, so sieht man als erstes die gelbe Fassade und die beiden Türmchen des Gebäudes. Deshalb ist man auch etwas enttäuscht, wenn man entdeckt, daß das Restaurant und die meisten Gästezimmer in einem modernen Gebäude am See untergebracht sind. Im ersten Stockwerk des von einem Graben umgebenen Schlosses gibt es zwar vier schöne Gästezimmer, aber da das Schloß immer noch in erster Linie das Heim des Besitzers ist, werden Gäste dort nur nach vorheriger Absprache zugelassen.

Wer jedoch unbedingt innerhalb der Burgmauern übernachten möchte, dem steht immer noch das Burgzimmer offen: ein rundes Doppelzimmer mit dicken Wänden und kleinen Fenstern im Untergeschoß eines der beiden Türme. Die Zimmer im modernen Anbau sind komfortabel und bieten einen schönen Blick auf den See und das Grundstück, aber es mangelt ihnen an Charakter. Das mit Holztäfelung und Fliesenboden rustikal eingerichtete Restaurant genießt einen guten Ruf.

Das junge Personal sowie natürlich der Freiherr und seine Frau, die sich selbst aktiv an der Führung des Hotels beteiligen, heißen die Gäste freundlich willkommen.

Umgebung: Rathaus; Xanten (20 km) mit Dom und Archäologischem Park

Schloßallee 5, 46397 Bocholt
Tel.: (02871) 3545
Fax: 39607
Lage: 15 km nö der A 3 (Autobahn Essen-Arnhem) und 5 km n von Bocholt; mit großem Grundstück und großem Parkplatz
Mahlzeiten: Frühstück, Mittag- und Abendessen, kleine Gerichte
Preise: Zimmer DD/DDDD; Frühstück DM 15, Mahlzeiten 47-89 DM
Zimmer: 18 Doppel- (8 mit Einzelbetten), 3 Einzelzimmer, 2 Suiten mit Bad; alle Zimmer mit Zentralheizung, TV, Telefon, Radio, Minibar
Anlage: Speiseraum, Frühstückszimmer, Salon, Konferenzzimmer; Terrassen, Angeln, Golf, Reiten
Kreditkarten: AE, DC, MC, V
Kinder: sehr willkommen
Behinderte: Parterrezimmer
Tiere: nicht erlaubt
Geschlossen: nie
Fremdsprachen: Englisch, Französisch, Spanisch, Griechisch
Besitzer: Freiherr Wilhelm von Graes

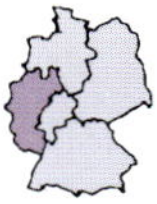

Nordrhein-Westfalen

Umgebaute Schloßstallungen, Bonn

Schloßhotel Kommende Ramersdorf

Bei der Kommende Ramersdorf handelt es sich um ein Bilderbuchschloß mit zahllosen Türmchen und Turmspitzen. Doch das Hotel selbst befindet sich in den umgebauten Stallungsgebäuden, die sich um einen kleinen Innenhof gruppieren. Aber das ist kein Grund zur Enttäuschung: Es paßt gut zu einem kleinen Hotel mit gefälligen Ausmaßen und persönlicher Atmosphäre.

Das Schloß erhebt sich in einem wunderschönen Grundstück am Ende einer steilen Zufahrtsstraße, ist aber nicht völlig vom Verkehrslärm abgeschirmt. Das Hauptgebäude dient heute als Museum und beherbergt auch Herrn Bartels eindrucksvolle Sammlung restaurierter Antiquitäten (die im Prinzip zu verkaufen sind). Einige Stücke davon schmücken das Hotel, das von seiner Frau Barbara unaufdringlich, aber hilfsbereit geleitet wird.

Die harmonisch gestalteten, komfortablen Gästezimmer liegen im ersten Stock. Die Korridore werden von Balken überspannt. Im Erdgeschoß liegt eine winzige Bar mit Hockern und alten englischen Sitzbänken, die nur Hotelgästen offensteht. Das Restaurant betritt man durch ein großes Scheunentor, doch im Inneren wirkt es äußerst elegant mit seinem Marmorboden, den vergoldeten Dekorelementen, den Stühlen mit den hohen Lehnen und den vielen frischen Blumen. Das Personal stammt ausnahmslos aus Italien. Das Restaurant gilt als eines der besten italienischen Restaurants in Deutschland.

Umgebung: Beethovenhaus, Ramersdorfer Kapelle mit Friedhof, Rheinisches Landesmuseum

Oberkasseler Str. 10, 53227 Bonn
Tel.: (0228) 440734/36
Fax: (0228) 444400
Lage: im Vorort Beuel am ö Rheinufer, Ausfahrt Niederholtorf von der A 59; auf einem Grundstück mit großem Parkplatz
Mahlzeiten: Frühstück, Mittag- und Abendessen
Preise: Zimmer D/DDD incl. Frühstück; Mahlzeiten 28-48 DM, Kinderteller 20 DM
Zimmer: 20 Doppel- (2 mit Einzelbetten), 8 Einzelzimmer mit Bad; alle Zimmer mit Zentralheizung, TV, Telefon, Radio
Anlage: Frühstückszimmer, Fernsehzimmer, Bar, Speiseraum; Terrasse
Kreditkarten: AE, DC, MC, V
Kinder: sehr willkommen
Behinderte: keine speziellen Einrichtungen
Tiere: erlaubt
Geschlossen: nie
Fremdsprachen: Englisch, Französisch, Italienisch
Besitzerin: Barbara Bartel

Nordrhein-Westfalen

Herrenhaushotel, Dahlem-Kronenburg

Schloßhotel Das Burghaus

Dank seiner Lage in einem noch relativ unberührten Teil der Eifel sind die kopfsteingepflasterten Straßen des idyllischen, von einer mittelalterlichen Stadtmauer umgebenen Orts Kronenburg noch nicht überlaufen. Das Burghaus ist keine Burg, sondern ein 1776 erbautes Amtsgebäude. Seine strenge Fassade mit dicken, weißgetünchten Mauern und grauem Ziegeldach blickt auf einen Hof; auf der Rückseite befindet sich eine kleine Terrasse. Dahinter fällt das Grundstück steil ab und eröffnet einen wunderschönen Ausblick.

Die Eingangshalle mit abgetretenem Fliesenboden, dunklem Gebälk und wuchtigen antiken Möbeln ist typisch für die Gesellschaftsräume. Das Abendessen kann man entweder in der hohen, aber gemütlichen Festhalle oder in der alten Küche einnehmen, wo das originale Geschirr und ein großer Ofen erhalten geblieben sind und ständig der Geruch von Holzrauch in der Luft liegt. Die Gästezimmer sind weniger eindrucksvoll; sie sind mit einer bunten Mischung von altmodischen Möbeln eingerichtet und wirken teilweise recht abgewohnt. Die Hofers, die das Hotel seit 15 Jahren führen (es befindet sich seit 150 Jahren im Familienbesitz), geben offen zu, daß Renovierungsarbeiten notwendig sind. Aber die herrliche Lage und der freundliche Empfang entschädigen für alle Unzulänglichkeiten.

Umgebung: »Eifelstraße«; Zingsheim (10 km) mit Höhlen; Gerolstein (15 km) mit Wildpark und Archäologischem Museum

Burgbering 1-4,
53949 Dahlem
Tel.: (06557) 265
Fax: (06557) 1397
Lage: am Ende der schmalen, kopfsteingepflasterten Hauptstraße des auf einem Hügel gelegenen Orts; mit Garten und Parkplatz
Mahlzeiten: Frühstück, Mittag- und Abendessen
Preise: Zimmer D/DD incl. Frühstück (Kinder unter 4 Jahren frei); Mahlzeiten ab 18,50 DM, Menüs 30-50 DM
Zimmer: 8 Doppelzimmer, 2 mit Bad, 6 mit Dusche; 5 Einzelzimmer mit Dusche; 2 Familienzimmer mit Bad; alle Zimmer mit Zentralheizung, TV, Radio
Anlage: Salon, Speiseraum, Bierstube, Kinderspielzimmer; Terrasse
Kreditkarten: DC, MC, V
Kinder: sehr willkommen
Behinderte: nicht geeignet
Tiere: erlaubt (7 DM pro Nacht)
Geschlossen: Di
Fremdsprachen: Englisch, Französisch, Schwedisch
Besitzer: E. D. Hofer

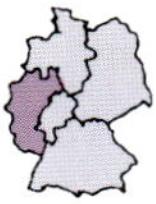

Nordrhein-Westfalen

Landhotel, Hamminkeln-Marienthal

Romantik-Hotel Haus Elmer

Das Hotel, das sich seit fünf Generationen im Familienbesitz befindet, entstand aus einem alten Bauernhaus und wurde seit 1962 durch Umbauten mehrmals vergrößert. Im Zuge der Modernisierung und Erweiterung wurden auch die meisten Altersfalten wirkungsvoll geglättet.

Das Gebäude wirkt zwar heute nicht mehr besonders alt, aber Haus Elmer ist ein in jeder Hinsicht vorzüglich geführtes Hotel. Das Essen in dem überaus beliebten Restaurant ist reichhaltig; serviert werden regionale Spezialitäten aus frischen Zutaten. Hinzu kommt ein ausgezeichneter Weinkeller. Im Hotel gibt es mehrere traditionell gestaltete, gemütliche Sitzecken. Die Gästezimmer machen durch Komfort wett, was ihnen vielleicht an Persönlichkeit fehlt. Die besten sind die kürzlich in einem der alten Gebäude neu eingerichteten Räume, in denen modernes Mobiliar mit freiliegendem Gebälk kombiniert ist. Hinter dem hübschen Backsteingebäude liegt ein gepflegter Blumengarten.

Dieses nahe der niederländischen Grenze gelegene Gebiet ist vor allem für Radfahrer interessant. Das Hotel besitzt eigene Fahrräder, die den Gästen zur Verfügung stehen.

Umgebung: Radfahren, Golf; Xanten (10 km) mit römischer Bürgerstadt Colonia Ulpia Traiana und Archäologischem Park

An der Klosterkirche 12,
46499 Hamminkeln
Tel.: (02856) 2041
Fax: (02856) 2061
Lage: in einem kleinen Dorf 15 km n von Wesel; mit Garten und großem Parkplatz
Mahlzeiten: Frühstück, Mittag- und Abendessen, kleine Gerichte
Preise: Zimmer DD/DDDD; Mahlzeiten 30-70 DM
Zimmer: 20 Doppelzimmer, 6 Appartements, 5 Einzelzimmer; alle Zimmer mit Bad, Zentralheizung, Telefon, TV, Radio
Anlage: Halle, Upkammer, 3 Speiseräume, 4 Bankettträume; Akazienhof
Kreditkarten: DC, MC, V
Kinder: willkommen
Behinderte: ein Parterrezimmer
Tiere: nur in den Gesellschaftsräumen erlaubt
Geschlossen: nie
Fremdsprachen: Englisch, Französisch
Besitzer: Karl-Heinz Elmer

Nordrhein-Westfalen

Restaurierte Burg, Isselburg

Wasserburg Anholt

Anholt gehört zu den imposantesten Wasserburgen in Westdeutschland: ein großer, eher streng wirkender roter Ziegelbau mit Türmchen und Erkern, der auf den Gräften gewissermaßen zu schwimmen scheint. Die architektonisch interessante Burg, die eine bedeutende Gemäldesammlung beherbergt, ist als Museum zugänglich. Das Hotel liegt in der Vorburg.

Das Haus selbst ist sehr persönlich und individuell. Die Gästezimmer sind teils modern, teils mit Antiquitäten eingerichtet. Dabei wurde dem Burgcharakter soweit wie möglich Rechnung getragen. Das Ambiente wirkt sehr herrschaftlich.

Die Gesellschaftsräume sind – jeder auf seine Weise – attraktiv. Besonders reizvoll ist das Café im Untergeschoß, durch das man auf eine Holzterrasse gelangt, die ins Wasser hinausragt. Im Obergeschoß befindet sich das vornehme, mit dunklem Holz getäfelte Schloßrestaurant. Die Speisekarte bietet dort eine regionale Küche, die ausschließlich Frischprodukte verwendet. In der rustikalen, mit Holz verkleideten Bar, die im ehemaligen Pferdestall untergebracht ist, werden kleine Gerichte serviert. Neben der Rezeption liegt ein Kaminzimmer, das mit seiner Natureicheeinrichtung zum Verweilen einlädt.

Umgebung: »Schweizer Park«, Kirche St. Pankratius, Windmühle in Werth, Golfplatz, Schloßpark, Galerie Anholter Mühle

Kleverstr. 2, 46419 Isselburg
Tel.: (02874) 4290
Fax: (02874) 4035
Lage: in offener Landschaft, 5 km w von Bocholt; mit Grundstück, Garagen und großem Parkplatz
Mahlzeiten: Frühstück, Mittag- und Abendessen, kleine Gerichte
Preise: Zimmer DDD/DDDD incl. Frühstück; Mahlzeiten 69-129 DM
Zimmer: 21 Doppelzimmer (2 mit Einzelbetten), 12 mit Bad, 9 mit Dusche; 6 Einzelzimmer, 2 mit Bad, 4 mit Dusche; 3 Suiten, alle mit Bad; alle Zimmer mit Zentralheizung, TV, Telefon, Radio, die meisten mit Fön, Minibar
Anlage: Speiseraum, Frühstückszimmer/Café, Bar; Terrassen, Gärten, Golfplatz, Fahrräder
Kreditkarten: AE, DC, MC, V
Kinder: willkommen
Behinderte: 1 Parterrezimmer, Aufzug
Tiere: nur auf den Zimmern erlaubt
Geschlossen: 2. bis 24. Jan.
Fremdsprachen: Englisch, Holländisch
Besitzer: Heinz Brune

Nordrhein-Westfalen

Stadtrestaurant mit Gästezimmern, Lüdinghausen

Hotel Borgmann

Lüdinghausen ist eine unscheinbare Kleinstadt zwischen dem Ruhrgebiet und Münster, in einer Region, die hauptsächlich für ihre *Wasserburgen,* von Burggräben umgebene Schlösser und Herrenhäuser, berühmt ist. Wie in vielen deutschen Städten gibt es auch hier eine reizvolle Altstadt. Dort befindet sich Borgmanns Hotel, ein für deutsche Verhältnisse sehr kleines Haus mit nur sieben Gästezimmern und keinem Salon, sondern lediglich einer Bar. Deshalb haben wir es hier als Restaurant mit Gästezimmern eingestuft.

Es handelt sich um ein kleines Hotel mit einfachem Mobiliar und Fliesenböden, das aber mit großer Sorgfalt und Stolz (und auch Stil) von der vierten Generation der Familie Borgmann geführt wird. Das Gebäude selbst ist ein hohes Stadthaus mit skulptiertem Giebel, das aus dem späten 19. Jahrhundert stammt. Im Inneren findet man offenes Gebälk und andere alte Dekorelemente. Es gibt eine schattige, recht kleine, aber sehr hübsche Terrasse mit Blick auf das alte Nachbarhaus. Der Stil der Gästezimmer reicht von reizvoll altmodisch bis sehr modern.

Die Küche bietet reichhaltige Gerichte, zumeist vom Grill oder aus der Pfanne, und spezielle Kinderteller.

Umgebung: Burg Vischering; Münster (25 km) mit Kirchen und Freilichtmuseum Mühlenhof

Münsterstr. 17, 59348 Lüdinghausen
Tel.: (02591) 91810
Fax: (02591) 918130
Lage: mitten in der Altstadt, 28 km sw von Münster; mit Parkplatz
Mahlzeiten: Frühstück, Mittag- und Abendessen
Preise: Zimmer D/DD incl. Frühstück; Mahlzeiten 18-35 DM
Zimmer: 7 Doppelzimmer mit Bad oder Dusche; alle Zimmer mit Zentralheizung, TV, Telefon, Minibar
Anlage: Speiseraum, Frühstückszimmer, Bar; Terrasse
Kreditkarten: AE, DC, MC, V
Kinder: willkommen
Behinderte: nicht geeignet
Tiere: erlaubt
Geschlossen: Ostern; So, Mo bis 18 h
Fremdsprachen: Englisch
Besitzer: Gitta und Werner Borgmann

Nordrhein-Westfalen

Stadtpension, Monschau

Haus Vecqueray

Unsere Tester haben in Deutschland wenige Hotels oder Pensionen entdeckt, die noch nicht in anderen Führern beschrieben sind, doch hier ist ein solches Beispiel. Diese Pension liegt abseits der Touristenrouten in dem idyllischen Städtchen Monschau. Wie die übrigen Gebäude, die hier von den Touristen besichtigt werden, ist es ein altes Fachwerkgebäude, 1716 erbaut, während der Hochblüte der Monschauer Tuchmanufaktur. Die beiden Schwestern Renate und Gisela Vecqueray, die ihre Pension seit 1977 betreiben, sind ebenso nett und freundlich wie das Haus.

Die Gästezimmer, die man über eine schmale Wendeltreppe erreicht, sind rustikal und einladend: mit hübschen Vorhängen, schönen antiken Möbeln und Teppichen auf den Holzböden sowie Blick über die Dächer von Monschau. Viel Einfallsreichtum hat man auch beim Einbau der Duschen bewiesen. Dennoch sind einige der Zimmer etwas eng für zwei Personen, so daß man sich möglichst vor dem Buchen vergewissern sollte, was einen erwartet.

Hinter der Eingangshalle befindet sich eine winzige Sitzecke mit offenem Kamin. Das herzhafte Frühstück wird in einem gemütlichen, kleinen Zimmer mit einfachen Holzstühlen und altmodischen Tapeten sowie farbenfrohen Teppichen auf dem Holzboden serviert.

Umgebung: Fachwerkhäuser; Wandern, Skilanglauf; belgische Grenze

Kirchstr. 5, 52156 Monschau
Tel.: (02472) 3179
Fax: (02472) 4320
Lage: in einer kopfsteingepflasterten Gasse nahe der Kirche, in einem kleinen Ort 60 km sw von Bonn; öffentlicher Parkplatz in der Nähe
Mahlzeiten: Frühstück
Preise: Zimmer D/DD incl. Frühstück; Kinder, die im Zimmer der Eltern schlafen, frei
Zimmer: 10 Doppel- (3 mit Einzelbetten), 2 Einzel-, 1 Familienzimmer mit Dusche; alle Zimmer mit Zentralheizung
Anlage: Frühstückszimmer, Salon
Kreditkarten: DC, MC, V
Kinder: willkommen
Behinderte: nicht geeignet
Tiere: erlaubt
Geschlossen: nie
Fremdsprachen: Englisch
Besitzerinnen: Renate und Gisela Vecqueray

Nordrhein-Westfalen

Landhaushotel, Münster

Schloß Wilkinghege

Schloß Wilkinghege, ein großes Wasserschloß aus dem 18. Jahrhundert, ist schon seit drei Generationen im Besitz der jetzigen Eigentümer. Wenn man die hohe Eingangshalle betritt, spürt man sofort die Atmosphäre eines anderen Jahrhunderts: Der riesige Speisesaal mit seinen alten Möbeln, schweren Kronleuchtern, Wandteppichen, Ölgemälden und großen, vergoldeten Spiegeln wirkt wie ein Museum. Der freundliche Service läßt die schier überwältigende Pracht ringsum behaglicher erscheinen.

Es befindet sich direkt vor den Toren der historischen Altstadt von Münster, nicht weit von einer Hauptstraße entfernt, doch im Inneren ist der Verkehrslärm kaum zu hören. Die klassizistische Ziegelfassade blickt auf einen kleinen Garten, der eine Privatkapelle enthält. Von den Fenstern auf der Rückseite des Gebäudes hat man eine schöne Aussicht auf den Wassergraben und die umliegende Landschaft. Die Gästezimmer im Hauptgebäude sind geräumig und mit schweren Vorhängen, Kronleuchtern und einer Mischung aus soliden, alten Möbeln und modernen Messing- und Glasstücken ausgestattet. Die Zimmer in den umgebauten ehemaligen Stallungen und im Fasanenhaus gehen eher in Richtung moderner Komfort; ein paar davon sind sogar in einem betont modernen Stil gehalten. Das Hauptrestaurant, dessen Speisekarte exquisite, aber teure Gerichte bietet, liegt im Kellergewölbe und wird von Kerzen und alten Öllampen sanft erhellt.

Umgebung: Dom und Domschatz, Stadtmauer, Kirchen, Freizeitpark

Steinfurter Str. 374, 48159 Münster
Tel.: (0251) 213045
Fax: (0251) 212898
Lage: am nw Rand der Altstadt; mit Garten und großem Parkplatz
Mahlzeiten: Frühstück, Mittag- und Abendessen, kleine Gerichte
Preise: Zimmer DDD/DDDD incl. Frühstück; Mahlzeiten 63-95 DM
Zimmer: 11 Doppelzimmer, 8 mit Bad, 3 mit Dusche; 9 Einzelzimmer, 2 mit Bad, 7 mit Dusche; 12 Suiten mit Bad; alle Zimmer mit Zentralheizung, TV, Telefon, Radio, Fön, Minibar
Anlage: Salon, 3 Speiseräume, Konferenzzimmer; Terrasse, Tennisplatz, 18-Loch-Golfplatz
Kreditkarten: AE, DC, MC, V
Kinder: werden aufgenommen
Behinderte: keine speziellen Einrichtungen
Tiere: nur auf den Zimmern erlaubt (5 DM Aufpreis pro Nacht)
Geschlossen: nie
Fremdsprachen: Englisch, Französisch
Besitzer: L. Winnecken

Nordrhein-Westfalen

Bauernhaushotel, Münster-Handorf

Hof zur Linde - Gästehaus »Diana«

Seinen Namen verdankt das Hotel der alten Linde, die neben dem Haupteingang steht. Weitere alte Bäume stehen im Park, der nahe der Werse liegt. Das Gebäude ist ein altes Bauernhaus aus roten Ziegelsteinen mit Fachwerk. Einige der massiven Balken stammen aus dem Jahre 1648; auch eine kaum noch lesbare Inschrift am steinernen Torhaus zeugt von der jahrhundertealten Geschichte.

Otto Löfken, dessen Familie das Hotel schon seit mehreren Generationen führt, ist Hotelier mit Leib und Seele, der immer Zeit hat, mit seinen Gästen zu plaudern. Außerdem ist er ein begeisterter Jäger. Die Wände der Jagdstube schmücken Trophäen und Bilder mit Jagdszenen. So manches Wild, das man auf der Speisekarte findet, wurde vom Hausherrn selbst erlegt. Das Restaurant, das zahlreiche rustikale Sammlerstücke enthält, besitzt viel Atmosphäre. Die Küche hingegen ist keineswegs ländlich: Wunderschön präsentierte Gerichte werden von erfahrenen Kellnern unter den wachsamen Augen von Herrn Löfken serviert.

Die Gästezimmer sind verschieden groß und jeweils in einem anderen Stil gehalten, von ländlich über Chippendale und viktorianisch bis modern.

Umgebung: Dom mit Domschatz, Prinzipalmarkt, Landesmuseum für Kunst und Kulturgeschichte, ehemaliges fürstbischöfliches Residenzschloß

Am Handorfer Werseufer 1,
48175 Münster
Tel.: (0251) 32750
Fax: (0251) 328209
Lage: in einem kleinen Dorf, 7 km ö von Münster; mit Grundstück, Garagen und großem Parkplatz
Mahlzeiten: Frühstück, Mittag- und Abendessen, kleine Gerichte
Preise: Zimmer DD/DDDD incl. Frühstück; Mahlzeiten ab 58 DM
Zimmer: 27 Doppelzimmer (1 mit Einzelbett), 8 mit Bad, 19 mit Dusche; 5 Einzelzimmer, 1 mit Bad, 3 mit Dusche, 1 mit Waschbecken; 2 Familienzimmer; 17 Suiten, alle Zimmer mit Zentralheizung, TV, Telefon, Radio, Minibar
Anlage: Speiseräume, Bar; Terrasse
Kreditkarten: AE, DC, MC, V
Kinder: sehr willkommen
Behinderte: Zugang leicht; mehrere Parterrezimmer
Tiere: nicht erlaubt
Geschlossen: nie
Fremdsprachen: Englisch, Französisch, Spanisch
Besitzer: Otto Löfken

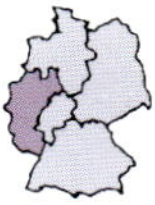

Nordrhein-Westfalen

Umgebaute Burg, Petershagen

Schloß Petershagen

Das aus dem 14. Jahrhundert stammende Schloß, das direkt an der Weser liegt, befindet sich seit der Jahrhundertwende im Besitz der Familie Hestermann und wird seit 25 Jahren als Hotel und Restaurant geführt.

Obwohl das Gebäude früher eine Festung war, wirkt es heute mit seinen hellen Steinmauern, roten Ziegeldächern und bunten Fensterläden überhaupt nicht mehr einschüchternd. Die Innenräume sind elegant und einladend zugleich. Das Hauptrestaurant, das vorwiegend in Rosa gehalten ist, schließt eine ehemalige Terrasse mit ein und bietet eine beruhigende Aussicht auf den Fluß. Ein junger Küchenchef, dessen Kochkunst sehr geschätzt wird, ist für die einfallsreichen, modernen Kreationen und traditionellen Gerichte verantwortlich. Der Sankt-Gorgonius-Keller ist hingegen – was die Ausstattung und das Essen betrifft – mittelalterlich. Das kleine, ruhige Kaminzimmer ist ein etwas düsterer Raum mit schweren Möbeln.

Die Zimmer wurden umgestaltet und haben jetzt einen Standard, der an Eleganz den übrigen Räumen entspricht. Der wunderschöne Park hält völlig den Verkehrslärm von der nahen Hauptstraße ab.

Umgebung: Rheinland-Museum

Schloßstr. 5-7, 32469 Petershagen
Tel.: (05707) 346
Fax: 2373
Lage: inmitten von Wiesen am Weserufer; auf einem Grundstück mit großem Parkplatz
Mahlzeiten: Frühstück, Mittag- und Abendessen
Preise: Zimmer DD/DDDD incl. Frühstück; Mahlzeiten 55-115 DM
Zimmer: 8 Doppelzimmer, 5 mit Bad, 1 mit Dusche; 3 Einzelzimmer, 1 mit Bad, 2 mit Dusche; 1 Familienzimmer mit Bad; alle Zimmer mit Zentralheizung, TV, Telefon, Fön, Minibar
Anlage: Kaminzimmer, Wintergarten/Restaurant, Gorgoniuskeller; Terrasse, Swimmingpool, Tennisplatz, Fasanerie
Kreditkarten: DC, MC, V
Kinder: willkommen
Behinderte: nicht geeignet
Tiere: nur wohlerzogene Hunde
Geschlossen: 3 Wochen Anfang Jan.
Fremdsprachen: Englisch
Besitzer: Rosemarie und Klaus Hestermann

Nordrhein-Westfalen

Hotel-Restaurant, Schieder-Schwalenberg

Schwalenberger Malkasten

Die Figuren an der Fassade stellen Meister Pinsel, den guten Geist des Hauses, dar. Das Hotel ist nicht exquisit, aber hervorragend geführt, einladend, sehr preisgünstig und reizvoll. Dem hilfsbereiten Besitzer ist es gelungen, immer mehr Gäste zu gewinnen, ohne die Einheimischen zu vertreiben, die gern in der Gaststube sitzen. Die Wandbilder sind 1960 von dem Kunstmaler Joachim Liebig-Dassel renoviert worden.

Der ursprüngliche Teil des Hotels ist ein altes Fachwerkgebäude in einer Straße mit Kopfsteinpflaster, in der ähnlich malerische Häuser stehen. Praktisch alle Gästezimmer sind im selben harmonischen, attraktiven Stil mit modernen, aber traditionell gestalteten Möbeln eingerichtet. Der ältere Teil ist besonders beliebt bei Reisegruppen, während Einzelreisende im neueren Teil untergebracht werden, der überraschend ruhig ist.

Der Speiseraum ist einfach ausgestattet und mit traditionellem Mobiliar eingerichtet. Vom neuen Anbau hat man einen herrlichen Blick auf das Tal. Die Speisekarte bietet eine reiche Auswahl an durchweg fachkundig zubereiteten Gerichten. Besonders empfehlen können wir die Hummersuppe.

Umgebung: Burg Blomberg (5 km); Detmold (20 km) mit Residenzschloß

Neue Torstr. 1,
32816 Schieder-Schwalenberg
Tel.: (05284) 5278
Fax: 5108
Lage: mitten in der Altstadt, 22 km ö von Detmold; mit Terrasse und Parkplatz
Mahlzeiten: Frühstück, Mittag- und Abendessen, kleine Gerichte
Preise: Zimmer D/DDD incl. Frühstück; Mahlzeiten 30-60 DM
Zimmer: 38 Doppelzimmer, 2 mit Bad, 36 mit Dusche; 7 Einzelzimmer mit Dusche; alle Zimmer mit Zentralheizung, Minibar, z.T. mit TV, Telefon
Anlage: Speiseraum, Dachrestaurant, Café, Fernsehzimmer, Gaststube, Sauna, Solarium
Kreditkarten: DC, MC, V
Kinder: willkommen
Behinderte: keine speziellen Einrichtungen
Tiere: nur in den Gesellschaftsräumen erlaubt
Geschlossen: Jan. und 2 Wochen Mitte Dez.
Fremdsprachen: keine
Besitzer: Claus-Jürgen Kotzenberg

Nordrhein-Westfalen

Umgebaute Burg, Schieder-Schwalenberg

Burghotel Schwalenberg

Eine Nacht im Burghotel ist schon ein Erlebnis. Man befindet sich hier nämlich in einer echten alten Raubritterburg mit knarrenden Dielen und staubigen Winkeln, Ritterrüstungen, abgenutzten Antiquitäten und vielen exzentrischen Details. Die Lage auf einem Hügel mit herrlichem Rundblick ist typisch für eine Burg aus dem 13. Jahrhundert. Das Restaurant, ein moderner Anbau, der jedoch passend zum Stil des Gebäudes eingerichtet ist, besitzt große Panoramafenster.

Ein Blick auf die umfangreiche Speisekarte verrät viel über die Herkunft der Besitzer. Olga Saul zog 1971 von Stuttgart hierher, um das Hotel vor dem Niedergang zu bewahren. Heute kümmert sich ihr Sohn um die Küche, die auf schwäbische Gerichte spezialisiert ist. Frau Saul, eine leutselige, mütterliche Person, begrüßt ihre Gäste im Dialekt ihrer Heimat.

Das Hotel ist nichts für Stilpuristen. In den großen Korridoren findet man ein buntes Sammelsurium von alten Stücken: vergoldete, lebensgroße Bischofsstatuen, Ölgemälde und Wildschweinköpfe an der Wand sowie ein riesiges, ziemlich abgenutztes Sofa. Die Gästezimmer enthalten eine Mischung aus Antiquitäten (wie z.B. einen hölzernen Alkoven von 1605) und einfachen, altmodischen Möbeln.

Umgebung: Blomberg (5 km) mit Schloß; Detmold (30 km) mit Residenzschloß

32816 Schieder-Schwalenberg 2
Tel.: (05284) 5167
Fax: (05284) 5567
Lage: auf einem bewaldeten Hügel über der Stadt, 30 km ö von Detmold; mit Tierpark, Garagen und großem Parkplatz
Mahlzeiten: Frühstück, Mittag- und Abendessen, kleine Gerichte
Preise: Zimmer D/DDD; Frühstück 18,50; Mahlzeiten 15-68 DM, Kinder halber Preis
Zimmer: 17 Doppel- (2 mit Einzelbetten), 3 Einzel- und 4 Familienzimmer mit Dusche; alle Zimmer mit Zentralheizung, TV, Telefon, Radio, Minibar
Anlage: Speiseraum, Café, Bar, Konferenzzimmer
Kreditkarten: DC, MC, V
Kinder: sehr willkommen
Behinderte: keine speziellen Einrichtungen
Tiere: erlaubt
Geschlossen: Jan. und Febr.
Fremdsprachen: Englisch, Französisch, Italienisch
Besitzer: Familie Saul

Nordrhein-Westfalen

Restaurant mit Gästezimmern, Sprockhövel

Rotisserie Landhaus Leick

Völlig zu Recht bezeichnet sich diese moderne Villa als »grüne Oase am Rande des Ruhrgebiets«, das direkt im Norden davon liegt. Hauptattraktion ist die abgeschiedene Lage in einem parkähnlichen Garten. Preis und Lage machen das Landhaus Leick vor allem zu einem gefragten Aufenthaltsort für Geschäftsleute, aber auch für Personen mit normalem Geldbeutel ist es reizvoll.

Die Familie Leick besitzt das Haus seit Mitte der 60er Jahre und hat es in ein Restaurant und Hotel umgewandelt. Edith Leick gehörte zu den ersten Verfechterinnen der modernen, französisch beeinflußten Küche in Deutschland. Gerd Rebers anspruchsvolle Kreationen sind mit einem Michelin-Stern belohnt worden. Der helle Speiseraum ist elegant eingerichtet, aber noch angenehmer speist man auf der Terrasse mit Gartenblick. Ein zweites Restaurant, das »Kartöffelken«, bietet überraschende Kartoffelspezialitäten an.

Auch nach dem Essen wird man im Landhaus Leick verwöhnt. Die Gästezimmer sind alle luxuriös, aber unterschiedlich eingerichtet: von spanischen Rattanmöbeln über bayerische Himmelbetten bis zu supermodern.

Umgebung: Tennis, Reiten, Schwimmen, Golf; Wuppertal (15 km)

Bochumer Str. 67,
45549 Sprockhövel
Tel.: (02324) 7615 **Fax:** 77120
Lage: im Dorf Niedersprockhövel, 10 km s von Bochum; auf einem Grundstück mit großem Parkplatz
Mahlzeiten: Frühstück, Mittag- und Abendessen
Preise: Zimmer DD/DDD; Frühstück 18 DM; Mahlzeiten 55-98 DM
Zimmer: 12 Doppelzimmer, 7 mit Bad, 5 mit Dusche; 13 Einzelzimmer, 7 mit Bad, 6 mit Dusche; alle Zimmer mit Zentralheizung, TV, Telefon, Radio, Minibar
Anlage: 2 Speiseräume; Terrasse, Sauna, Solarium
Kreditkarten: AE, DC, MC, V
Kinder: willkommen
Behinderte: keine speziellen Einrichtungen
Tiere: erlaubt
Geschlossen: nie; Restaurant Mo, Sa mittags sowie 1. bis 20. Jan. und 2 Wochen während der Sommerferien (Rotisserie), Di (Pfannenschmiede)
Fremdsprachen: Englisch, Französisch
Besitzerin: Edith Leick

Nordrhein-Westfalen

Stadtgasthaus, Stolberg

Altes Brauhaus Burgkeller

Stolberg, die älteste Messingstadt der Welt, besitzt als Wahrzeichen eine mittelalterliche Burg, die von einer liebevoll restaurierten Altstadt umgeben ist. Das älteste Haus (1529 errichtet) bildet einen Teil dieses Hotels, das aus mehreren miteinander verbundenen Gebäuden besteht. Es ist zwar teilweise gründlich modernisiert worden, hat aber noch viel von seinem alten Reiz behalten, insbesondere in der schönen, von einer Balkendecke überspannten Ratsstube (dem ältesten Teil des Hauses), die als zweiter Speiseraum dient. Das Romantik-Restaurant besitzt ein rustikal-elegantes Mobiliar. Die Kellerbar ist in einer geschmackvollen Mischung moderner und traditioneller Stilrichtungen eingerichtet. Vor dem Haus liegt die »Terrasse am Vichtbach«: Das einzige Geräusch, das man in den Zimmern hört, ist das Plätschern des Wassers. Bei den Gästezimmern handelt es sich um modern eingerichtete, aber sehr gemütliche Zwei-Zimmer-Appartements.

Trotz des Namens des Hauses interessiert sich der Besitzer vor allem für Wein, den er auch kistenweise verkauft. Die Küche bietet frische, moderne Gerichte zu vernünftigen Preisen.

Der Burgkeller wird gemeinsam mit dem etwa 5 Gehminuten entfernten, modernen »Parkhotel am Hammerberg« (mit Hallenbad und Sauna) geführt, so daß man bei der Zimmerreservierung unbedingt angeben sollte, in welchem Haus man übernachten möchte.

Umgebung: Altstadt, Burg; Aachen (10 km) mit Münster und Schatzkammer

Klatterstr. 8-12, 52222 Stolberg
Tel.: (02402) 12340
Fax: (02402) 123480
Lage: in einer kopfsteingepflasterten Fußgängerstraße am Vichtbach, am Fuße der Stolberger Burg; mit Terrasse und öffentlichem Parkplatz in der Nähe
Mahlzeiten: Frühstück, Mittag- und Abendessen
Preise: Zimmer D/DDD incl. Frühstück; Mahlzeiten 18,50-48,50 DM
Zimmer: 22 Doppelzimmer, 6 mit Bad, 16 mit Dusche; 7 Einzelzimmer, 5 mit Dusche, 5 Appartements; alle Zimmer mit Zentralheizung, TV, Telefon, Minibar, die meisten mit Fön
Anlage: Frühstückszimmer, Halle, Kellerbar, Restaurant
Kreditkarten: AE, DC, MC, V
Kinder: willkommen
Behinderte: nicht geeignet
Tiere: erlaubt nach Vereinbarung
Geschlossen: 24. Dez., 1. bis 4. Jan.
Fremdsprachen: Englisch, Französisch
Besitzer: Marlis und Klaus Mann

Nordrhein-Westfalen

Stadtgasthaus, Werne

Baumhove

Dieses hohe, malerische Fachwerkhaus im Herzen der Altstadt von Werne befindet sich angeblich seit mehr als 500 Jahren im Besitz der Familie Baumhove. Wahrheit oder Legende? Aber das spielt auch keine Rolle. Was wirklich zählt, ist die Tatsache, daß das Gebäude selbst unbestreitbar außergewöhnlich alt ist, daß die mittelalterliche Atmosphäre wunderbar bewahrt wurde und daß die Besitzer dies offensichtlich auch in Zukunft nicht ändern wollen.

Der größte Teil des Erdgeschosses (mit niedriger Balkendecke, Ziegelwänden und Stein- oder Fliesenboden) dient als Speiseraum und Gaststube und ist in zahlreiche gemütliche Sitzecken unterteilt; die einfachen Holzmöbel und das rustikale Dekor passen gut dazu. Eine Treppe führt zu einer etwas eleganteren Galerie hinauf. Die Gästezimmer, die man über ziemlich düstere Korridore erreicht, sind überwiegend modern und recht stilvoll eingerichtet. Von einigen hat man einen schönen Blick auf den für den Autoverkehr gesperrten Marktplatz.

Die Küche bietet preiswerte traditionelle, deftige Kost.

Umgebung: Schloß Cappenberg mit Wildgehege; Bockum Hövel mit Burg

Markt 2, 59368 Werne
Tel.: (02389) 2298
Fax: 536223
Lage: in der Fußgängerzone mitten in der Altstadt, 12 km w von Hamm; mit 3 Garagen
Mahlzeiten: Frühstück, Mittag- und Abendessen
Preise: Zimmer D/DD incl. Frühstück; Mahlzeiten ab 35 DM; Kinderteller
Zimmer: 10 Doppelzimmer mit Dusche, 8 Einzelzimmer mit Dusche; alle Zimmer mit Zentralheizung, Telefon
Anlage: Frühstückszimmer, Speiseraum, Gaststube
Kreditkarten: AE, DV, MC, V
Kinder: willkommen
Behinderte: Aufzug
Tiere: erlaubt
Geschlossen: Mitte Juli. bis früher Aug.; So 14 h bis Mo 16 h
Fremdsprachen: Englisch
Besitzer: Familie Baumhove

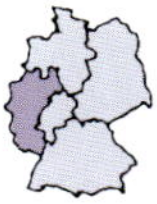

Nordrhein-Westfalen

Romantik-Hotel, Wiedenbrück

Ratskeller Wiedenbrück

Das aus zwei Orten zusammengewachsene Rheda-Wiedenbrück sieht von der E 34, die es durchschneidet, nicht besonders reizvoll aus, aber im Fußgängerbereich der Altstadt von Wiedenbrück findet man noch Kopfsteinpflaster und alte Ackerbürgerhäuser in Fachwerkbauweise. Zu diesen gehört auch der 1560 errichtete, wunderschön restaurierte Ratskeller. Die mit reliefartigen Darstellungen geschmückte Fassade blickt auf den Marktplatz. Das Hotel befindet sich bereits seit fünf Generationen im Besitz der Familie des immer freundlichen Herrn Surmann und ist sein ganzer Stolz.

Der Haupteingang liegt zur Langen Strasse hin. Dieser Teil des Hauses wurde 1970 neu erbaut, ist aber den historischen Häusern in der Stadt stilgetreu nachempfunden. Im Inneren ziehen natürlich die älteren Teile die Aufmerksamkeit der Besucher auf sich: der von einer niedrigen Balkendecke überspannte Speiseraum und die holzgetäfelte Gaststube. Das moderne Frühstückszimmer wirkt ebenfalls hell und gefällig. Die Gästezimmer besitzen hochwertige Tapeten oder dekorativen Streichputz, die jeweils auf die historische Möblierung (antike Möbel in verschiedenen Stilrichtungen, zumeist massive Eiche oder Kiefer) abgestimmt sind. Im Obergeschoß befindet sich eine gemütliche Sitzecke.
Umgebung: Naherholungsgebiet Flora Westfalica, Teutoburger Wald; Fahrt im Heißluftballon; private Dampfeisenbahn in Gütersloh (10 km)

Marktplatz 11,
33378 Rheda-Wiedenbrück
Tel.: (05242) 7051 **Fax:** 7256
Lage: im Zentrum der historischen Altstadt des Ortsteils Wiedenbrück, 4 km von der E 34 entfernt, 36 km nw von Paderborn; mit großem Parkplatz
Mahlzeiten: Frühstück, Mittag- und Abendessen, kleine Gerichte
Preise: Zimmer D/DDD incl. Frühstück; Mahlzeiten 28-110 DM; Kinderteller
Zimmer: 18 Doppelzimmer (2 mit Einzelbetten), 13 mit Bad, 5 mit Dusche; 14 Einzelzimmer mit Dusche; 2 Apartments mit Bad; alle Zimmer mit Zentralheizung, Kabel-TV, Telefon, Fön, Minibar
Anlage: Speiseraum, Frühstückszimmer, Gaststube, Tagungsräume; Sauna, Whirlwanne, Dachterrasse
Kreditkarten: AE, DC, MC, V
Kinder: willkommen
Behinderte: Aufzug
Tiere: erlaubt
Geschlossen: 23. und 25. Dez.
Fremdsprachen: Englisch
Besitzer: Josef Surmann

Nordrhein-Westfalen

Umgebaute Burg, Attendorn

Burghotel Schnellenberg

Eine etwas düster wirkende Burg aus dem 13. Jahrhundert, die inmitten von Wäldern auf einem Hügel liegt. Im Inneren vornehm, aber nicht einschüchternd: elegante Speiseräume, eine gemütliche Kellerbar und romantische Gästezimmer. Außerdem ein üppig blühender Garten zum Entspannen.

57439 Attendorn **Tel.:** (02722) 6940 **Fax:** (02722) 69469 **Mahlzeiten:** Frühstück, Mittag- und Abendessen, kleine Gerichte **Preise:** Zimmer DD/DDDD incl. Frühstück; Mahlzeiten ab 75 DM **Zimmer:** 32, alle mit Bad, Telefon, TV, Radio, Minibar **Kreditkarten:** AE, DC, MC, V **Geschlossen:** Weihnachten und 3 Wochen im Jan. **Fremdsprachen:** Englisch, Französisch

Dorfhotel, Bad Laasphe-Feudingen

Landhotel Doerr

In diesem hübschen Landhotel spürt man sofort, daß die Familie Doerr seit über einem Jahrhundert im Hotelgewerbe arbeitet. Selbst die Tagungsräume haben die gleiche helle Holztäfelung wie der Speiseraum. Sehr unterschiedliche Gästezimmer.

Sieg-Lahn-Str. 8, 57329 Bad Laasphe-Feudingen **Tel.:** (02754) 3081 **Fax:** (02754) 3048 **Mahlzeiten:** Frühstück, Mittag- und Abendessen **Preise:** Zimmer DD/DDDD incl. Frühstück; Mahlzeiten ab 25 DM **Zimmer:** 37, alle mit Bad oder Dusche, Zentralheizung, Telefon, TV, Fön **Kreditkarten:** DC, MC, V **Geschlossen:** nie **Fremdsprachen:** Englisch, etwas Dänisch

Landhotel, Bad Laasphe-Glashütte

Jagdhof Glashütte

Im Laufe der Jahre hat die Familie Dornhöfer aus einer einfachen Fuhrmannskneipe und einem Treffpunkt für Forstarbeiter ein erstklassiges Hotel gemacht, das heute zu den 100 besten Hotels in Deutschland (auf Platz 23) gehört. Besonders reizvoll ist das neue Restaurant »Jagdhof-Stuben« mit seiner gemütlichen Atmosphäre.

Glashütter Str. 20, 57334 Bad Laasphe **Tel.:** (02754) 3990-97 **Fax:** (02754) 399222 **Mahlzeiten:** Frühstück, Mittag- und Abendessen **Preise:** Zimmer DDD/DDDD incl. Frühstück; Mahlzeiten ab 68 DM **Zimmer:** 29, alle mit Bad und Dusche, Zentralheizung, Telefon, Radio, Fön, Minibar, z.T. CD **Kreditkarten:** keine **Geschlossen:** nie **Fremdsprachen:** Englisch, Französisch

Landgasthof, Burgneustadt

Rengser Mühle

Versteckt zwischen bewaldeten Hängen steht die frühere Mühle der Vormsteins, heute ein reizendes kleines Hotel mit guter Küche, einigen angenehmen Gästezimmern und hübschem, rustikalem Speiseraum. Im prächtigen Garten am Ufer kann man hausgebackene Waffeln genießen.

Niederrengse 4, 51702 Bergneustadt **Tel.:** (02763) 324 **Mahlzeiten:** Frühstück, Mittag- und Abendessen, Imbisse **Preise:** Zimmer D/DD incl. Frühstück; Mahlzeiten ab 40 DM **Zimmer:** 4, alle mit Bad oder Dusche, Zentralheizung, Telefon, Fön, TV, Minibar **Kreditkarten:** AE, MC **Geschlossen:** Restaurant Mo abend, Di **Fremdsprachen:** Englisch, Französisch

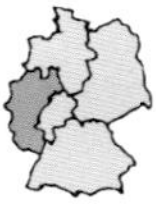

Nordrhein-Westfalen

Stadthaushotel, Bonn

Kaiser Karl

In diesem klassischen, um die Jahrhundertwende erbauten Stadthaus wurde ein extravagantes Hotel (mit entsprechenden Preisen) eingerichtet. Modischer Frühstücksraum im Erdgeschoß und Terrasse sowie elegante Gästezimmer (mit modernen und antiken Möbeln) und prächtige Bäder.

Vorgebirgsstr. 56, 53119 Bonn **Tel.:** (0228) 650933 **Fax:** (0228) 637899 **Mahlzeiten:** Frühstück, Mittag- und Abendessen, kleine Gerichte **Preise:** Zimmer DDD/DDDD; Mahlzeiten ab 20 DM **Zimmer:** 42, alle mit Bad oder Dusche, Zentralheizung, Klimaanlage, Telefon, TV, Radio, Fön, Minibar **Kreditkarten:** AE, DC, MC, V **Geschlossen:** nie **Fremdsprachen:** Englisch, Französisch

Stadthotel, Bonn

Domicil

Ein vornehmes, extravagantes Hotel, dem es vielleicht etwas an Charme, aber bestimmt nicht an Stil mangelt. Glas, Chrom und monochromatische Farbgebung herrschen vor. Die Portiers tragen Weste und Fliege. Besonders beliebt bei Journalisten.

Thomas-Mann-Str. 24, 53111 Bonn **Tel.:** (0228) 729090 **Fax:** (0228) 691207 **Mahlzeiten:** Frühstück, Mittag- und Abendessen, kleine Gerichte **Preise:** Zimmer DDD/DDDD; Frühstück 19,50 DM, Mahlzeiten ab 30 DM **Zimmer:** 42, alle mit Zentralheizung, Telefon, TV, Radio, Fön, Minibar **Kreditkarten:** AE, DC, MC, V **Geschlossen:** 21. Dez. bis 2. Jan. **Fremdsprachen:** Englisch, Französisch

Dorfgasthaus, Borken/Rhedebrügge

Grüneklee

Das bescheidene Haus Grüneklee, das sich hinter Weißdornhecken versteckt, bietet eine gute Küche in angenehmer Umgebung: sonnige Gartenterrasse, schlichter Speiseraum und traditionell eingerichtete Bauernstube. Die hübschen Gästezimmer sind rustikal gehalten.

Rhedebrügger Str. 16, 46325 Borken 1-Rhedebrügge **Tel.:** (02872) 1818 **Mahlzeiten:** Frühstück, Abendessen **Preise:** Zimmer D/DD incl. Frühstück; Mahlzeiten ab 40 DM **Zimmer:** 5, alle mit Bad oder Dusche, Zentralheizung, Telefon, TV **Kreditkarten:** AE, MC, V **Geschlossen:** Jan.; Di **Fremdsprachen:** Englisch

Dorfhotel, Dahlem-Kronenburg

Eifelhaus

Die Gästezimmer und der Speiseraum dieses ländlichen Hotels sind nicht besonders bemerkenswert. Hauptattraktion ist die wunderschöne Lage auf einem Hügel am Rande eines mittelalterlichen Orts. Rustikales Mobiliar, hervorragendes Frühstück.

Burgbering 12, 53949 Dahlem **Tel.:** (06557) 295 **Mahlzeiten:** Frühstück, Mittag- und Abendessen **Preise:** Zimmer D/DD incl. Frühstück; Mahlzeiten 15-25 DM **Zimmer:** 19, alle mit Bad oder Dusche, Zentralheizung **Kreditkarten:** keine **Geschlossen:** Jan.; Mo **Fremdsprachen:** Englisch

Nordrhein-Westfalen

Stadthaushotel, Detmold

Detmolder Hof

Dieses große Hotel mit Anbau im Privatbesitz liegt an der wichtigsten Fußgängerstraße von Detmold. Vielleicht mangelt es ihm etwas an Stil, aber es bietet allen Komfort (große Gästezimmer, saubere, geflieste Bäder und attraktive Gesellschaftsräume). Das holzgetäfelte Restaurant genießt einen guten Ruf.

Lange Str. 19, 32756 Detmold **Tel.:** (05231) 28244 **Fax:** (05231) 39527 **Mahlzeiten:** Frühstück, Mittag- und Abendessen **Preise:** Zimmer DD/DDD incl. Frühstück; Mahlzeiten 25-86 DM **Zimmer:** 39, alle mit Bad oder Dusche, Zentralheizung, Telefon, TV, Radio, Minibar **Kreditkarten:** AE, DC, MC, V **Geschlossen:** nie **Fremdsprachen:** Englisch, Französisch

Stadthotel, Dormagen

Hotel Hottche

Ein stark erweitertes Hotel, das in seinen von einem niedrigen Deckengewölbe überspannten Speiseräumen und Gaststuben eine gemütliche, einladende Atmosphäre bewahrt hat. Das von der Familie Pesch geführte Haus ist für seine hervorragende Küche bekannt.

Krefelder Str. 14-18, 41539 Dormagen **Tel.:** (02133) 2530 **Fax:** (02133) 10616 **Mahlzeiten:** Frühstück, Mittag- und Abendessen **Preise:** Zimmer DDD/DDDD incl. Frühstück; Mahlzeiten 30-50 DM **Zimmer:** 56, alle mit Bad oder Dusche, Zentralheizung, Telefon, TV, Radio, Minibar **Kreditkarten:** AE, DC, MC, V **Geschlossen:** Weihnachten und Neujahr **Fremdsprachen:** Englisch, Französisch, Italienisch, Spanisch

Renoviertes Schloß, Dorsten-Lembeck

Schloßhotel Lembeck

Es ist leicht zu verstehen, warum so viele Touristen kommen: Lembeck ist ein Wasserschloß (und Museum) wie aus dem Märchen, das auf einem großen, sehr schönen Grundstück steht. Die Mahlzeiten werden auf der Caféterrasse (mit schöner Aussicht) oder im Kellerrestaurant serviert. Da es nur 10 Gästezimmer gibt, sollten Sie rechtzeitig buchen.

Lembeck, 46286 Dorsten 12 **Tel.:** (02369) 7213 **Fax:** (02369) 77370 **Mahlzeiten:** Frühstück, Mittag- und Abendessen **Preise:** Zimmer D/DDD incl. Frühstück; Mahlzeiten ab 42 DM **Zimmer:** 10, alle mit Bad oder Dusche, Zentralheizung, Telefon, TV, Radio **Kreditkarten:** AE, DC, MC, V **Geschlossen:** Mo, Do, Fr bis 17 h **Fremdsprachen:** Englisch, Französisch

Stadthotel, Dortmund-Barop

Romantik-Hotel Lennhof

Ein besonders bei Geschäftsleuten beliebtes Hotel mit Konferenzräumen, das weit genug von der Großstadt entfernt ist, um eine ländliche Atmosphäre zu verbreiten. Das von einer Galerie umlaufene Restaurant befindet sich in einem Fachwerkhaus aus dem 19. Jahrhundert, das mit dem modernen Anbau verbunden ist. Komfortable, hübsche Gästezimmer.

Menglinghauser Str. 20, 44227 Dortmund 50-Barop **Tel.:** (0231) 75726 **Fax:** (0231) 759361 **Mahlzeiten:** Frühstück, Mittag- und Abendessen, kleine Gerichte **Preise:** Zimmer DD/DDDD incl. Frühstück; Mahlzeiten ab 30 DM **Zimmer:** 36, alle mit Dusche, Zentralheizung, Telefon, TV, Radio, Minibar **Kreditkarten:** AE, DC, MC, V **Geschlossen:** nie **Fremdsprachen:** Englisch, Französisch

Nordrhein-Westfalen

Landhotel, Duisburg-Rheinhausen

Mühlenberger Hof

Eine elegant-rustikal eingerichtete Oase im industriell geprägten Ruhrgebiet. Das Restaurant besteht aus einem Kaminzimmer mit offenem Kamin und einem Jagdzimmer mit Jagdtrophäen; es bietet moderne, regionale Küche. Die Gästezimmer sind mit hübschen, alten Möbeln (z.T. mit Himmelbetten) eingerichtet.

Hohenbudberger Str. 88, 47229 Duisburg **Tel.:** (02066) 4565 **Fax:** (02066) 4342 **Mahlzeiten:** Frühstück, Mittag- und Abendessen **Preise:** Zimmer D/DDD incl. Frühstück; Mahlzeiten 50-60 DM **Zimmer:** 12, alle mit Dusche, Zentralheizung, Telefon, Minibar **Kreditkarten:** AE, MC, V **Geschlossen:** an Feiertagen **Fremdsprachen:** Englisch

Stadthotel, Düsseldorf

Hotel Fischerhaus

Dieses von Peter und Gisela Nöthel geführte moderne Hotel besitzt eine ruhige Lage neben dem exklusiven Jachtclub und unweit der Geschäftsviertel. Die neu gestalteten Zimmer sind mit grünen Rattanmöbeln und Trecabetten eingerichtet. Ausgezeichnete Küche.

Bonifatiusstr. 35, 40547 Düsseldorf **Tel.:** (0211) 597979 **Fax:** (0211) 5979759 **Mahlzeiten:** Frühstück, Abendessen, kleine Gerichte **Preise:** Zimmer DD/DDDD; Frühstück 9,50 DM, Abendessen 100 DM **Zimmer:** 35, alle mit Zentralheizung, Telefon, TV, Radio, Minibar, einige mit Fax **Kreditkarten:** AE, DC, MC, V **Geschlossen:** Restaurant, außer zu Messezeiten So, Mo **Fremdsprachen:** Englisch, Französisch, Spanisch

Stadthotel, Düsseldorf-Oberkassel

Hotel Hanseat

Ein tadellos gepflegtes Stadthaus direkt gegenüber der Innenstadt am anderen Ufer des Rheins, das etwas von der Anmut und dem Stil eines eleganten englischen Landhauses hat. Einfache, aber geschmackvoll möblierte Gästezimmer und ruhige, gemütliche Gesellschaftsräume.

Belsenstr. 6, 40545 Düsseldorf **Tel.:** (0211) 575069 **Fax:** (0211) 589662 **Mahlzeiten:** Frühstück **Preise:** Zimmer DDD/DDDD incl. Frühstück **Zimmer:** 37, alle mit Dusche, Zentralheizung, Telefon, TV, Radio, Minibar **Kreditkarten:** AE, DC, MC, V **Geschlossen:** Weihnachten bis Neujahr **Fremdsprachen:** Englisch, Französisch

Hotel am Seeufer, Essen

Parkhaus Hügel

Dieses von der Familie Krupp als Kasino errichtete Patrizierhaus wird seit drei Generationen von den Imhoffs als Hotel geführt. Durch Flügeltüren gelangt man von den eleganten Speiseräumen auf eine fast ebenso schöne Terrasse, die eine herrliche Aussicht bietet.

Freiherr-vom-Stein-Str. 209, 45133 Essen **Tel.:** (0201) 471091 **Fax:** (0201) 444207 **Mahlzeiten:** Frühstück, Mittag- und Abendessen **Preise:** Zimmer DD/DDD incl. Frühstück; Mahlzeiten ab 40 DM **Zimmer:** 13, alle mit Dusche, Zentralheizung, Telefon, TV **Kreditkarten:** AE, DC, MC, V **Geschlossen:** Hl. Abend **Fremdsprachen:** Englisch, Italienisch

Nordrhein-Westfalen

Hotel-Restaurant, Essen-Kettwig

Résidence

Die jungen Bühlers verwöhnen ihre Gäste, denen zwei elegante, teure Restaurants mit Michelin-Stern (Benedikt-Restaurant nur für Nichtraucher) zur Verfügung stehen, mit kleinen, stilvoll eingerichteten Zimmern. Die von einem grünen Park umgebene weiße, ehemals herrschaftliche Villa liegt in einem ruhigen Vorort im Süden von Essen.

Auf der Forst 1, 45219 Essen **Tel.:** (02054) 8911 **Fax:** (02054) 82501
Mahlzeiten: Frühstück, Abendessen, kleine Gerichte **Preise:** Zimmer DDD/DDDD incl. Frühstück; Mahlzeiten ab 150 DM **Zimmer:** 18 (2 Suiten), alle mit Bad, Zentralheizung, Telefon, TV, Minibar, Radio **Kreditkarten:** DC, MC, V
Geschlossen: 1 Woche an Neujahr, 3 Wochen im Sommer
Fremdsprachen: Englisch, Französisch

Umgebautes Schloß, Essen-Kettwig

Schloß Hugenpoet

Ein imposantes ehemaliges Wasserschloß, das heute ein elegantes, luxuriöses Hotel ist. Die geräumigen Gästezimmer sind mit Antiquitäten ausgestattet. Die kühn gestalteten Gesellschaftsräume sind sehr stilvoll, fast aristokratisch gestaltet.

August-Thyssen-Str. 51, 45219 Essen **Tel.:** (02054) 12040 **Fax:** (02054) 120450
Mahlzeiten: Frühstück, Mittag- und Abendessen **Preise:** Zimmer DDDD/DDDD incl. Frühstück; Mahlzeiten 115-155 DM **Zimmer:** 19, alle mit Bad, Zentralheizung, Telefon, TV, Radio, Fön, Minibar **Kreditkarten:** AE, DC, MC, V **Geschlossen:** 24. Dez., 2 Wochen im Jan. **Fremdsprachen:** Englisch, Französisch

Stadthotel, Hagen 7-Haspe

Hotel-Union

Dieses wunderschön renovierte Jugendstilgebäude liegt in einer nicht besonders reizvollen Gegend am Rande des Ruhrgebiets, nicht weit von der Autobahn Köln-Hannover entfernt. Stilvolle, dunkle Möbel und zurückhaltendes Dekor.

Kölner Str. 25, 58135 Hagen **Tel.:** (02331) 49091 **Fax:** (02331) 462361
Mahlzeiten: Frühstück, Mittag- und Abendessen **Preise:** Zimmer DD/DDD; Mahlzeiten ab 60 DM **Zimmer:** 40, alle mit Bad oder Dusche, Zentralheizung, Telefon, TV, Radio **Kreditkarten:** AE, DC, MC, V **Geschlossen:** Restaurant So, 25. Dez. bis 6. Jan. **Fremdsprachen:** Englisch, Französisch, etwas Italienisch

Landhotel, Heiligenhaus

Waldhotel

Dieses Haus besitzt zahlreiche Vorzüge außer seiner ruhigen Waldlage. Es ist geschmackvoll in modernem Stil renoviert worden. Reizvolle Terrasse. Parkrestaurant und Parkbistro.

Parkstr. 38, 42579 Heiligenhaus **Tel.:** (02056) 5970 **Fax:** (02056) 59760
Mahlzeiten: Frühstück, Mittag- und Abendessen **Preise:** Zimmer DD/DDDD; Frühstück 17 DM, Mahlzeiten ca. 42 DM **Zimmer:** 32, alle mit Bad oder Dusche, Zentralheizung, Telefon, TV, Radio, Minibar **Kreditkarten:** AE, MC, V
Geschlossen: Restaurant 24. Dez., So **Fremdsprachen:** Englisch, Französisch, Spanisch, Italienisch

Nordrhein-Westfalen

Landhotel, Hilchenbach-Vormwald

Siebelnhof

Eine überzeugende Kombination: ein klug geführtes, in traditionellem Stil gehaltenes Haus in ruhiger Lage (Naturschutzgebiet Rothaargebirge) und eine anspruchsvolle Küche (mit einem Michelin-Stern ausgezeichnet). Hübsche Gesellschaftsräume, aber etwas langweilig wirkende Gästezimmer.

Vormwalder Str. 54, 57271 Hilchenbach **Tel.:** (02733) 7007 **Fax:** (02733) 7006 **Mahlzeiten:** Frühstück, Mittag- und Abendessen **Preise:** Zimmer DD/DDD incl. Frühstück; Mahlzeiten 50-150 DM **Zimmer:** 12, alle mit Zentralheizung, Telefon, Radio, einige mit TV, Minibar **Kreditkarten:** AE, DC, MC, V **Geschlossen:** 2 Wochen im Sommer, 1 Woche im Nov. **Fremdsprachen:** Englisch

Stadthotel, Köln

Altstadt-Hotel

Lassen Sie sich durch den ersten Eindruck nicht täuschen. Dieses in den 60er Jahren errichtete Gebäude im Herzen der Kölner Altstadt ist ein ausgezeichneter Ausgangspunkt für Stadtbesichtigungen. Die Gästezimmer auf der Rückseite des Hotels bieten eine wunderschöne Aussicht auf Groß St. Martin. Die Olbrichts sind freundliche, aufmerksame Gastgeber.

Salzgasse 7, 50667 Köln **Tel.:** (0221) 2577851 **Fax:** (0221) 2577853 **Mahlzeiten:** Frühstück **Preise:** Zimmer D/DDD incl. Frühstücksbüfett **Zimmer:** 30, alle mit Zentralheizung, Telefon, TV, Minibar **Kreditkarten:** AE, DC, MC, V **Geschlossen:** Mitte Dez. bis Anf. Jan. **Fremdsprachen:** Englisch, Französisch, Spanisch, Italienisch

Stadthotel, Köln-Rodenkirchen

Atrium

Das schicke, durchgestylte Hotel von Ilona Loock-Löffler steht am Rhein, etwa 4 km stromaufwärts von der Kölner Innenstadt entfernt – eine ruhige, nicht ungünstige Lage. Zurückhaltende Farbkombinationen, überall dunkles Holz und dunkle Möbel.

Karlstr. 2, 50996 Köln **Tel.:** (0221) 393045 **Fax:** (0221) 394054 **Mahlzeiten:** Frühstück, Mittag- und Abendessen **Preise:** Zimmer DD/DDDD incl. Frühstück; Mahlzeiten ab 28 DM **Zimmer:** 68, alle mit Dusche, Zentralheizung, Telefon, TV, Radio, Fön, Minibar **Kreditkarten:** AE, DC, MC, V **Geschlossen:** nie **Fremdsprachen:** Englisch, Französisch

Restaurant mit Gästezimmern, Köln

Bitzerhof

Die reizvolle kleine Weinstube, die sich in einem alten Bauernhof (seit 1821) befindet, liegt in einem Vorort von Köln. Die gepflasterte Terrasse ist von Grünpflanzen umgeben. Landwirtschaftliche Geräte schmücken die Wände des Restaurants. Die Gästezimmer sind hell und gemütlich.

Immendorfer Hauptstr. 21, 50997 Köln **Tel.:** (02236) 61921 **Fax:** (02236) 62987 **Mahlzeiten:** Frühstück, Mittag- und Abendessen **Preise:** Zimmer DD/DDD incl. Frühstück; Mahlzeiten ab 28 DM **Zimmer:** 3, alle mit Dusche, Zentralheizung, Telefon, TV, Radio, Fön **Kreditkarten:** MC **Geschlossen:** nie **Fremdsprachen:** Englisch, Französisch, Italienisch

Nordrhein-Westfalen

Stadthotel, Köln

Hotel Viktoria

Das Hotel liegt direkt am linken Rheinufer (einige der Gästezimmer bieten einen Blick auf den Fluß), etwa 1 km von der Stadtmitte entfernt. Die um die Jahrhundertwende errichtete Villa ist stilvoll und komfortabel in modernem Stil mit Jugendstilelementen eingerichtet worden. Hervorragendes Frühstück.

Worringer Str. 23, 50668 Köln **Tel.:** (0221) 720476 **Fax:** (0221) 727067
Mahlzeiten: Frühstück **Preise:** Zimmer DDD/DDDD incl. Frühstück **Zimmer:** 47, alle mit Bad oder Dusche, Zentralheizung, Telefon, TV, Radio, Minibar, Schreibtisch
Kreditkarten: AE, DC, MC, V **Geschlossen:** 24. Dez. bis 2. Jan.
Fremdsprachen: Englisch, Französisch, Italienisch, Spanisch

Landhotel, Lage-Hörste

Haus Berkenkamp

Ein kleines, hübsches Fachwerkhaus mit gepflegtem Garten, das von der freundlichen Familie Berkenkamp geführt wird. Die Einrichtung der Innenräume ist eine gemütliche, einladende Mischung aus alt und neu. Die Küche verwendet viele Produkte aus eigener Herstellung (Hausschlachtung).

Im Heßkamp 50, 32791 Lage **Tel.:** (05232) 71178 **Mahlzeiten:** Frühstück, Mittag- und Abendessen **Preise:** Zimmer D/DD incl. Frühstück; VP ab 52 DM (pro Person); Mahlzeiten 18-24 DM **Zimmer:** 17, alle mit Bad oder Dusche, Zentralheizung
Kreditkarten: keine **Geschlossen:** nie

Landhotel, Langenfeld

Hotel Gravenberg

Fritz Lohmanns Hotel ist eine friedliche Oase zwischen den zahlreichen Autostraßen zwischen Köln und Düsseldorf. Fachwerkfassade, teilweise mit Schiefer verkleideter Außenbau, im Inneren extravagant in einem rustikalen Stil ausgeschmückt. Die 1991 renovierten Gästezimmer sind individuell gestaltet.

Elberfelder Str. 45, 40764 Langenfeld **Tel.:** (02173) 23061 **Fax:** (02173) 22777
Mahlzeiten: Frühstück, Mittag- und Abendessen **Preise:** Zimmer DD/DDD; Mahlzeiten 33-70 DM **Zimmer:** 41, alle mit Zentralheizung, Telefon, TV, Radio, Minibar **Kreditkarten:** AE, DC, MC, V **Geschlossen:** Restaurant So abend, Mo

Herrenhaushotel, Lindlar

Schloß Georghausen

Ein hohes, anmutiges Herrenhaus in einem Park, das vor allem Golfer und Angler anzieht. Der Familie Kröngen ist gelungen, sie unterzubringen und dennoch die Atmosphäre eines Privathauses aufrechtzuerhalten. Ein Himmelbett in der Halle dient kurioserweise als Bar.

Georghausen 8, 51789 Lindlar **Tel.:** (02207) 2561 **Fax:** (02207) 7683
Mahlzeiten: Frühstück, Mittag- und Abendessen **Preise:** Zimmer DD/DDD incl. Frühstück; Mahlzeiten 65 DM **Zimmer:** 13, alle mit Bad oder Dusche, Zentralheizung, Telefon, einige mit TV **Kreditkarten:** AE, DC, MC, V **Geschlossen:** Restaurant Mo
Fremdsprachen: Englisch

Nordrhein-Westfalen

Landhotel, Lübbecke

Quellenhof

Ein gut geführtes, modernes Haus mit etwas gleichförmigen, aber sehr komfortablen Gästezimmern und einladenden, mit teuren Möbeln ausgestatteten Gesellschaftsräumen (Restaurant, Kaminzimmer, Weinstube, Wintergarten). Von der Café-Terrasse hat man einen schönen Blick auf den großen Forellenteich.

Obenfelder Allee 1, 32312 Lübbecke **Tel.:** (05741) 34060 **Fax:** (05741) 340659 **Mahlzeiten:** Frühstück, Mittag- und Abendessen **Preise:** Zimmer D/DDD incl. Frühstück; Mahlzeiten ab 19 DM **Zimmer:** 24, alle mit Dusche, Zentralheizung, Telefon, Satelliten-TV, Radio, einige mit Fön **Kreditkarten:** DC, V **Geschlossen:** Fr; 2 Wochen im Jan. Restaurant 2 Wochen im Sommer **Fremdsprachen:** Englisch, Französisch, Holländisch

Stadthotel, Moers-Repelen

Wellings Hotel zur Linde

Das Hotel besteht aus einem alten Gasthof (im Schatten einer großen Linde) und einem modernen Anbau mit geräumigen, gemütlichen Zimmern. Mehrere Gaststuben, Speiseräume und ein vielbesuchter Biergarten.

An der Linde, 47445 Moers **Tel.:** (02841) 73061 **Fax:** (02841) 71259 **Mahlzeiten:** Frühstück, Mittag- und Abendessen **Preise:** Zimmer DD/DDD incl. Frühstück; Mahlzeiten ab 40 DM **Zimmer:** 30, alle mit Bad oder Dusche, Zentralheizung, Telefon, TV, Radio, Fön, Minibar **Kreditkarten:** AE, DC, MC, V **Geschlossen:** 24. Dez. **Fremdsprachen:** Englisch, Französisch

Landhaushotel, Möhnesee

Haus Delecke

Ein grandioses, vielleicht etwas kühl wirkendes Landhaus in wunderschöner Lage direkt am Möhnesee (einem Speichersee), mit großer Aussichtsterrasse. Geräumige, elegant möblierte Gästezimmer, ausgezeichnete Küche und Weine. Die Erweiterung wurde auf ein Minimum beschränkt.

Linkstr. 10-14, 59519 Möhnesee **Tel.:** (02924) 8090 **Fax:** (02924) 80967 **Mahlzeiten:** Frühstück, Mittag- und Abendessen **Preise:** Zimmer DD/DDD incl. Frühstück; Mahlzeiten ab 34 DM **Zimmer:** 39, alle mit Bad oder Dusche, Zentralheizung, Telefon, TV, Radio, Minibar, einige mit Fön **Kreditkarten:** AE, MC, V **Geschlossen:** Jan. **Fremdsprachen:** Englisch, Französisch

Stadthaushotel, Monschau

Burghotel Monschau

Man versteht leicht, warum dieses große Stadthaus im mittelalterlichen Stadtkern von Monschau zahlreiche Stammgäste hat. Herr Hoffmann-Bähr und sein eher altmodisches Hotel besitzen recht viel Charakter: freiliegendes Gebälk, Wendeltreppen und Antiquitäten.

52156 Monschau **Tel.:** (02472) 2332 **Mahlzeiten:** Frühstück, Mittag- und Abendessen **Preise:** Zimmer D/D incl. Frühstück; Mahlzeiten 10-30 DM **Zimmer:** 13, alle mit Zentralheizung, 7 mit Dusche, 3 mit TV **Kreditkarten:** keine **Geschlossen:** Nov.; Jan. bis Mitte Febr.; Restaurant Mi **Fremdsprachen:** Englisch, Französisch

Nordrhein-Westfalen

Stadthaushotel, Monschau

Haus Rolshausen

Diese freundliche, fünfstöckige Pension ist ein guter Ausgangspunkt, um Monschau kennenzulernen. Die hübschen, modernen Gästezimmer lassen nicht erkennen, daß das Haus über 400 Jahre alt ist. Gemütlicher, von einem Gewölbe überspannter Weinkeller, kleines Frühstückszimmer mit Balkendecke.

Kirchstr. 33, 52156 Monschau **Tel.:** (02472) 2038 **Mahlzeiten:** Frühstück, Mittag- und Abendessen **Preise:** Zimmer D/DD incl. Frühstück; Mahlzeiten ca. 25 DM **Zimmer:** 19, die meisten mit Dusche, Zentralheizung, Telefon, Radio, einige mit TV **Kreditkarten:** AE, MC **Geschlossen:** Mo **Fremdsprachen:** Englisch

Umgebautes Bauernhaus, Münster-Wolbeck

Thier-Hülsmann

In dem hohen Giebelhaus erinnert noch viel an das frühere Bauernhaus. Clemens Hülsmann hat die Innenräume mit großem Engagement und unter Verwendung neuer Ziegel und der originalen Balken umgebaut und kräftige Farbtupfer gesetzt. Das Kaminzimmer ist original erhalten geblieben. Moderne Gästezimmer befinden sich im Anbau.

Münsterstr. 33, 48167 Münster **Tel.:** (02506) 2066 **Fax:** (02056) 3403 **Mahlzeiten:** Frühstück, Mittag- und Abendessen **Preise:** Zimmer D/DDD incl. Frühstück; Mahlzeiten 25-76 DM **Zimmer:** 37, alle mit Bad, Zentralheizung, Telefon, TV, Radio, Minibar, einige mit Fön **Kreditkarten:** AE, DC, MC **Geschlossen:** 3 Wochen im Sommer; Restaurant Sa, So **Fremdsprachen:** Englisch

Landhotel, Schmallenberg

Störmann

An dem gepflegten, mit Ziegeln verkleideten, blumengeschmückten Äußeren erkennt man sofort, daß dieses Hotel von seinen Besitzern, den Störmanns, liebevoll umsorgt wird. Bodenständige Räume im Haupthotel; der moderne, etwas unpersönliche Anbau bietet Aussicht ins Tal.

Weststr. 58, 57392 Schmallenberg **Tel.:** (02972) 4055 **Fax:** (02972) 2945 **Mahlzeiten:** Frühstück, Mittag- und Abendessen **Preise:** Zimmer D/DDD incl. Frühstück; Mahlzeiten ab 25 DM **Zimmer:** 39, alle mit Bad oder Dusche, Zentralheizung, Telefon, TV, Radio, Fön **Kreditkarten:** AE, DC, MC, V **Geschlossen:** So abend; 20. bis 27. Dez., 3 Wochen im März **Fremdsprachen:** Englisch, Französisch

Landhotel, Selm-Cappenberg

Kreutzkamp

Keine eleganten, geschwungenen antiken Möbel, nichts, was auf den Einfluß eines Innenarchitekten hinweist: Dieses schlichte, aus Ziegeln erbaute Giebelhaus wirkt sehr traditionell. Zwei wunderbar altmodische Speiseräume (einer mit prächtiger Kassettendecke). Hübsche, gemütliche Gästezimmer.

Cappenberger Damm 3, 59379 Selm **Tel.:** (02306) 5889 **Fax:** (02306) 5880 **Mahlzeiten:** Frühstück, Mittagessen, Kaffee und Abendessen **Preise:** Zimmer DD/DDD incl. Frühstück; Mahlzeiten ab 25 DM **Zimmer:** 15, alle mit Bad oder Dusche, Zentralheizung, Telefon, TV, Radio **Kreditkarten:** AE, DC, MC, V **Geschlossen:** Mo **Fremdsprachen:** Englisch, etwas Französisch

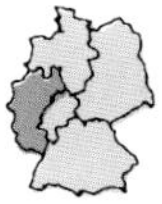

Nordrhein-Westfalen

Stadtgasthaus, Warendorf

Im Engel

Dieses Altstadthotel, das schon viele berühmte Gäste beherbergte, liegt im Herzen der Reiterstadt Warendorf. Es sind noch Spuren von dem ursprünglichen Gasthof aus dem Jahre 1545 erhalten, aber die gründliche Renovierung hat den meisten Räumen einen modernen Charakter verliehen.

Brünebrede 35-37, 48231 Warendorf **Tel.:** (02581) 93020 **Fax:** (02581) 627026 **Mahlzeiten:** Frühstück, Mittag- und Abendessen **Preise:** Zimmer D/DDD incl. Frühstück; Mahlzeiten 38-95 DM **Zimmer:** 24, alle mit Zentralheizung, Telefon, TV, Radio, Fön, Minibar **Kreditkarten:** AE, DC, MC, V **Geschlossen:** Restaurant 3 Wochen im Jan. und Juli **Fremdsprachen:** Englisch, Französisch

Umgebaute Burg, Wassenberg

Burg Wassenberg

Nicht gerade ein Feudalsitz, aber ein reizvolles, 1000 Jahre altes Haus, das neben dem modernen Komfort noch zahlreiche ursprüngliche Elemente besitzt, darunter einen riesigen offenen Kamin. Die Gästezimmer sind unterschiedlich gestaltet. Die Küche ist anspruchsvoll und modern.

Kirchstr. 17, 41849 Wassenberg **Tel.:** (02432) 4044 **Fax:** (02432) 20191 **Mahlzeiten:** Frühstück, Mittag- und Abendessen **Preise:** Zimmer D/DDDD; Mahlzeiten 32-60 DM **Zimmer:** 28, alle mit Bad oder Dusche, Zentralheizung, Telefon, TV, Radio **Kreditkarten:** AE, DC, MC, V **Geschlossen:** 2 Wochen im Jan. **Fremdsprachen:** Englisch, Französisch

Vororthotel, Wesel

Waldhotel Tannenhäuschen

Die Familie Hetzel ist mit Recht stolz auf ihr elegantes Hotel, das von einem großen, bewaldeten Grundstück umgeben ist. Prächtige Innenräume mit eleganten Dekostoffen, tiefen Teppichen, antiken Möbeln und guten Reproduktionen. Ausgezeichnete Küche. Hallenschwimmbad mit Sauna und Solarium.

Am Tannenhäuschen, 46487 Wesel **Tel.:** (0281) 61014 **Fax:** (0281) 64153 **Mahlzeiten:** Frühstück, Mittag- und Abendessen, kleine Gerichte **Preise:** Zimmer D/DDDD; Frühstück 20 DM; Mahlzeiten 29-45 DM **Zimmer:** 46, alle mit Bad oder Dusche, Zentralheizung, Telefon, TV, Radio **Kreditkarten:** AE, DC, MC, V **Geschlossen:** Hl. Abend **Fremdsprachen:** Englisch, Französisch

Landhotel, Winterberg

Berghotel Astenkrone

Ein außergewöhnliches Hotel in ruhiger Lage, in einem heilklimatischen Luftkurort. Geschmackvoll eingerichtete Räume und elegante, komfortable Gästezimmer. Zwei Restaurants und exklusiver Badebereich (Erlebnisbad).

Astenstr. 24, 59955 Winterberg **Tel.:** (02981) 8090 **Fax:** (02981) 809198 **Mahlzeiten:** Frühstück, Mittag- und Abendessen, kleine Gerichte **Preise:** Zimmer DD/DDDD incl. Frühstücksbüfett; HP ab 130 DM (pro Person) **Zimmer:** 42, alle mit Bad oder Dusche, Telefon, TV, Radio, Minibar, Terrasse oder Balkon **Kreditkarten:** AE, DC, MC, V **Geschlossen:** nie

Rheinland-Pfalz

Überblicksartikel

Hotels in Rheinland-Pfalz

Bei der Erwähnung des Namens Rheinland-Pfalz horcht jeder Weinkenner auf, denn in dieser Region werden die meisten und auch einige der besten deutschen Weine erzeugt: Hier liegen u.a. die Weinbauorte Deidesheim, Bad Dürkheim, Forst und Wachenheim. In dieser fruchtbaren Region mit malerischen Weinbergen ist das Rheintal am breitesten. Die Deutsche Weinstraße beginnt bei Schweigen an der französischen Grenze und reicht bis Bockenheim westlich von Worms.

Der Kurort Bergzabern liegt in der bergigen Haardt, dem östlichen Teil des Pfälzer Waldes, ungefähr in der Mitte der Weinstraße. Zu üppiges Schlemmen kann man mit einer Massage in der *Petronella* ausgleichen (Tel. 06343/1075, Fax 5313, 48 Zimmer).

Weiter nördlich, in Neustadt an der Weinstraße, liegt in einem Park mit herrlichem Blick auf das Naturschutzgebiet Pfälzer Wald (über 1600 km groß, wunderbar geeignet für Wanderungen) das Hotel garni *Tenner* (Tel. 06321/654, Fax 69306, 38 Zimmer).

Bergfreunde zieht es in die Eifel. Idar-Oberstein liegt in einem Vulkankrater, in dem man früher Achate und andere mineralische Ablagerungen fand, und ist auch heute noch ein Zentrum der Edelsteinschleiferei und -verarbeitung. Übernachten Sie hier im reizvollen *Handelshof* (Tel. 06781/31011, Fax 31011, 15 Zimmer), am besten in einem Zimmer auf der Rückseite des Gebäudes, oder fahren Sie weiter nach Norden nach Kirn, wo das *Parkhotel* (Tel. 06752/3666, Fax 3667, 18 Zimmer), eine alte Villa auf einem hübschen Grundstück, modernen Komfort bietet. Wer Abgeschiedenheit sucht, ist am besten im modernen *Forellenhof Reinhartsmühle* (Tel. 06544/373, Fax 1080, 30 Zimmer) aufgehoben, der in einem bewaldeten Tal an einem großen See liegt. In Guldental befindet sich das *Val d'Or*, eines der berühmtesten Restaurants von Deutschland; es verfügt zwar über keine Gästezimmer, aber der nebenan liegende *Kaiserhof* (Tel. 06707/8746, 7 Zimmer), ebenfalls ein Restaurant, besitzt preiswerte Zimmer. Die beiden Häuser werden von verschiedenen Zweigen der gleichen Familie geführt.

Nördlich von Trier, immer noch in der Eifel, liegt die alte Brauereistadt Bitburg. Unter der Aufsicht einer Gesellschaft für Denkmalschutz ist die alte Brauerei *Simonbräu* (Tel. 06561/3333, Fax 3373, 7 Zimmer) in ein kleines, schlichtes Hotel mit guter Küche umgewandelt worden.

Am Ostrand der Region befindet sich die Landeshauptstadt Mainz, der größte Umschlagplatz für den Weinhandel in Deutschland. Wir empfehlen hier: *Am Lerchenberg* (Tel. 06131/73001, 54 Zimmer), einen ruhig gelegenen Familienbetrieb mit weitem Blick über die Stadt, und *Favorite Parkhotel* (Tel. 06131/82091, Fax 831025, 46 Zimmer), mit schöner Terrasse im Stadtpark gelegen.

Weiter rheinaufwärts findet man in Boppard das *Klostergut Jakobsberg* (Tel. 06742/3061, Fax 3069, 110 Zimmer), ein großes Hotel in ruhiger Lage. Es bietet Möglichkeiten zum Squash, Tennis, Reiten und Tontaubenschießen und ist trotz seiner funktionell eingerichteten Gästezimmer sehr beliebt.

Auf dieser Seite werden empfehlenswerte Hotels in Rheinland-Pfalz vorgestellt, die keinen eigenen Eintrag erhalten. Die langen Einträge mit den Hotels, von denen wir am meisten begeistert waren, beginnen auf der nächsten Seite. Wir waren jedoch auch von den Hotels angetan, die hier nur mit Kurzeinträgen (ab S. 92) berücksichtigt werden.

Rheinland-Pfalz

Stadtgasthaus, Bernkastel-Kues

Zur Post

Bernkastel gehört zu den bekanntesten Fremdenverkehrsorten an der Mosel und hat keinen Mangel an Übernachtungsmöglichkeiten. Es gibt zwar keine herausragenden Hotels, aber die Post ist eines der schönsten und angenehmsten. Es handelt sich dabei um ein bescheidenes Gebäude aus dem 19. Jahrhundert, das an der Hauptstraße steht. Die geraniengeschmückten Fenster besitzen Läden; zum Eingang führen mehrere Stufen hinauf.

Im Inneren sorgt Frau Rössling für einen professionellen, aber warmherzigen Empfang. Die Möbel passen zum Alter und Stil des Hauses. Die vor kurzem renovierten Gästezimmer wirken modern, wenn auch etwas unpersönlich. Diesen kleinen Mangel gleicht jedoch die freundliche Atmosphäre in dem hellen, holzgetäfelten Post-Stüberle aus. Den ganzen Tag und auch Abend über herrscht reger Betrieb; man fühlt sich hier wohler als im Hauptrestaurant, wo die Gäste sitzen, wenn kein Platz im Post-Stüberle ist. Für Familien dürfte interessant sein, daß es im Anbau neben dem Hotel einige appartementähnliche Zimmer gibt.

Unser Prüfer war etwas irritiert, daß er in seinem Bett einen Weinkorken fand. Das änderte jedoch nichts an seiner positiven Einstellung gegenüber der Post, was für die grundsätzliche Attraktivität des Hotels spricht.

Umgebung: Marktplatz (17. Jahrhundert) mit Michaelsbrunnen; Burgruine Landshut (3 km)

Gestade 17, 54470 Bernkastel-Kues
Tel.: (06531) 2022
Fax: 2927
Lage: an der Hauptstraße am Fluß; mit großem Parkplatz
Mahlzeiten: Frühstück, Mittag- und Abendessen
Preise: Zimmer D/DDD incl. Frühstück (Kinder unter 3 Jahren frei, wenn sie im Zimmer der Eltern schlafen); Mahlzeiten 20-40 DM
Zimmer: 42 Doppelzimmer, 8 mit Bad, 34 mit Dusche; 1 Familienzimmer mit Bad; alle Zimmer mit Zentralheizung, TV, Telefon, Minibar; Fön auf Anfrage
Anlage: Speiseraum, Gaststube; Sauna, Solarium
Kreditkarten: AE, DC, MC, V
Kinder: sehr willkommen
Behinderte: Zugang leicht
Tiere: erlaubt
Geschlossen: Jan.
Fremdsprachen: Englisch
Besitzer: Familie Rössling

Rheinland-Pfalz

Stadtgasthof, Cochem

Alte Thorschenke

Die meisten Besucher der an der Mosel gelegenen Stadt Cochem fotografieren als erstes diesen alten Gasthof, der direkt neben dem Hauptparkplatz steht. Die aus dem 14. Jahrhundert stammende Fassade wirkt mit ihren Giebeln und Türmen ebenso malerisch wie die mittelalterliche Stadtmauer.

Das Innere der Alten Thorschenke besitzt die wohnliche Atmosphäre eines echten alten Gebäudes. Wenn man das Glück hat, sich eines der wenigen Zimmer im vorderen Teil des Hauses zu sichern, steigt man von der Rezeption (mit clubähnlicher Lounge) eine wunderschöne hölzerne Wendeltreppe hinauf. Über einen Korridor mit knarrenden Dielen gelangt man in so herrliche Zimmer wie beispielsweise die Napoleon-Suite, ein reizvolles, geräumiges Zimmer mit einem riesigen Himmelbett und anderen antiken Stücken. Weitere Gästezimmer befinden sich im Rückgebäude, das neuer und weniger interessant ist; sie sind aber ebenfalls gemütlich und mit Antiquitäten möbliert.

Die auf Pergamentpapier gedruckte Karte im Speiseraum, der von einer hohen Decke überspannt wird, bietet zahlreiche regionale Fisch- und Wildgerichte sowie Moselweine aus der Umgebung. Das Frühstück besteht aus einem eindrucksvollen Büfett.

Umgebung: Reichsburg Cochem; Burg Eltz (15 km)

Brückenstr. 3, 56812 Cochem
Tel.: (02671) 7059
Fax: (02671) 4202
Lage: an der Brücke im Stadtzentrum; mit 7 Garagen und großem öffentlichem Parkplatz
Mahlzeiten: Frühstück, Mittag- und Abendessen, kleine Gerichte
Preise: Zimmer D/DDD incl. Frühstück; Mahlzeiten 35-68 DM
Zimmer: 38 Doppelzimmer, 20 mit Bad, 11 mit Dusche/WC; 5 Einzelzimmer, 3 mit Bad; alle Zimmer mit Zentralheizung, einige mit Telefon, Radio, TV, Fön, Minibar
Anlage: Speiseraum, Weinstube, Rezeption; Terrasse
Kreditkarten: DC, MC, V
Kinder: willkommen
Behinderte: Lift
Tiere: nur auf den Zimmern erlaubt (7 DM Aufpreis pro Nacht)
Geschlossen: 5. Jan. bis 15. März; Restaurant Mi (ab Nov.)
Fremdsprachen: Englisch, Französisch, etwas Spanisch
Geschäftsführer: Walther und Annegret Kretz

Rheinland-Pfalz

Chalet-Hotel, Cochem

Weißmühle

Besucher des Mosel- und des Rheintals kommen an schier zahllosen Hotels vorbei, die an den Hauptverkehrswegen liegen, zumeist in der Nähe des Straßenlärms oder der Eisenbahnlinien. Wer jedoch ein etwas ruhigeres Quartier sucht, ist in der Weißmühle am richtigen Ort. Während man auf dem kleinen Sträßchen zur Weißmühle gelangt, unterbricht nur das Plätschern des Endertbachs, an dessen Ufern einst 24 Mühlen klapperten, die Stille. Am Ziel angekommen, ist man ganz von Wäldern umgeben.

Das an ein Alpenchalet erinnernde Gebäude paßt wunderbar in diese Umgebung. Die Gästezimmer sind zweckmäßig eingerichtet; die meisten besitzen einen Balkon, von dem aus man das Tal hinunter nach Cochem schauen kann.

Die Weißmühle ist in dieser Gegend für ihre Forellenspezialitäten bekannt (man kann sich seine eigene Forelle in einem Teich hinter dem Hotel fangen). Die Mahlzeiten werden im wunderschön möblierten Restaurant oder auf der zauberhaft gelegenen Terrasse serviert.

Als Aufenthaltsort, um sich nach einem anstrengenden Tag voller Burgbesichtigungen und Weinproben zu erholen, ist die Weißmühle nicht zu überbieten.

Umgebung: Reichsburg Cochem; Burg Eltz (15 km); Nürburgring mit Autorennen

Enderttal, 56812 Cochem
Tel.: (02671) 8955
Fax: 8207
Lage: in einem stillen, bewaldeten Tal, 2 km nw von Cochem; mit Grundstück, großem Parkplatz und 5 Garagen
Mahlzeiten: Frühstück, Mittag- und Abendessen, kleine Gerichte
Preise: Zimmer DDD/DDDD incl. Frühstück; Mahlzeiten ab 40 DM
Zimmer: 30 Doppelzimmer mit Einzelbetten, 6 Einzelzimmer; alle Zimmer mit Dusche, Zentralheizung, Telefon, TV, Minibar
Anlage: Speiseraum, Salon, Café, Bar; Bowlingbahn, Terrasse
Kreditkarten: DC, EC, V
Kinder: werden aufgenommen
Behinderte: willkommen
Tiere: erlaubt (10 DM Aufpreis pro Nacht)
Geschlossen: nie
Fremdsprachen: Englisch
Besitzer: Familie Gerhartz und Familie Zimmer

Rheinland-Pfalz

Schloßhotel, Daun

Kurfürstliches Amtshaus - Dauner Burg

Dieses Hotel gehört zwar zur Gruppe »Gast im Schloß«, aber der erste Eindruck erinnert mehr an ein Rathaus als an ein Schloß – kein Wunder angesichts des Namens. Es erhebt sich an der Stelle einer alten Festung auf einem Vulkankegel und bietet eine weite Aussicht (die man von der Terrasse aus genießen kann). Die Gesellschaftsräume sind mit zahlreichen Antiquitäten eingerichtet.

Günter Probst liebt Publicity. In einem seiner zahlreichen Spezialprospekte preist er sein bestes Stück an: das »berühmteste Bett Deutschlands«, in dem 52 Staatsoberhäupter geschlafen haben, als es noch im Gästehaus der Bundesregierung in Bonn stand (für de Gaulle mußte es eigens verlängert, für Breschnew verstärkt werden). Doch weder das Bett noch das Zimmer, in dem es steht, sind so attraktiv wie einige der mit Antiquitäten (teilweise Himmelbetten oder historische Schlafmöbel) eingerichteten Zimmer – auch wenn die meisten Gästezimmer sehr viel Wert auf modernen Komfort legen.

Das Gourmet-Restaurant »Graf Leopold« bildet einen stilvollen Rahmen für die »neue deutsche Küche mit italienischem Einschlag«. Die professionell zubereiteten Gerichte werden durch einen umfangreichen Weinatlas (260 verschiedene Weine und Sekte) ergänzt.

Umgebung: Maar-Wanderungen mit alten Kraterseen in der Eifel, Hirsch- und Saupark Daun, Adler- und Wolfspark Kasselburg, Wild- und Erlebnispark (in Gondorf)

Auf dem Burgberg, 54550 Daun
Tel.: (06592) 3031
Fax: 4942
Lage: auf einem Hügel im Zentrum; mit Garten und großem Parkplatz
Mahlzeiten: Frühstücksbüfett, Mittag- und Abendessen, kleine Gerichte
Preise: Zimmer DD/DDDD incl. Frühstücksbüfett; Mahlzeiten 50-115 DM; Kinderteller
Zimmer: 25 Doppelzimmer, 8 mit Bad, 17 mit Dusche; 17 Einzelzimmer, 4 mit Bad, 13 mit Dusche; alle Zimmer mit Zentralheizung, TV, Telefon, Radio, Fön, Minibar
Anlage: Gourmet-Restaurant, Kaminfoyer, Ritterbar, Konferenzzimmer; Felsenschwimmhalle, Sauna, Dampfbad, Terrasse, Burgwiese
Kreditkarten: DC, MC, V
Kinder: sehr willkommen
Behinderte: Zugang leicht; Aufzug
Tiere: erlaubt (10 DM pro Nacht)
Geschlossen: erste 2 Jan.-Wochen
Fremdsprachen: Englisch, Französisch, Holländisch
Besitzer: Günter Probst

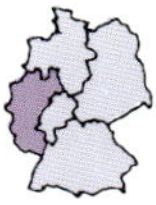

Rheinland-Pfalz

Landgasthof, Hamm/Sieg

Romantik-Hotel Alte Vogtei

Das historische Fachwerkgebäude, das um die Mitte des 17. Jahrhunderts errichtet wurde, steht in einem kleinen Dorf, das von den bewaldeten Tälern, Hügeln und Wasserläufen des Westerwaldes umgeben ist. Diese östlich von Bonn und vom Rhein gelegene Region ist kein Fremdenverkehrszentrum, lädt aber zu Ausflügen ein.

Holz und andere traditionelle Materialien prägen den Außenbau und das Innere des Hotels. Alte Öfen, Anrichten und Gebrauchsgegenstände sind liebevoll bewahrt worden und zieren heute die Gesellschaftsräume. Die Ausstattung ist schlicht, aber zweckmäßig: helle Wände, dunkle Holzbalken und Möbel, einfache Dekostoffe in warmen Farben. Die alten Gästezimmer im Haupttrakt des Hotels sind mit alten Bauernmöbeln eingerichtet, während die hellen, modernen Zimmer, die zum Garten hin liegen, etwas unpersönlich wirken, aber trotzdem komfortabel (und auch geräumiger) sind.

Küchenchef ist Markus Wortelkamp, der Sohn des Hauses. Seine hochgeschätzte Küche, die vor allem Produkte aus der Region verwendet, verrät den Einfluß seiner achtjährigen Lehrzeit in Frankreich, England und Deutschland.

Umgebung: Kloster Marienstatt (15 km); Bonn (50 km); Schloß Brühl (55 km)

Lindenallee 3, 57577 Hamm
Tel.: (02682) 259
Fax: (02682) 8956
Lage: mitten in einem kleinen, von Wald umgebenen Dorf, an der B 256, 63 km ö von Bonn; mit Garten, Garagen und großem Parkplatz
Mahlzeiten: Frühstück, Mittag- und Abendessen
Preise: Zimmer D/DDD incl. Frühstück; Mahlzeiten 19-75 DM
Zimmer: 14 Doppel-, 2 Einzelzimmer; alle mit Bad, Zentralheizung, Telefon, Fön, TV, Minibar und z.T. Radio
Anlage: Speiseraum, Bar, Terrasse
Kreditkarten: AE, DC, MC, V
Kinder: willkommen
Behinderte: keine speziellen Einrichtungen
Tiere: erlaubt
Geschlossen: 20. Juli bis 10. Aug.
Fremdsprachen: Englisch, Französisch
Besitzer: Familie Wortelkamp

Rheinland-Pfalz

Landhotel, Holzappel

Herrenhaus zum Bären

Aus der einstigen offiziellen Residenz des Grafen von Holzappel – einer vom dankbaren Kaiser am Ende des Dreißigjährigen Krieges geschaffenen Grafschaft – ist ein reizvolles kleines Hotel geworden. Die Fachwerkfassade wirkt sehr rustikal. Auf einer kleinen Terrasse im Schatten gestutzter Bäume stehen schlichte Tische und Stühle. In einem der Speiseräume findet man Bauernmöbel und Jagdtrophäen, aber sie bestimmen nicht die Atmosphäre: Dies hier ist ein Hotel und kein Gasthof.

Die zehn Doppelzimmer im Herrenhaus selbst sind die teuersten. Ihre Einrichtung, eine Mischung verschiedener Stilelemente mit schweren Ledersesseln, eleganten antiken Tischen und weichen Teppichen, ist nichts für Puristen. Aber alle Zimmer sind individuell gestaltet und äußerst komfortabel, die besten auch sehr geräumig. Die eleganten Bäder sind mit Marmor ausgekleidet. Im gesamten Haus gibt es über 200 alte Stiche und Landkarten sowie 50 Ölgemälde. Die billigeren Zimmer im nahe gelegenen Goethehaus sind natürlich schlichter.

Die Küche ist relativ anspruchsvoll und sehr beliebt.

Umgebung: Wanderungen, Wassersport, Minigolf, Tennis; Limburg (10 km) mit Altstadt und Dom; Montabaur (13 km); Laurenburg (3 km)

Am Alten Markt 15, 56379 Holzappel
Tel.: (06439) 7014
Fax: (06439) 7012
Lage: mitten im Dorf, 16 km sw von Limburg; mit Garten und Parkplatz
Mahlzeiten: Frühstück, Mittag- und Abendessen
Preise: Zimmer DD/DDDD incl. Frühstück; Menüs 50-120 DM
Zimmer: 18 Doppelzimmer (3 mit Einzelbetten), 16 mit Bad, 1 mit Dusche; 2 Einzelzimmer mit Bad; alle Zimmer mit Zentralheizung, Kabel-TV, die meisten mit Telefon, Radio, Minibar
Anlage: 2 Speiseräume, Konferenzzimmer; Gartenterrasse
Kreditkarten: AE, DC, MC, V
Kinder: willkommen
Behinderte: Zugang leicht
Tiere: nur wohlerzogene Hunde
Geschlossen: Jan.
Fremdsprachen: Englisch
Besitzer: Karl-Heinz und Helga Falk

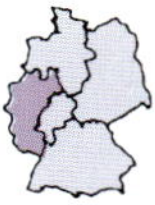

Rheinland-Pfalz

Umgebaute Mühle, Horbruch im Hunsrück

Historische Schloßmühle

Die reizvolle alte Mühle lohnt die Mühe, die es braucht, um sie in dem landschaftlich schönen Gebiet zwischen Rhein, Mosel und Nahe zu finden. Ein begeisterter deutscher Reporter bezeichnete die Atmosphäre als ausgesprochen friedlich, angenehm und freundlich. Die dicken Mauern, das Mühlrad und der Bach erinnern Besucher an die Geschichte des Gebäudes: Es wurde 1804 erbaut und diente fast eineinhalb Jahrhunderte lang als Getreidemühle. Aber sein Umbau vor 30 Jahren war ein voller Erfolg.

Im Zuge der 1990 durchgeführten Renovierung wurden auch die Möbel und die Einrichtung völlig erneuert. Das Haus strahlt eine erfrischende, sehr persönliche Atmosphäre aus, so daß man sich dort sofort wohl fühlt. Bilder, Skulpturen und Nippes verraten Frau Lillers Kunstgeschmack. Im Salon findet man zahlreiche Bücher. Zur Freude der Kinder gibt es auf dem Anwesen eine Vielzahl von Tieren. Die Gästezimmer sind individuell eingerichtet, die Badezimmer umsichtig ausgestattet.

Unser weitgereister Tester stuft die Küche als »exzellent in jeder Beziehung, vergleichbar mit vielen der besten französischen Restaurants« ein. Der Vergleich ist kein Zufall: Rüdiger Lillers auf der regionalen Küche basierenden Gerichte zeigen deutlich französischen Einfluß.

Umgebung: Bernkastel-Kues (15 km) – Weinproben, Marktplatz

55483 Horbruch
Tel.: (06543) 4041
Fax: (06543) 3178
Lage: in einem Wiesental, 1 km vom Dorf Horbruch entfernt, an der K 74, 12 km sw von Morbach; mit Garten und großem Parkplatz
Mahlzeiten: Frühstück und Abendessen
Preise: Zimmer DD/DDDD incl. Frühstück; Mahlzeiten 39-120 DM
Zimmer: 9 Doppelzimmer, 1 Suite; alle mit Bad, Zentralheizung, Telefon, TV, Minibar, Radio
Anlage: Speiseraum, Frühstücksraum, Salon, Bar; Terrasse
Kreditkarten: AE, MC, V
Kinder: willkommen
Behinderte: Zugang schwierig
Tiere: nicht erlaubt
Geschlossen: Restaurant Mo; Di-Fr mittag
Fremdsprachen: Englisch, Französisch
Besitzer: Anneliese und Rüdiger Liller

Rheinland-Pfalz

Dorfhotel, Kallstadt

Weincastell »Zum Weißen Roß«

Reisenden, die die Deutsche Weinstraße entlangfahren, fällt bestimmt sofort der ältere Teil dieses an der Straße gelegenen, unregelmäßig angelegten Hotels auf: Seine oberen Stockwerke (verziertes Fachwerk) kragen über das Untergeschoß aus hellem Sandstein vor.

Das Innere ist nicht ganz so extravagant. Trotz der vor kurzem vorgenommenen Renovierung ist der Charakter eines alten Hauses erhalten geblieben. Das Kreuzgewölbe des Restaurants ruht auf massiven Sandsteinsäulen. In der Gutsherren-Stube, in der morgens das Frühstück und abends Getränke serviert werden, sind die Wände und die Decke mit Fichte getäfelt. Die Gästezimmer wirken im Vergleich dazu eher schlicht, obwohl die Möbel recht hübsch sind. Im Flitterwochenzimmer steht ein großes Himmelbett. Für weniger romantische Anlässe gibt es das Alkovenzimmer, wo man Fuß an Fuß schläft, durch Vorhänge voneinander getrennt.

Die Küche von Norbert Kohnke ist manchmal etwas zu anspruchsvoll, aber immer von überdurchschnittlicher Qualität. Seine freundliche Frau Jutta kümmert sich um den Hotelbetrieb.

Umgebung: Weinproben, riesiges Weinfaß; Mannheim mit Schloß und ehemaliger Jesuitenkirche; Speyer mit Dom, Pfälzer Wald

An der Weinstr. 80-82,
67169 Kallstadt
Tel.: (06322) 5033
Fax: (06322) 8640
Lage: mitten im Dorf, 26 km w von Mannheim; mit öffentlichem Parkplatz in der Nähe
Mahlzeiten: Frühstück, Mittag- und Abendessen
Preise: Zimmer D/DDD incl. Frühstück; Mahlzeiten 40-130 DM
Zimmer: 13 Doppelzimmer, 3 mit Bad, 10 mit Dusche; alle Zimmer mit Zentralheizung, TV, Telefon, Radio
Anlage: Restaurant, Gutsherren-Stube
Kreditkarten: AE, MC, V
Kinder: willkommen
Behinderte: keine speziellen Einrichtungen
Tiere: willkommen
Geschlossen: 4 Wochen im Jan./Febr., 1 Woche im Juli/Aug.; Restaurant Mo, Di
Fremdsprachen: Englisch, Französisch
Besitzer: Jutta und Norbert Kohnke

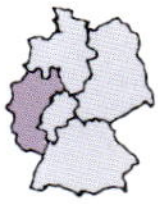

Rheinland-Pfalz

Hotel am Fluß, Koblenz

Kleiner Riesen

Besucher von Koblenz, wo die Mosel in den Rhein fließt, finden die besten Übernachtungsmöglichkeiten wahrscheinlich etwas stromaufwärts in einem der beiden Flußtäler. In der Stadt selbst gibt es keine bemerkenswerten Hotels. Auch dieses hier ist in vielerlei Hinsicht nichts Besonderes. Die Hauptattraktion des Hauses ist seine Lage: in der Nähe des Stadtzentrums und der Autobahn, aber trotzdem abgeschieden in einer Sackgasse am Rheinufer. Am Rhein entlang verläuft eine hübsche Promenade mit Bäumen, Cafés und Restaurants. Das Hotel nutzt diese Lage mit einer eigenen Terrasse aus; auch die meisten Gästezimmer bieten eine herrliche Aussicht.

Das Gebäude ist modern, aber recht unscheinbar. Bei der Ausstattung wurde auf bescheidenen Komfort Wert gelegt. Die Einrichtung ist eine Mischung aus modernen und traditionellen Möbeln; das Dekor ist schick, aber nicht besonders stilvoll.

Im Hotel gibt es nur Frühstück, doch die Gäste können bequem zu Fuß eines der vielen Restaurants in der Umgebung erreichen.

Umgebung: Deutsches Eck, Kirchen; Festung Ehrenbreitstein (5 km)

Rheinanlagen 18, 56068 Koblenz
Tel.: (0261) 32077
Lage: an einer verkehrsfreien, baumbestandenen Rheinpromenade; mit Parkmöglichkeiten
Mahlzeiten: Frühstück
Preise: Zimmer D/DDD incl. Frühstück
Zimmer: 19 Doppelzimmer, 5 mit Bad, 14 mit Dusche; 9 Einzelzimmer mit Dusche; 7 Familienzimmer, 5 mit Bad, 2 mit Dusche; alle Zimmer mit Zentralheizung, Telefon, Radio, einige mit TV, Minibar; Fön auf Anfrage
Anlage: Frühstückszimmer, Fernsehzimmer; Terrasse
Kreditkarten: AE, MC, V
Kinder: sehr willkommen
Behinderte: Aufzug; Stufen zum Erdgeschoß
Tiere: erlaubt (10 DM Aufpreis pro Nacht)
Geschlossen: nie
Fremdsprachen: Englisch, Französisch
Besitzerin: Frau Zimmermann

Rheinland-Pfalz

Umgebautes Schloß, Oberwesel

Burghotel Auf Schönburg

Die Schönburg thront wie ein Märchenschloß auf einem steil abfallenden, bewaldeten Felsvorsprung hoch über dem Rhein. Und man fühlt sich in dem vor 1000 Jahren errichteten Gebäude auch heute noch wie verzaubert. Der Hauptteil des Hotels ist in einem rot angestrichenen gotischen Bau zwischen den Türmen untergebracht.

Glücklicherweise enttäuscht auch das Innere keineswegs:. Es ist eine gelungene Mischung aus modernem Komfort und Romantik. In den Gästezimmern ist nichts mehr von mittelalterlicher Düsternis zu spüren; sie sind geschmackvoll mit wunderschönen antiken Stücken ausgestattet. Jedes Zimmer ist anders eingerichtet: Einige sind winzig, andere groß, wieder andere (in einem der alten Türme) rund. Von einigen hat man einen atemberaubenden Blick auf den Rhein, von anderen blickt man auf die Hügel. Die Speiseräume, in denen man bei Kerzenlicht speist, sind klein; in jedem stehen nur sechs oder sieben Tische, die mit frischen Blumen geschmückt sind. Bei der Küche, die sich an regionalen Gerichten orientiert, liegt das Hauptgewicht auf frischen Zutaten.

Den Hüttls macht die Arbeit in ihrem Hotel ganz offensichtlich Spaß. Der größte Teil ihres Personals arbeitet schon lange mit ihnen zusammen, obwohl die meisten noch jung sind. Da sie selbst drei Kinder haben, wissen sie auch gut, wie man Familien den Aufenthalt so angenehm wie möglich machen kann.

Umgebung: Stadtmauer, Stiftskirche Unserer Lieben Frau (14. Jh.) mit bedeutenden Kunstwerken, Weinproben, Fahrten auf dem Rhein; Lorelei-Felsen (5 km)

55430 Oberwesel
Tel.: (06744) 7027
Fax: (06744) 1631
Lage: auf einem Hügel über dem Rhein, 2 km von Oberwesel entfernt; mit öffentlichem Parkplatz
Mahlzeiten: Frühstück, Mittag- und Abendessen, kleine Gerichte
Preise: Zimmer DD/DDDD incl. Frühstück; Mahlzeiten 44-145 DM
Zimmer: 17 Doppelzimmer (9 mit Einzelbetten), 11 mit Bad, 6 mit Dusche; 3 Einzelzimmer mit Dusche; 2 Suiten mit Bad; alle Zimmer mit Zentralheizung, Telefon, Fön, TV, Minibar, Radio
Anlage: 3 Speiseräume, kleine Bibliothek, Kaminzimmer; Hof, Terrasse
Kreditkarten: AE, DC, MC, V
Kinder: willkommen
Behinderte: keine speziellen Einrichtungen
Tiere: 5 DM Aufpreis; im Restaurant nicht erlaubt
Geschlossen: Jan. bis März; Restaurant Mo
Fremdsprachen: Englisch, Französisch
Besitzer: Wolfgang und Barbara Hüttl

Rheinland-Pfalz

Stadtgasthaus, Oberwesel

Römerkrug

Im Rheintal herrscht kein Mangel an hübsch anzuschauenden alten Gasthäusern, doch allzuoft ist das, was sich hinter der Fassade verbirgt, enttäuschend. Hier, im Städtchen Oberwesel, trifft man auf eine Ausnahme.

Dieser bezaubernde Gasthof (der aus dem 15. Jahrhundert stammt) befindet sich auf dem kleinen Marktplatz, umgeben von ebenfalls wunderschönen alten Fachwerkgebäuden und mit den Weinbergen am Rhein im Hintergrund. Vor dem Eingang liegt eine kleine Terrasse. Auch im Inneren spürt man, daß das Haus bereits 500 Jahre alt ist. Vieles ist unverändert geblieben; alle Renovierungs- und Modernisierungsarbeiten sind mit großer Sorgfalt durchgeführt worden. Es gibt auch erfrischend wenig überflüssiges Dekor. Die Gästezimmer, der Speiseraum und die Marktstube sind einladend und schlicht, aber gemütlich. Das Essen ist in der Regel reichhaltig.

Das Hotel ist für deutsche Verhältnisse sehr klein; allen Versuchungen, es zu vergrößern, hat man dankenswerterweise bisher widerstanden. Hoffentlich führt der Anschluß an die Gruppe »Gast im Schloß« zu keinem Sinneswandel bei den Matzners.

Umgebung: Bootfahrten auf dem Rhein, Weinproben

Marktplatz 1, 55430 Oberwesel
Tel.: (06744) 8176
Fax: (06744) 1677
Lage: auf einem kleinen kopfsteingepflasterten Platz im Herzen des Städtchens, an der B 9, 21 km n von Bingen; mit großem Parkplatz
Mahlzeiten: Frühstück, Mittag- und Abendessen
Preise: Zimmer D/DDD incl. Frühstück; Mahlzeiten 36-62 DM
Zimmer: 7 Doppelzimmer (mit Einzelbetten), 4 mit Bad, 3 mit Dusche; alle Zimmer mit Zentralheizung, TV, Telefon, Fön
Anlage: Speiseraum, Gaststube; Straßenterrasse
Kreditkarten: AE, MC, V
Kinder: willkommen
Behinderte: keine speziellen Einrichtungen
Tiere: erlaubt
Geschlossen: Ende Dez. bis Mitte Febr.; Restaurant Mi
Fremdsprachen: Englisch, Französisch
Besitzer: Familie Matzner

Rheinland-Pfalz

Hotel am Fluß, St. Goar

Landsknecht

Bis vor einigen Jahren war dieses am Rhein gelegene Hotel mit Restaurant genau die Art von Hotel, die wir in diesem Führer zu vermeiden versuchen: eine beliebte Haltestation für die zahllosen Reisebusse, die das Rheintal entlangfahren.

Das Hotel wurde vollständig renoviert; die Gästezimmer haben jetzt einen Standard, den man normalerweise nur in wesentlich größeren Hotels erwartet. Besonders schick sind die Badezimmer. Bis auf eines gehen alle Zimmer auf den Rhein, mit Blick auf die berühmte Burg Maus. Das stilvoll rustikale Restaurant ist ebenfalls neu und besitzt eine herrliche Terrasse (natürlich mit Blick auf den Rhein), wo neben Getränken auch Mittag- und Abendessen serviert wird.

Lilly Nickenig und ihre Tochter Martina stecken weiterhin viel Zeit und Geld in den »Landsknecht« (ein neu angelegter Teich ziert den Garten) und geben dem Hotel einen Charme, wie man ihn in diesem von Touristen überlaufenen Teil des Rheintals oft vermißt.

Umgebung: Rheinfahrten, Spaziergänge; Mäuseturm; Lorelei-Felsen (5 km)

An der Rheinuferstraße,
56325 St. Goar
Tel.: (06741) 2011
Fax: (06741) 7499
Lage: am Rhein, 3 km nw vom Dorf; mit 8000m^2 großem Park und großem Parkplatz sowie Garagen
Mahlzeiten: Frühstück, Mittag- und Abendessen, kleine Gerichte
Preise: Zimmer D/DDD, Appartement DDD/DDDD; Mahlzeiten 16-60 DM
Zimmer: 13 Doppelzimmer, 2 Suiten, alle mit Bad; alle Zimmer mit Zentralheizung, TV, Telefon, Radio, Fön, Zentralheizung, Minibar
Anlage: Speiseraum, Terrasse; Liegewiesen
Kreditkarten: AE, DC, MC, V
Kinder: sehr willkommen
Behinderte: einige Parterrezimmer
Tiere: nur kleine Hunde erlaubt
Geschlossen: 5. Jan. bis 28. Febr.
Fremdsprachen: Englisch
Besitzer: Lilly und Martina Nickenig

Rheinland-Pfalz

Hotel auf einer Anhöhe, Trier

Hotel Petrisberg

Das Hotel verdankt seinen Namen dem bewaldeten Hügel, auf dem es sich erhebt. Es ist ein modernes Gebäude, dessen Architekt die Vorderseite bewußt mit Panoramafenstern versehen hat: Diese bieten den Gästen einen wunderbaren Blick auf die Altstadt von Trier, deren wichtigste Bauten abends angestrahlt werden.

Wenn Sie sich an der Aussicht satt gesehen haben, können Sie Ihre Aufmerksamkeit Ihrem Zimmer widmen. Die Pantenburgs haben nämlich versucht, jedem Gästezimmer eine individuelle Atmosphäre zu verleihen. Einige besitzen Wandgemälde oder bemalte Decken, andere sind in skandinavischem Stil gehalten. In allen Zimmern befindet sich zumindest ein von einem Freund der Familie geschnitztes Objekt. Es gibt auch Suiten, vor allem im kleinen Anbau, dem reizvolleren der beiden Gebäude, aus denen das Hotel besteht.

Das Frühstück (vom Büfett) nimmt man im luftigen Speiseraum des Hauptbaus ein, wo auch mehrere gemütliche Salons liegen. Mahlzeiten am Abend kann man nach vorheriger Absprache erhalten, aber es wird kein reguläres Abendessen serviert. Der Hotelprospekt empfiehlt einen zwanzigminütigen Fußmarsch in das Stadtzentrum, wo es mehrere gute Restaurants gibt, aber nur sehr sportliche Gäste legen auch den Rückweg zu Fuß zurück.

Umgebung: Porta Nigra; Liebfrauenkirche; Bischöfliches Museum und Diözesanmuseum

Sickingenstr. 11-13, 54296 Trier
Tel.: (0651) 41181
Fax: (0651) 73273
Lage: auf einer mit Rebstöcken bewachsenen Anhöhe über der Stadt, 800 m hinter dem Römischen Amphitheater; auf einem bewaldeten Grundstück mit großem Parkplatz
Mahlzeiten: Frühstück, kleine Gerichte
Preise: Zimmer D/DDD incl. Frühstück; kalte Gerichte 15-20 DM
Zimmer: 24 Doppelzimmer (mit Einzelbetten), 3 mit Bad, 21 mit Dusche; 1 Einzelzimmer mit Dusche; 5 Familienzimmer mit Dusche; alle Zimmer mit Zentralheizung, Telefon, Kabel-TV
Anlage: Frühstückszimmer, Salons, Weinbar, Fernsehzimmer
Kreditkarten: keine
Kinder: willkommen
Behinderte: nicht geeignet
Tiere: nicht erlaubt
Geschlossen: nie
Fremdsprachen: Englisch, Französisch, etwas Spanisch
Besitzer: Wolfgang und Helmut Pantenburg

Rheinland-Pfalz

Restaurant mit Gästezimmern, Wallerfangen

Villa Fayence

Auch wenn der Hauptgrund für einen Besuch dieser sehr eleganten, rosagetünchten Villa ihr Restaurant ist, sollte man sich nicht die Gelegenheit entgehen lassen, eine Nacht in einem der luxuriösen Gästezimmer zu verbringen. Alle sind von Ilse und Bernhard Michael Bettler geschmackvoll eingerichtet worden; die besten davon sind äußerst geräumig. Seitdem Bernhard die Kochmütze an den Nagel gehängt hat und sich persönlich um das Wohl der Gäste kümmert, floriert auch das Hotel.

Die Gäste können im barocken Salon oder im Wintergarten (mit Blick auf den Park) einen Aperitif nehmen, während sie in Ruhe die Speisekarte studieren. Auch die Panoramafenster des Wintergarten-Restaurants bieten einen schönen Blick auf die Parklandschaft.

Nachdem sich Bernhard Michael Bettler zeitweise aus der Küche zurückgezogen hatte, hat er sie jetzt, unterstützt von Klaus Koschine, erneut übernommen. Die Anregungen für seine Spezialitäten (z.B. … Entenbrust in Blätterteig und Gänseleber, Mandeleis auf Orangen-»Suppe« …) holt er sich vorwiegend aus dem nahen Frankreich. Die Weinkarte entspricht natürlich dem anspruchsvollen Menü. Natürlich haben diese Delikatessen auch ihren Preis, doch in einer so vornehmen Umgebung greift man sicher gern etwas tiefer in die Tasche.

Umgebung: Rehlingen (5 km) mit Höhlen und Burgruine

Hauptstr. 12, 66798 Wallerfangen
Tel.: (06831) 62066
Fax: (06831) 62068
Lage: im Dorf, 4 km w von Saarlouis; mit großem Grundstück und großem Parkplatz
Mahlzeiten: Frühstück, Mittag- und Abendessen
Preise: Zimmer DD/DDDD incl. Frühstück; Mahlzeiten 68-105 DM
Zimmer: 4 Doppelzimmer (3 mit Einzelbetten), 1 mit Bad, 3 mit Dusche; alle Zimmer mit Zentralheizung, TV, Telefon, Fön
Anlage: Restaurant und Bistro, Lounge
Kreditkarten: AE, DC, MC, V
Kinder: willkommen
Behinderte: nicht geeignet
Tiere: nicht erlaubt
Geschlossen: Restaurant Mo
Fremdsprachen: Englisch, Französisch
Besitzer: Bernhard Michael Bettler

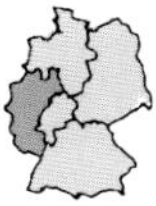

Rheinland-Pfalz

Stadtgasthaus, Bacharach

Altkölnischer Hof

Dieser Familienbetrieb befindet sich in einem Fachwerkhaus aus dem 11. Jahrhundert, das eine günstige Lage am Marktplatz der Altstadt besitzt. Das große, geschäftige Restaurant und die gemütliche Gaststube sind im traditionellen Stil eingerichtet. Einige der Gästezimmer sind zweckmäßig, andere hübscher, aber klein.

Am Marktplatz, 55422 Bacharach **Tel.:** (06743) 1339 **Fax:** (06743) 2793 **Mahlzeiten:** Frühstück, Mittag- und Abendessen, kleine Gerichte **Preise:** Zimmer D/DDD **Zimmer:** 19, alle mit Bad oder Dusche, Zentralheizung, Telefon, TV, Fön, Minibar **Kreditkarten:** AE, DC, V **Geschlossen:** Nov. bis April

Restaurant mit Gästezimmern, Balduinstein

Zum Bären

Walter Buggle, dessen Familie hier seit 1827 lebt, hat sich das Kochen selbst beigebracht. Seine Ansprüche sind ebenso hoch wie seine Preise. Es gibt zwei herrliche Speiseräume: der eine mit Kachelofen, der andere mit handgefertigten Bücherschränken.

Bahnhofstr. 24, 65558 Balduinstein **Tel.:** (06432) 81091 **Fax:** (06432) 83643 **Mahlzeiten:** Frühstück, Mittag- und Abendessen **Preise:** Zimmer D/DDD; Mahlzeiten ab 55 DM **Zimmer:** 10, alle mit Bad oder Dusche, Zentralheizung, Telefon, Fön, TV **Kreditkarten:** AE, MC, V **Geschlossen:** 3 Wochen ab Aschermittwoch **Fremdsprachen:** Englisch

Pension am Fluß, Beilstein

Haus Lipmann

Diese freundliche, kleine Weinstube, die seit 1795 im Besitz der Familie Lipmann ist, bietet einfache Unterkünfte in einem idyllischen Dorf. Von der weinumrankten Terrasse blickt man auf die Mosel und die Weinberge. Der holzgetäfelte Rittersaal ist besonders im Winter gemütlich.

Marktplatz 3, 56814 Beilstein **Tel.:** (02673) 1573 **Mahlzeiten:** Frühstück, Mittag- und Abendessen, kleine Gerichte **Preise:** Zimmer DD/DDD incl. Frühstück; Mahlzeiten 25-40 DM **Zimmer:** 5, alle mit Dusche, Zentralheizung, TV **Kreditkarten:** keine **Geschlossen:** Mitte Nov. bis Mitte März **Fremdsprachen:** Englisch, Französisch

Hotel-Restaurant, Bernkastel-Kues

Doctor-Weinstuben

Eine renovierte alte Gastwirtschaft im Herzen dieses Weinorts an der Mosel und ein hervorragender Ausgangspunkt für Ausflüge. Von außen wirkt sie eher langweilig, aber im Inneren gibt es rustikale, traditionell gehaltene Räume. Die modernen Gästezimmer gruppieren sich um einen hübschen, blumengeschmückten Innenhof. Freundliches, hilfsbereites Personal.

Hebegasse 5, 54470 Bernkastel-Kues **Tel.:** (06531) 6081 **Fax:** (06531) 6296 **Mahlzeiten:** Frühstück, Mittag- und Abendessen **Preise:** Zimmer D/DD incl. Frühstück **Zimmer:** 19, alle mit Zentralheizung, Telefon, TV-Anschluß **Kreditkarten:** AE, DC, MC, V **Geschlossen:** Jan. und Febr.; Restaurant Do **Fremdsprachen:** Englisch, Französisch

Rheinland-Pfalz

Stadtgasthaus und Mühle, Braubach

Zum Weißen Schwanen

Der von dem gutgelaunten Erich Kunz geführte Gasthof befindet sich in einem alten Fachwerkhaus direkt an der Stadtmauer des Städtchens Braubach. Die Gesellschaftsräume wirken wunderbar rustikal. Die reizvollsten Gästezimmer liegen neben einer noch älteren Wassermühle, deren Räderwerk noch vorhanden ist.

Brunnenstr. 4, 56338 Braubach **Tel.:** (02627) 559 **Mahlzeiten:** Frühstück, Abendessen **Preise:** Zimmer D/DD incl. Frühstück; Mahlzeiten ab 30 DM **Zimmer:** 16, alle mit Dusche, Zentralheizung, Telefon, TV **Kreditkarten:** AE, MC, V **Geschlossen:** Restaurant 3 Wochen Juli; Mi **Fremdsprachen:** Englisch

Chalet-Hotel, Darscheid/Vulkaneifel

Kuchers Landhotel

Heidi und Martin Kucher, ein charmantes junges Paar, führen ein attraktives Gourmet-Restaurant mit tadellos sauberen Gästezimmern darüber – beides zu erschwinglichen Preisen. Der hübsche Garten und die Terrasse bieten einen schönen Blick auf die umgebende Berglandschaft der Eifel. Umfangreichste Weinkarte in Rheinland-Pfalz (621 Sorten).

Karl-Kaufmann-Str. 2, 54552 Darscheid **Tel.:** (06592) 629 **Fax:** (06592) 3677 **Mahlzeiten:** Frühstück, Mittag- und Abendessen, kleine Gerichte **Preise:** Zimmer D/DD incl. Frühstück; Mahlzeiten 28-75 DM **Zimmer:** 14, alle mit Bad oder Dusche, Zentralheizung, Telefon, TV, Radio **Kreditkarten:** AE, MC **Geschlossen:** Jan.; Restaurant Mo, Di mittag **Fremdsprachen:** Englisch

Hotel-Restaurant, Deidesheim

Deidesheimer Hof

Ein großer, traditioneller Gasthof im Herzen von Deidesheim. Der Stolz des Hauses sind sein Gewölbekeller und das renommierte Restaurant Schwarzer Hahn. Die hübschen Gästezimmer sind geräumig und sehr gemütlich bis luxuriös.

Am Marktplatz 1, 67146 Deidesheim **Tel.:** (06326) 1811 **Fax:** (06326) 7685 **Mahlzeiten:** Frühstück, Mittag- und Abendessen, kleine Gerichte **Preise:** Zimmer DD/DDDD incl. Frühstück **Zimmer:** 20, alle mit Bad oder Dusche, Zentralheizung, Telefon, TV, Minibar **Kreditkarten:** AE, DC, MC, V **Geschlossen:** 1. Woche Jan. **Fremdsprachen:** Englisch, Französisch

Landhotel, Dudeldorf

Zum alten Brauhaus

Ein Gasthof, der sich seit 200 Jahren im Familienbesitz befindet und im frankophilen Stil als Romantik-Hotel geführt wird. 1976 vollständig renoviert. Im Gourmet-Restaurant gibt es feine und regionaltypische Gerichte. Individuell gestaltete Gästezimmer.

Durch's Stadttor an der Kirche, 54647 Dudeldorf **Tel.:** (06565) 2057 **Fax:** (06565) 2125 **Mahlzeiten:** Frühstück, Abendessen; Mittagessen auf Anfrage **Preise:** Zimmer DD/DDD (pro Person) incl. Frühstück; Mahlzeiten 15-90 DM **Zimmer:** 15, alle mit Bad oder Dusche, Zentralheizung, TV, Fön, Telefon, z.T. Balkon **Kreditkarten:** AE, DC, MC, V **Geschlossen:** Ende Dez. bis Ende Jan.; Restaurant Mi **Fremdsprachen:** Englisch

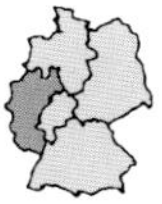

Rheinland-Pfalz

Dorfgasthaus, Kaiserslautern-Hohenecken

Burgschänke

Dieser schlichte, aber einladende Gasthof mit weißgetünchter Fassade besitzt eine gemütliche Gaststube, in der an kühlen Tagen ein Kaminfeuer brennt, und einen sonnigen Biergarten. Die Gästezimmer sind einfach, aber stilvoll und mit handgefertigten Möbeln eingerichtet.

Schloßstr. 1, 67661 Kaiserslautern **Tel.:** (0631) 56041 **Mahlzeiten:** Frühstück, Mittag- und Abendessen **Preise:** Zimmer D/DD incl. Frühstück; Mahlzeiten ab 26 DM **Zimmer:** 15, alle mit Dusche, Zentralheizung, Telefon, TV **Kreditkarten:** AE, DC, MC, V **Geschlossen:** nie **Fremdsprachen:** Englisch

Dorfhotel, Kirchen-Katzbach

Zum weißen Stein

Die ehemalige Bergarbeiterkneipe aus dem 17. Jahrhundert wurde in den 60er und 70er Jahren stark ausgebaut. Die Gesellschaftsräume im Hotel der Stählers besitzen heute viel Charakter, während die Gästezimmer gleichförmig wirken, aber dafür geräumig sind und eine schöne Aussicht bieten.

Dorfstr. 50, 57548 Kirchen **Tel.:** (02741) 62085 **Fax:** (02741) 62581 **Mahlzeiten:** Frühstück, Mittag- und Abendessen, kleine Gerichte **Preise:** Zimmer D/DDD incl. Frühstück; Mahlzeiten ab 19,50 DM **Zimmer:** 31, alle mit Dusche, Zentralheizung, Telefon, Radio, die meisten mit TV, Fön, Minibar **Kreditkarten:** AE, DC, MC, V **Geschlossen:** 1 Woche Mitte Jan. **Fremdsprachen:** Holländisch, etwas Englisch, Französisch

Stadthotel, Koblenz

Hotel Brenner

Hinter der unscheinbaren Fassade dieses modernen Hotels verbergen sich überraschenderweise elegante, reich ausgestattete Innenräume mit viel Gold und farbenprächtigen Teppichen. Obwohl es mitten in einer Großstadt liegt, besitzt es einen abgeschiedenen grünen Garten.

Rizzastr. 20, 56068 Koblenz **Tel.:** (0261) 32060 **Fax:** (0261) 36278 **Mahlzeiten:** Frühstück **Preise:** Zimmer DD/DDD incl. Frühstück **Zimmer:** 25, alle mit Bad oder Dusche, Zentralheizung, Telefon, TV, Radio, Minibar, einige mit Fön **Kreditkarten:** AE, DC, MC, V **Geschlossen:** 3 Wochen um Weihnachten **Fremdsprachen:** Englisch

Dorfgasthaus, Landau-Birkweiler

Sankt Laurentius Hof

Der rustikal eingerichtete Gasthof der Trajans liegt in einem kleinen Winzerdorf und wirkt malerisch: freiliegendes Gebälk und Blumenschmuck. Gehobene Pfälzer Küche. Spanferkel auf Vorbestellung wird – insbesondere an Wochenenden – in dem von Weinlaub überschatteten Innenhof sowie im Restaurant serviert.

Hauptstr. 21, 76831 Landau **Tel.:** (06345) 8945 **Fax:** (06345) 7029 **Mahlzeiten:** Frühstück, Mittag- und Abendessen **Preise:** Zimmer D/DD incl. Frühstück; Mahlzeiten ab 35 DM **Zimmer:** 12, alle mit Zentralheizung, Radio, Minibar, einige mit Telefon, TV **Kreditkarten:** MC, V **Geschlossen:** Mo, Di mittag **Fremdsprachen:** Englisch, Französisch, Ungarisch

Rheinland-Pfalz

Restaurant mit Gästezimmern, Bad Neuenahr-Heppingen

Zur Alten Post

Es lohnt sich, wegen Hans-Stefan Steinheurs Kochkunst und seiner eindrucksvollen Weinkarte hierher zu kommen, in einem sehr bequemen Bett zu übernachten und am Morgen perfekt zu frühstücken. Wir bedauern nur, daß die Alte Post nicht im malerischen mittelalterlichen Teil von Ahrweiler liegt.

Landskronerstr. 108, 53474 Bad Neuenahr-Heppingen **Tel.:** (02641) 24114 **Fax:** (02641) 7013 **Mahlzeiten:** Frühstück, Mittag- und Abendessen **Preise:** Zimmer D/DD incl. Frühstück; Mahlzeiten ab 15 DM **Zimmer:** 13, alle mit Dusche, Zentralheizung **Kreditkarten:** keine **Geschlossen:** Jan.; Mo **Fremdsprachen:** Englisch

Umgebaute Burg, Stromberg

Burghotel Stromburg

Eine romantische, auf einem Hügel gelegene Burg mit mächtigen Türmen und tausendjähriger Geschichte. Das Innere wirkt bescheidener, als man erwarten würde: ein gemütlicher, ländlicher Speiseraum mit einer blumengeschmückten Terrasse. Anspruchsvolle Küche.

55442 Stromberg **Tel.:** (06724) 1026 **Fax:** (06724) 3307 **Mahlzeiten:** Frühstück, Mittag- und Abendessen **Preise:** Zimmer D/DD **Zimmer:** 21, alle mit Dusche, Zentralheizung, Telefon **Kreditkarten:** AE, DC, MC, V **Geschlossen:** nie

Stadtvilla, Trier

Villa Hügel

Hübsche Jugendstilvilla von 1914 in einer grünen Wohnanlage, nahe dem Zentrum der historischen Altstadt von Trier. Der moderne Anbau mit Gästezimmern besitzt eine sonnige Dachterrasse mit schönem Ausblick. Geschmackvolles Mobiliar. Mit Hallenbad, Sauna und Liegewiese.

Bernhardstr. 14, 54295 Trier **Tel.:** (0651) 33066 **Fax:** (0651) 37958 **Mahlzeiten:** Frühstück, kleine Vesperkarte **Preise:** Zimmer D/DDD incl. Frühstück; Gerichte 6-30 DM **Zimmer:** 35, alle mit Bad, Zentralheizung, Telefon, TV, Radio, Minibar **Kreditkarten:** AE, DC, MC, V **Geschlossen:** nie **Fremdsprachen:** Englisch

Restaurant mit Gästezimmern, Wasserliesch

Scheid

Hubert Scheids Kuchen und Torten kann man in seiner Konditorei im nahen Trier probieren, aber wenn man seine klassische französische Küche (von Michelin mit einem Stern ausgezeichnet) genießen will, muß man einige Kilometer weiter moselaufwärts fahren. Die Gästezimmer sind zweckmäßig, aber in einem eleganten, modernen Stil eingerichtet.

Reinigerstr. 48, 54332 Wasserliesch **Tel.:** (06501) 13958 **Fax:** (06501) 13959 **Mahlzeiten:** Frühstück, Mittag- und Abendessen **Preise:** Zimmer D/DD incl. Frühstück; Mahlzeiten 95-115 DM **Zimmer:** 13, alle mit Dusche, Zentralheizung, einige mit TV **Kreditkarten:** AE, DC, MC, V **Geschlossen:** 2 Wochen im Febr.; Restaurant Mo und Di mittag **Fremdsprachen:** Französisch, etwas Englisch

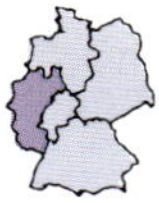

Saarland

Überblicksartikel

Hotels im Saarland

Man ist leicht versucht, das weniger berühmte Saarland zu übergehen, das im Südwesten von Rheinland-Pfalz an der französischen Grenze liegt. Dieses kleine Bundesland ist reich an Kohlevorkommen und wird deshalb – zumindest im Becken um die Landeshauptstadt Saarbrücken – durch Industrie geprägt. In Saarbrücken, der einzigen großen Stadt, gibt es keine wirklich bekannten Hotels und auch keine bemerkenswerten kleinen und reizvollen Häuser. Das beste in der Stadt ist wahrscheinlich *Bauer Rodenhof* (Tel. 0681/41020, Fax 43785, 110 Zimmer), etwas außerhalb des Zentrums gelegen. Das von uns empfohlene Hotel in Saarlouis liegt nur ein paar Kilometer saarabwärts. In der gleichen Richtung stößt man auf Schwalbach, wo wir das *Mühlental* (Tel. 06834/5017, 25 Zimmer) empfehlen.

Nordwestlich von Saarbrücken, in Neunkirchen, befindet sich eines der fünf bemerkenswerten Restaurants des Saarlands, *Hostellerie Bacher* (Tel. 06821/31314, 4 Zimmer), wo Margarethe Bacher eine ausgezeichnete Küche und Gästezimmer zu vernünftigen Preisen bietet.

Restaurant mit Gästezimmern, Tholey

Hotellerie Hubertus

Die Küche ist die Hauptattraktion dieses Hotels. Die wunderschön angerichteten Mahlzeiten werden in dem eleganten, etwas förmlichen Speiseraum mit gewölbter Decke oder in der eher rustikalen Marktstube serviert. Die Gästezimmer sind hell und komfortabel, aber ziemlich gleichförmig.

Metzger Str. 1, 66636 Tholey **Tel.:** (06853) 2404 **Fax:** (06853) 30601
Mahlzeiten: Frühstück, Mittag- und Abendessen **Preise:** Zimmer D/DDD incl. Frühstück; Mahlzeiten 25-95 DM **Zimmer:** 9, alle mit Bad oder Dusche, Zentralheizung, einige mit Telefon, TV **Kreditkarten:** AE, DC, V
Geschlossen: Restaurant Mo, Do mittag, So abend **Fremdsprachen:** Englisch, Französisch

Auf dieser Seite werden empfehlenswerte Hotels im Saarland erwähnt, die keinen eigenen Eintrag erhalten. Außerdem wird das Bundesland kurz vorgestellt.

Kommentare des Lesers
Unsere Hotelführer profitieren von den Zuschriften unserer Leser. Teilen Sie uns deshalb bitte Ihre Erfahrungen mit kleinen Hotels, Pensionen oder Gasthäusern mit, ob gut oder schlecht, auch wenn diese nicht im Buch erwähnt sind. Neben Deutschland sind wir auch an kleinen Hotels in Großbritannien und Irland, Italien, Frankreich, Spanien, Portugal, Österreich, der Schweiz und den USA interessiert. Besonders konstruktive Zuschriften werden mit einem Freiexemplar der nächsten Ausgabe des betreffenden Hotelführers honoriert. Wir sind außerdem immer auf der Suche nach neuen Hoteltestern. Die Mitglieder unseres Teams unternehmen entweder ihre Reisen speziell, um Hotels zu inspizieren, oder verbinden ihre Arbeit mit einem Urlaub.

Saarland

Landhotel, Saarlouis

Altes Pfarrhaus, Beaumarais

In Großbritannien sind oft reizvolle kleine Hotels in ehemaligen Pfarrhäusern eingerichtet. In Deutschland ist das höchst selten der Fall – und auch dieses Hotel hat wenig gemein mit ähnlichen Häusern auf der britischen Insel. Mit 35 Gästezimmern kann man es nicht gerade als klein bezeichnen; auch im ganzen Stil wirkt es weniger familiär.

Bevor das Gebäude als Pfarrhaus verwendet wurde, diente es als Sommerresidenz eines Adligen. Die Besitzer beschreiben es als spätbarock, aber nirgendwo findet man die für diesen Stil typischen üppigen Dekorelemente. Im Gegenteil: Das 1985 in ein Hotel umgewandelte Haus wirkt eher schlicht mit seinen cremefarbenen Mauern und den weißen Fensterläden. Im Inneren dominieren cremefarbene Wände und Dekostoffe und sparsame Möblierung. Dies gilt besonders für die geräumigen Gästezimmer, doch auch hier verraten sparsame und gekonnte Farbakzente, daß diese Dekoration ganz bewußt gewählt wurde. Die Gesellschaftsräume sind weniger zurückhaltend. An den Speiseraum schließt sich ein kleiner, moderner Wintergarten an. Es gibt zwar keine Speiseterrasse, aber einen sehr hübschen Biergarten.

Umgebung: Saarlouis mit Altstadt und Rathaus (Gobelinzimmer); Merzig (10 km) mit Dampfeisenbahn

Hauptstr. 2-4, 66740 Saarlouis
Tel.: (06831) 6383
Fax: (06831) 62898
Lage: in einem Vorort 3 km w von Saarlouis (der Wallerfanger Straße folgend); mit Terrasse und Parkplatz
Mahlzeiten: Frühstück, Mittag- und Abendessen
Preise: Zimmer DD/DDD incl. Frühstück; Mahlzeiten 60-90 DM
Zimmer: 27 Doppelzimmer, 24 mit Bad, 3 mit Dusche; 7 Einzelzimmer, 3 mit Bad, 4 mit Dusche; 1 Familienzimmer mit Bad; alle Zimmer mit Zentralheizung, TV, Telefon, Radio, Minibar
Anlage: Frühstückszimmer, Speiseraum; Wintergarten, Biergarten
Kreditkarten: AE, DC, MC, V
Kinder: sehr willkommen
Behinderte: Zugang leicht, 7 Parterrezimmer
Tiere: erlaubt
Geschlossen: über Weihnachten
Fremdsprachen: Englisch, Französisch
Managerin: Eva Krause

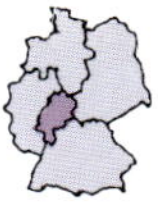

Hessen

Überblicksartikel

Hotels in Hessen

Das in der Mitte der Bundesrepublik gelegene Bundesland Hessen steht bei ausländischen Touristen nicht besonders hoch im Kurs, ist aber durchaus nicht uninteressant und besitzt einige wunderschöne alte Städte und Natursehenswürdigkeiten wie beispielsweise das Waldeck im Nordosten. Die Gebrüder Grimm wurden in Hanau, östlich von Frankfurt, geboren; damit zusammenhängend hat sich eine blühende Märchenindustrie entwickelt. Die Deutsche Märchenstraße zieht sich bis nach Niedersachsen hinauf und verläuft über Hameln (»Rattenfänger von Hameln«) nach Bremen.

Frankfurt am Main, die Finanzmetropole von Deutschland, ist eine der dynamischsten deutschen Städte und weist natürlich auch viele große, elegante Hotels auf, die vor allem auf Geschäftsleute ausgerichtet sind. Neben den ausführlich beschriebenen Häusern gibt es noch einige erwähnenswerte Alternativen. Einige Kilometer nördlich von Frankfurt, in Mühlheim, liegt das schicke, sehr komfortable *Landhaus Waitz* (Tel. 06108/6060, Fax 606488, 75 Zimmer), das trotz seiner Größe eine persönliche Atmosphäre und eine hervorragende Küche bietet.

Noch weiter östlich befindet sich in Gelnhausen die einfachere *Burg-Mühle* (Tel. 0651/82052, 33 Zimmer). Feinschmecker wenden sich besser nach Nordosten und suchen in Maintal das renommierte Lokal von Ludwig und Doris Hessler mit Michelin-Stern und 4 Gästezimmern (Tel. 06181/492951, Fax 45029).

Fulda ist eine kleine Stadt im Nordwesten, nahe an der früheren innerdeutschen Grenze, und besitzt einen wunderschönen barocken Stadtkern. Als etwas billigere Alternative zum *Goldenen Karpfen* (S. 108) hat man uns hier den *Kurfürsten* (Tel. 0661/70001, Fax 77919, 70 Zimmer) in einem Haus aus dem 18. Jahrhundert empfohlen.

Das nördlich von Frankfurt gelegene Marburg ist mit der Elisabethkirche, der ersten rein gotischen Kirche Deutschlands, eine der interessantesten Städte von Hessen. Wir empfehlen hier zwei Hotels, von denen die Stadt leicht zu erreichen ist: die *Fasanerie* (Tel. 06421/7039, Fax 77491, 35 Zimmer) in Gisselberg und die *Dammühle* (Tel. 06421/31007, Fax 36118, 20 Zimmer), einen hübschen Familienbetrieb in Wehrshausen.

Kassel im äußersten Norden hat zwar einige interessante Sehenswürdigkeiten, aber keine erwähnenswerten Hotels. Näher als das in Emstal empfohlene Hotel (S. 108) liegt das reizvoll gelegene *Schloßhotel Wilhelmsthal* (Tel. 0561/30880, Fax 3088428) in Calden, das einen hübschen Park besitzt und nicht mit dem nur wenige Kilometer entfernten echten Schloß gleichen Namens verwechselt werden darf. Westlich von Kassel, an der Grenze zu Nordrhein-Westfalen, befindet sich die kleine Stadt Korbach mit dem *Rathaus* (Tel. 05631/50090, Fax 500959).

Auf dieser Seite werden empfehlenswerte Hotels in Hessen vorgestellt, die keinen eigenen Eintrag erhalten. Die langen Einträge mit den Hotels, von denen wir am meisten begeistert waren, beginnen auf der nächsten Seite. Wir waren jedoch auch von den Hotels angetan, die hier nur mit Kurzeinträgen (ab S. 107) berücksichtigt werden.

Hessen

Gasthof in einem Weinort, Eltville am Rhein

Zum Krug

Diese hübsche Weinstube mit Gästezimmern liegt im Herzen der landschaftlich schönen Weinbauregion des Rheingaus. Das 1720 errichtete, aber 1986 sorgfältig renovierte Gebäude ist von Straßen mit Kopfsteinpflaster umgeben. Auffällig sind die dunkelgrüne, blumengeschmückte Fassade und die Schmiedeeisengitter, aber das Innere ist ebenso reizvoll: ein holzvertäfelter Speiseraum und ein wuchtiger, grüner Kachelofen sowie Bleiglasfenster mit bunten Glasmalereien, die natürlich den Weingenuß darstellen.

Da man sich hier in einem guten Weinlokal befindet, gibt es ein spezielles Feinschmeckermenü für 75 DM. Zu jedem der vier Gänge gehört dabei ein dazu passendes Glas Sekt oder Wein aus der Region; den Abschluß bildet ein Glas Jahrgangsportwein.

In einem Haus, in dem sich alles um den Wein dreht, sind die Gästezimmer ebenso wie das Essen von untergeordneter Bedeutung. Aber sie sind recht ansprechend: gemütlich, einfach eingerichtet mit bequemen, traditionellen Möbeln und hübschen Dekostoffen mit Blumenmustern. Auch hier spürt man die ruhige Atmosphäre, die das ganze Hotel und seine Umgebung prägt.
Umgebung: Weinproben, Wandern, Fahrten auf dem Rhein

Hauptstr. 34, 65347 Eltville
Tel.: (06723) 2812
Fax: (06723) 7677
Lage: im Zentrum von Eltville, 14 km sö von Wiesbaden; mit Parkplatz
Mahlzeiten: Frühstück, Mittag- und Abendessen, kleine Gerichte
Preise: Zimmer D/DDD incl. Frühstück; Mahlzeiten ab 20 DM
Zimmer: 7 Doppel-, 1 Einzelzimmer; alle mit Dusche, Zentralheizung, Telefon, Radio, einige auch mit TV
Anlage: Speiseraum, Fernsehzimmer
Kreditkarten: AE, DC, MC, V
Kinder: willkommen
Behinderte: Zugang schwierig
Tiere: erlaubt
Geschlossen: 3 Wochen im Jan. und 2 Wochen im Juli; Restaurant So abend und Mo
Fremdsprachen: Englisch
Besitzer: Josef Laufer

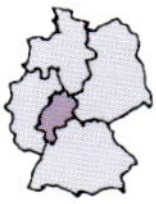

Hessen

Stadthotel, Frankfurt a. M.

Hotel Westend

Dieses kleine Hotel im Schatten der Wolkenkratzer des Bankenviertels, zwischen Hauptbahnhof und Messe im Westendviertel gelegen, besticht durch seine Einrichtung: Alle Räume sind im Gegensatz zu den modernen Hotelbauten antik in unterschiedlichen Stilen eingerichtet. Auch bei der Dekoration hat man alte Kunst gewählt. Das Haus selbst stammt aus dem frühen 20. Jahrhundert.

Anstelle eines Frühstücksbüfetts wird ein altmodisches und fast überreichliches deutsches Frühstück serviert, das man im Sommer auch auf der Terrasse oder im Garten einnehmen kann. Der schattige Garten ist für das Viertel sehr groß. Abends kann man kleine kalte Gerichte bestellen. Leider gibt es seit einiger Zeit vor dem Haus eine Baustelle.

Die Gäste sind so international wie das Personal und schreiben oft, wie gut es ihnen hier gefallen hat.

Umgebung: Senckenberg-Museum (Naturkunde)

Westendstr. 15, 60325 Frankfurt a.M.
Tel.: (069) 746702
Fax: (069) 745396
Lage: in einer Wohngegend, 5 Minuten zu Fuß vom Hauptbahnhof entfernt; mit Garten und privatem Parkplatz
Mahlzeiten: Frühstück, kleine Gerichte
Preise: Zimmer DD/DDDD incl. Frühstück
Zimmer: 9 Doppelzimmer, 1 mit Bad, 1 mit Dusche, 7 mit Waschbecken; 11 Einzelzimmer, 4 mit Bad, 7 mit Waschbecken; alle Zimmer mit Zentralheizung, Fernsehen, die meisten mit Minibar
Anlage: 3 Salons; Terrasse
Kreditkarten: AE, DC, MC, V
Kinder: werden aufgenommen
Behinderte: nicht geeignet
Tiere: erlaubt
Geschlossen: Weihnachten bis Neujahr
Fremdsprachen: Englisch, Französisch, Türkisch, Spanisch, Serbokroatisch, Polnisch
Besitzer: E. und C. L. Mayer

Hessen

Landhotel, Herleshausen

Hotel Hohenhaus

Die deutschen Reise- und Feinschmeckermagazine führen das Hohenhaus in der Liste der besten Hotels fast immer unter den ersten zwanzig. Deshalb war es recht schwierig, Günther Haderecker zu überreden, uns Informationen über sein Hotel zu geben, das ohnehin das ganze Jahr über zu 95 Prozent ausgebucht ist.

Das Hotel besitzt eine reizvolle, ruhige Lage in einem hügeligen Waldgebiet nahe der ehemaligen innerdeutschen Grenze. Da auch die E 40 in der Nähe vorbeiführt, bietet es sich als ideale Zwischenstation auf der Reise nach oder von Osten an. Das Gebäude ist zwar nicht neu, aber das Hotel selbst zeigt eine durchdachte Konzeption: klare Linienführung, natürliche Baumaterialien und verschiedene regionale Muster, die stilvoll kombiniert sind. Die reichliche Verwendung von Glas sorgt dafür, daß die Gäste viel von der umgebenden Landschaft sehen. Der Speiseraum hingegen ist in einem traditionellen Stil gehalten. Es gibt einige wunderbar geräumige Gästezimmer, die nicht so auffällig modern wirken.

Achim Schwekendieks Küche ist sehr gut und vielfältig und befriedigt auch höchste Ansprüche.

Umgebung: Wandern; Eisenach (15 km) mit Geburtshaus von Johann Sebastian Bach und Wartburg

Holzhausen, 37293 Herleshausen
Tel.: (05654) 680
Fax: (05654) 1303
Lage: in offener Landschaft, 2 km n von der A 4 (Ausfahrt Wommen), 15 km nw von Eisenach; auf einem Grundstück mit großem Parkplatz
Mahlzeiten: Frühstück, Mittag- und Abendessen, kleine Gerichte
Preise: Zimmer DD/DDDD; Frühstück 25 DM, Mahlzeiten 85-150 DM
Zimmer: 17 Doppelzimmer, 12 mit Bad, 5 mit Dusche; 9 Einzelzimmer mit Dusche; alle Zimmer mit Zentralheizung, TV, Telefon, Radio, Fön
Anlage: Salon, Halle, 2 Speiseräume, Bar, Konferenzzimmer; Schwimmhalle, Sauna, Tennis, Reiten
Kreditkarten: AE, MC, V
Kinder: werden geduldet
Behinderte: 1 speziell ausgerüstetes Parterrezimmer
Tiere: nur auf den Zimmern erlaubt
Geschlossen: nie
Fremdsprachen: Englisch, Französisch
Besitzer: Günther Haderecker

Hessen

Umgebautes Schloß, Hofgeismar

Dornröschenschloß Sababurg

Seit dem Ende des 19. Jahrhunderts schmückt sich diese einst zum Schutz der Pilger des nahen Wallfahrtsorts Gottsbüren erbaute Burg mit dem Namen »Dornröschenschloß«. Nach dem Erscheinen der »Kinder- und Hausmärchen« (1812) der Brüder Grimm suchte das Volk nach Schauplätzen der wundersamen Geschichten und erinnerte sich auch an das von Efeu umrankte und damals »schlafende« Schloß, das einmal von einer Dornenhecke umgeben war. Die Sababurg diente früher als prunkvoll ausgestattetes Jagdschloß der hessischen Landgrafen; ein Teil der Burg ist heute eine Ruine (hier findet von Juni bis September der »Sommer in Sababurg« statt). Im Tierpark Sababurg werden vom Aussterben bedrohte Tierarten erhalten und rückgezüchtet.

Im anderen Teil des alten Schlosses hat die Familie Koseck ein schönes und geschmackvoll ausgestattetes Hotel eingerichtet, das sie mit Liebe und Sorgfalt führt. Die Gästezimmer (seit dem 16. Jahrhundert nach Tieren benannt) sind stilvoll möbliert und mit hübschen Dekostoffen ausgestattet; besonders romantisch sind dabei die neun Turmzimmer, die teilweise Himmelbetten besitzen. Von dort und von einigen Tischen in den Speiseräumen hat man einen herrlichen Blick über den Tierpark und den Reinhardswald (28000 ha). Die Küche ist leicht und frisch; der Schwerpunkt liegt auf Produkten aus der Region wie Wild, heimischen Fischen, Kräutern aus dem Burggarten und Beeren.

Umgebung: Wandermöglichkeiten; Münden (30 km) mit Werrabrücke (14. Jh.); Kassel (35 km) mit Schloß und Brüder-Grimm-Museum; Fürstenberg/Weser (35 km) mit Porzellanmanufaktur (1747)

Hofgeismar-Sababurg,
34369 Hofgeismar
Tel.: (05671) 8080
Fax: (05671) 808200
Lage: in einem Waldgebiet, 10 km n von Hannoversch Münden, ö von Hofgeismar; mit Park, großem Garten und großem Parkplatz
Mahlzeiten: Frühstück, Mittag- und Abendessen, kleine Gerichte
Preise: Zimmer DDD/DDDD incl. Frühstück; Mahlzeiten ab 65 DM
Zimmer: 17 Doppel-, 1 Einzelzimmer; alle mit Bad oder Dusche, Zentralheizung, Telefon, Radio und teilweise Farb-TV
Anlage: Salon, Speiseraum; Landgrafenzimmer (Konzerte), Ruine des Palas (Theateraufführungen), Burgkeller, Tierpark
Kreditkarten: AE, DC, MC, V
Kinder: sehr willkommen
Behinderte: nicht geeignet
Tiere: willkommen
Geschlossen: Mitte Jan. bis Mitte Febr.
Fremdsprachen: Englisch
Besitzer: Familie Koseck

Hessen

Landhaushotel, Kelkheim

Schloßhotel Rettershof

Der quadratische Steinbau, der wie ein viktorianisches Landhaus aussieht, könnte ebensogut im schottischen Hochland wie hier im Taunus stehen. Er erhebt sich auf einem alten Anwesen, dessen Ursprünge auf ein Kloster aus dem 12. Jahrhundert zurückgehen. Hätte der Stadtrat nicht eingegriffen und den Besitz aufgekauft, wäre er 1980 aufgeteilt und veräußert worden.

Deshalb kann man hier auch kein intimes, persönliches Hotel erwarten. Man spürt aber auch nirgends die Handschrift einer Behörde. Die Salons sind gefällig und gemütlich; der Speiseraum mit rosa Vorhängen und heller Holzvertäfelung wirkt elegant und ruhig. Die Küche produziert erstaunliche Ergebnisse. Einige Gästezimmer befinden sich im Hauptgebäude und sind elegant in einem traditionellen Stil, während sich die anderen Zimmer in einem hochmodernen Anbau befinden und mit ihren Einbaumöbeln eher anonym wirken. Alle Zimmer sind jedoch geräumig und komfortabel.

Durch den im englischen Stil angelegten Garten gelangt man zu verschiedenen anderen Gebäuden des Anwesens, u.a. zu den Reitställen und zum Café-Restaurant »Zum Fröhlichen Landmann«.

Umgebung: Kreuzgang, Rathaus; Königstein (5 km) mit Burgruine und mittelalterlicher Altstadt; Bad Soden (5 km)

65779 Kelkheim
Tel.: (06174) 29090
Fax: (06174) 25352
Lage: in einer waldreichen Landschaft an der B 455, 5 km nö von Kelkheim, 19 km nw von Frankfurt a. M.; auf einem Grundstück mit großem Parkplatz
Mahlzeiten: Frühstück, Mittag- und Abendessen, kleine Gerichte
Preise: Zimmer DD/DDDD incl. Frühstück; Mahlzeiten 35-90 DM
Zimmer: 34 Doppelzimmer (31 mit Einzelbetten), 3 mit Bad, 31 mit Dusche; 1 Einzelzimmer mit Dusche; alle Zimmer mit Zentralheizung, TV, Telefon, Radio, Minibar
Anlage: 3 Speiseräume, Salon; Terrasse, Sauna, Solarium, Whirlpool, Bowlingbahn, Reiten
Kreditkarten: AE, DC, MC, V
Kinder: willkommen
Behinderte: ungeeignet
Tiere: erlaubt
Geschlossen: nie; Restaurant So, Mo
Fremdsprachen: Englisch, Französisch
Besitzer: Hans Baumann

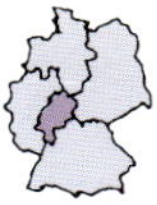

Hessen

Landhaushotel, Kronberg

Schloßhotel Kronberg

Möglicherweise gibt es ältere Schloßhotels, aber wenige, die eindrucksvoller sind. Das imposante Herrenhaus aus Stein und Schiefer mit spitzen Türmen und Giebeln wurde Ende des 19. Jahrhunderts von der ältesten Tochter der englischen Königin Viktoria und Mutter von Kaiser Wilhelm II. errichtet.

Ein solches Gebäude kann leicht düster und einschüchternd wirken, aber das gilt nicht für Kronberg. Trotz der hohen Decken, goldenen Bilderrahmen, prächtigen Kronleuchter und antiken Möbel fühlt man sich hier wie in einem komfortablen, einladenden Privathaus. Dies liegt teilweise daran, daß man die meisten Möbelstücke im Hinblick auf Behaglichkeit und nicht wegen ihres Alters oder ihres Aussehens ausgewählt hat. Außerdem ist das Dekor außer in den Prunkräumen hell und modisch.

Das Gebäude steht in einem herrlichen Park, der alte und exotische Bäume besitzt und einen Golfplatz und einen Rosengarten enthält.

Natürlich ist dies kein billiges Hotel, aber angesichts dessen, was man hier erhält, ist es keineswegs unverhältnismäßig teuer. Die Küche ist so anspruchsvoll und beeindruckend wie die Antiquitäten.

Umgebung: Wanderungen, mittelalterliche Altstadt; Großer Feldberg (10 km) mit Panoramablick; Königstein (16 km) mit Burgruine aus dem 16. Jahrhundert

Hainstr. 25, 61476 Kronberg
Tel.: (06173) 70101
Fax: ((06173) 701267
Lage: am Nordrand einer Kleinstadt, 17 km n von Frankfurt a. M.; auf einem Grundstück mit großem Parkplatz
Mahlzeiten: Frühstück, Mittag- und Abendessen, kleine Gerichte
Preise: Zimmer DDDD/DDDD; Frühstück 27 DM; Mahlzeiten 60-135 DM
Zimmer: 27 Doppel- (3 mit Einzelbetten), 24 Einzelzimmer, 7 Suiten mit Bad; alle Zimmer mit Zentralheizung, Kabel-TV, Telefon, Radio, Fön, Minibar
Anlage: Restaurant, Bar, 7 Salons (Salon mit offenem Kamin, Bibliothek, Konferenzzimmer); italienischer Garten, Golfplatz
Kreditkarten: AE, DC, MC, V
Kinder: willkommen
Behinderte: keine speziellen Einrichtungen
Tiere: nicht erlaubt
Geschlossen: nie
Fremdsprachen: Englisch, Französisch
Manager: Hartmut Althoff

Hessen

Umgebautes Schloß, Spangenberg

Schloß Spangenberg

In diesem Schloß aus dem 13. Jh. findet man all seine romantischen Vorstellungen von einer alten Burganlage wieder, vom Burggraben bis zur hölzernen Zugbrücke und dem mit Zinnen bewehrten Torhaus. Und doch ist es kein verstaubtes Denkmal aus grauer Vergangenheit, sondern ein lebendiges Hotel, das mit Stil in die ehrwürdige Umgebung integriert wurde.

Doch die Hauptattraktion von Spangenberg sind wie bei so vielen Schloßhotels die Lage, die Stille und die herrliche Aussicht. Den besten Ausblick hat man von der kleinen Caféterrasse außerhalb der Mauern, die die Morgen- und die Abendsonne einfängt, sowie von einigen Zimmern. Die Gästezimmer sind geräumig, charaktervoll und individuell gestaltet. Die schönsten, das Katharinenzimmer und das Appartement »Otto der Schütz«, eines mit Himmelbett und eines mit zwei Ebenen, befinden sich im alten Torhaus.

Die nicht sehr umfangreiche, aber gute Speisekarte bietet ebenso rustikalherzhafte Gerichte wie anspruchsvollere (und teurere) moderne Kreationen.

Umgebung: Klosterstraße; Melsungen (10 km) mit Rathaus und Fachwerkhäusern

34286 Spangenberg
Tel.: (05663) 866
Fax: (05663) 7567
Lage: auf einem Hügel über dem Ort, 36 km sö von Kassel; mit Terrasse und Parkplatz
Mahlzeiten: Frühstück, Mittag- und Abendessen
Preise: Zimmer D/DDDD incl. Frühstück; Mahlzeiten ab 42 DM
Zimmer: 24 Doppelzimmer (mit Einzelbetten), 4 mit Bad, 20 mit Dusche; 2 Einzelzimmer mit Dusche; 1 Familienzimmer mit Dusche; alle Zimmer mit Zentralheizung, Telefon, Radio, Fön, die meisten mit TV
Anlage: Speiseraum, Sitzecken, Konferenzräume, Weinbar, Terrasse, Hof
Kreditkarten: AE, DC, MC, V
Kinder: willkommen
Behinderte: keine speziellen Einrichtungen
Tiere: erlaubt (15 DM pro Nacht)
Geschlossen: Jan.; Restaurant So abend
Fremdsprachen: Englisch, Französisch
Manager: Wilfried Wichmann

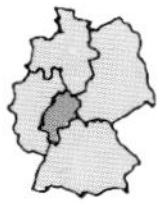

Hessen

Stadthotel, Bad Hersfeld

Zum Stern

Die erste Adresse, wenn man in diesem Kurort übernachten oder essen will: ein hübsches, blumengeschmücktes altes Hotel am Marktplatz. Terrasse und Innenhof. Gemütliche, holzgetäfelte Speiseräume und eine ausgezeichnete Küche. Individuell nach bestimmten Motiven gestaltete Gästezimmer. Swimmingpool.

Linggplatz 11, 36251 Bad Hersfeld **Tel.:** (06621) 1890 **Fax:** ((06621) 189260 **Mahlzeiten:** Frühstück, Mittag- und Abendessen **Preise:** Zimmer D/DDD **Zimmer:** 45, alle mit Bad oder Dusche, Zentralheizung, Telefon, TV, Radio, Fön, Minibar **Kreditkarten:** AE, DC, MC, V **Geschlossen:** Restaurant Fr mittag, Anfang Jan.

Stadtvilla, Bad Karlshafen

Haus Schöneck

Die kühlen, fast streng wirkenden Räume mit den weißgestrichenen Wänden passen zu dem zurückhaltenden Stil dieser um die Jahrhundertwende erbauten Villa. Hohe Bäume beschirmen die Kiesterrassen, die das Haus umgeben. Im Park gibt es Aussichtstürmchen und Grotten.

C.-D.-Stunz-Weg 10, 34381 Bad Karlshafen **Tel.:** (05672) 2066 **Fax:** (05672) 2950 **Mahlzeiten:** Frühstück, Mittag- und Abendessen **Preise:** Zimmer D/DDD incl. Frühstück; Mahlzeiten 28-40 DM **Zimmer:** 24, alle mit Bad oder Dusche, Zentralheizung, Telefon, TV, Minibar **Kreditkarten:** AE, DC, MC, V **Geschlossen:** nie **Fremdsprachen:** Englisch

Landhotel, Biebertal-Königsberg

Berghof Reehmühle

Ein hübsches, mit Kletterpflanzen überwuchertes und bemaltes Hotel. Die großen Fenster des schlichten Speiseraums bieten einen wunderschönen Blick auf den Blumengarten und die umliegende Landschaft. Rustikale Mansardenzimmer, deren Möbel mit Blumen bemalt sind.

Bergstr. 47, 35444 Biebertal **Tel.** & **Fax:** (06446) 360 **Mahlzeiten:** Frühstück, Mittag- und Abendessen **Preise:** Zimmer D/DD incl. Frühstück; Mahlzeiten 20-50 DM **Zimmer:** 8, alle mit Zentralheizung, Telefon, TV **Kreditkarten:** MC **Geschlossen:** 2 Wochen Mitte Aug.; Restaurant Mo **Fremdsprachen:** Englisch

Landpension und Metzgerei, Emstal-Sand

Grischäfer

Dieser aus mehreren rustikalen Häusern bestehende Gebäudekomplex liegt nur einige Kilometer von Kassel entfernt, aber man kommt sich hier wie in einer anderen Welt vor. Innen und außen dominiert freiliegendes Gebälk, zu dem die soliden Holzmöbel hervorragend passen.

Kasseler Str. 27, 34308 Emstal, Bad **Tel.:** (05624) 354 **Fax:** (05624) 8778 **Mahlzeiten:** Frühstück, Mittag-, Abendessen **Preise:** Zimmer D/DD incl. Frühstück **Zimmer:** 17, alle mit Dusche, Zentralheizung, Telefon **Kreditkarten:** keine **Geschlossen:** Mo **Fremdsprachen:** Englisch, Französisch, Spanisch

Hessen

Landhaushotel, Fischbachtal-Lichtenberg

Landhaus Baur

Ein anspruchsvolles ländliches Restaurant mit eigenem Grundstück, das zu einem Hotel geworden ist. Die Hauptattraktion bleibt aber weiterhin die Küche. Traditionell eingerichtete Gästezimmer im Hauptgebäude, modern möblierte im neuen Flügel.

Lippmannweg 15, 64405 Fischbachtal **Tel.:** (06166) 8318 **Fax:** 8841
Mahlzeiten: Frühstück, Mittag- und Abendessen **Preise:** Zimmer D/DD incl. Frühstück **Zimmer:** 10, alle mit Zentralheizung **Kreditkarten:** keine **Geschlossen:** 2 Wochen im Jan. und Nov.; Mo, Di bis 18.30

Stadthotel, Frankfurt am Main

Hotel Palmenhof

Eine komfortable Oase der Ruhe in einer Geschäftsmetropole. Die eleganten Gästezimmer sind in warmen Farben gehalten; das Mobiliar besteht aus einer gelungenen Mischung von antiken und modernen Stücken. Ebenso einladend ist das Restaurant Bastei, wo man zu Mittag oder zu Abend essen kann.

Bockenheimer Landstr. 89-91, 60325 Frankfurt am Main **Tel.:** (069) 7530060
Fax: (069) 75300666 **Mahlzeiten:** Frühstück, Mittag- und Abendessen
Preise: Zimmer DDD/DDDD incl. Frühstück; Mahlzeiten ab 39 DM **Zimmer:** 46, alle mit Bad oder Dusche, Zentralheizung, Telefon, TV, Fön, einige mit Minibar
Kreditkarten: AE, DC, MC, V **Geschlossen:** Mitte Dez. bis Jan.
Fremdsprachen: Englisch, Französisch

Stadthotel, Fulda

Goldener Karpfen

Ein gepflegtes, einladendes Stadthotel, das im traditionellen Stil gehalten ist. In den letzten Jahren ist es komplett renoviert worden. Vielfältige Küche mit Frischprodukten und regionalen Spezialitäten sowie großes Weinangebot. Die Gästezimmer sind komfortabel und geräumig. Parkplatz und Tiefgarage.

Simplizius-Platz 1, 36037 Fulda **Tel.:** (0661) 70044 **Fax:** (0661) 73042
Mahlzeiten: Frühstück, Mittag- und Abendessen **Preise:** Zimmer DD/DDDD incl. Frühstück; Mahlzeiten 30-80 DM **Zimmer:** 62, alle mit Zentralheizung, Telefon, TV, Radio, Fön, Minibar **Kreditkarten:** AE, DC, MC, V **Geschlossen:** 31. Dez. und 1. Jan. **Fremdsprachen:** Englisch, Französisch, Italienisch, Spanisch

Vorortvilla, Hanau

Hotel Birkenhof

Ein Hotel mit familiärer Atmosphäre, untergebracht in einem englischen Landhaus mit großem Garten. Dazu gehört auch das Gästehaus »Mellensee«. Moderne, komfortable Gästezimmer und reichhaltiges Frühstück mit hausgemachten Zutaten. 5 Autominuten von Hanau entfernt.

Von-Eiff-Str. 37-40, 63456 Hanau **Tel.:** (06181) 64880 **Fax:** 648839
Mahlzeiten: Frühstück, Abendessen, kleine Gerichte **Preise:** Zimmer DD/DDD incl. Frühstück **Zimmer:** 23, alle mit Bad, Zentralheizung, Telefon, TV, Radio, Minibar
Kreditkarten: AE, MC, V **Geschlossen:** Weihnachten **Fremdsprachen:** Englisch, Russisch

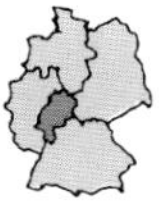

Hessen

Landhaushotel, Königstein im Taunus

Sonnenhof

Die romantische Villa, ein ehemaliger Sommersitz der Frankfurter Rothschilds, steht inmitten eines 8 ha großen Grundstücks, nur 20 Autominuten von Frankfurt entfernt. Sehr gemütliche, entspannte Atmosphäre; die erfolgte Umgestaltung gibt dem Haus einen Hauch von Frische.

Falkensteiner Str. 9, 61462 Königstein **Tel.:** (06174) 29080 **Fax:** (06174) 290875 **Mahlzeiten:** Frühstück, Mittag- und Abendessen, kleine Gerichte **Preise:** Zimmer DDD/DDDD incl. Frühstück **Zimmer:** 42, alle mit Bad oder Dusche, Zentralheizung, Telefon, TV, Radio **Kreditkarten:** AE, DC, MC, V **Geschlossen:** nie

Landhotel, Lich-Arnsburg

Alte Klostermühle

Wir hätten dieses Hotel auch als umgebautes Kloster oder als umgebaute Mühle oder Brauerei bezeichnen können, denn es ist von allem etwas: ein Gebäudekomplex inmitten eines Laubwalds. Mehrere rustikal eingerichtete Speiseräume sowie viele Gästezimmer mit schönen alten Möbeln.

35423 Lich **Tel.:** (06404) 2020 **Fax:** (0604) 4867 **Mahlzeiten:** Frühstück, Mittag- und Abendessen, kleine Gerichte **Preise:** Zimmer D/DDD incl. Frühstück; Mahlzeiten 36-89 DM **Zimmer:** 25, alle mit Dusche, Zentralheizung, Telefon, TV, Radio, einige mit Minibar **Kreditkarten:** AE, DC, MC, V **Geschlossen:** Mo, Di mittag

Stadthotel, Limburg an der Lahn

Romantik-Hotel Zimmermann

Die Innenräume dieses recht unscheinbaren Hotels in der Nähe der hübschen Altstadt von Limburg überraschen durch elegante antike Möbel, reiche Dekostoffe und Gemälde mit schweren Goldrahmen. Kürzlich wurde das Haus renoviert.

Blumenröder Str. 1, 65549 Limburg **Tel.:** (06431) 4611 **Fax:** (06431) 41314 **Mahlzeiten:** Frühstück, Abendessen **Preise:** Zimmer DD/DDDD incl. Frühstück; Abendessen ab 40 DM **Zimmer:** 30, alle mit Zentralheizung, Telefon, TV, Fön, Minibar **Kreditkarten:** AE, DC, MC, V **Geschlossen:** 20. Dez. bis 6. Jan. **Fremdsprachen:** Englisch, Französisch

Stadtvilla, Nidda-Bad Salzhausen

Hotel Jäger

Ein feudal umgebautes ehemaliges Sanatorium mit viel Gold und Glas in den Innenräumen. Die eleganten, modernen Gästezimmer sind in sanften, harmonischen Farben gehalten. Einige davon gehen auf den hübschen Garten hinter dem Haus hinaus. Luxuriöse Bäder.

Kurstr. 9-13, Postfach 2109, 63667 Nidda **Tel.:** (06043) 4020 **Fax:** (06043) 402100 **Mahlzeiten:** Frühstück, Mittag- und Abendessen **Preise:** Zimmer DDD/DDDD incl. Frühstück; Mahlzeiten 70 DM **Zimmer:** 29, alle mit Bad oder Dusche, Zentralheizung, Telefon, TV, Minibar **Kreditkarten:** AE, DC, MC, V **Geschlossen:** nie **Fremdsprachen:** Englisch, Französisch

Ostdeutschland

Überblicksartikel

Hotels in Ostdeutschland

Die tiefgreifenden Veränderungen der politischen Landkarte Europas haben für Reisende wie für Verlage mit Reiseliteratur interessante neue Möglichkeiten gebracht – doch zugleich auch beträchtliche Probleme.

Das vereinte Deutschland ist rund 40 Prozent größer geworden als die frühere Bundesrepublik; die ehemalige DDR aber hat als internationales Reiseland kaum eine Rolle gespielt; entsprechend mager war das Hotelangebot. Doch inzwischen wollen immer mehr Menschen ins östliche Deutschland reisen.

Obwohl die Wiedervereinigung viel größere soziale und wirtschaftliche Probleme mit sich brachte, als man 1989 vorhersehen konnte, haben die großen Hotelketten doch von Anfang an im östlichen Deutschland investiert.

Prachtvolle Gebäude, die das alte Regime dem Verfall preisgegeben hatte, wurden aufgekauft und nach westlichem Geschmack modernisiert – mit mehr oder weniger Erfolg.

Kempinski war bei der Rekonstruktion des alten Taschenbergpalais in Dresden beteiligt, dessen historische Fassade glücklicherweise erhalten blieb. Das neue Hotel konnte 1995 eröffnet werden (Tel.06102/500020) und bringt mit 213 Zimmern neue, anspruchsvolle Unterbringungsmöglichkeiten in die mit Hotels noch immer chronisch unterversorgte Stadt. Außer dem noblen Grand Hotel *Kempinski* können wir in Dresden das Alpha empfehlen, ein schön restauriertes altes Haus mit 75 Zimmern (Tel. 06102/5022441).

Berlin, das zu DDR-Zeiten mit guten, stilvollen Hotels eine Oase war, hat weiterhin das größte Angebot an hübschen, imposanten und modernen Hotels. Außer den auf den folgenden Seiten erwähnten gibt es angenehme Häuser mit persönlicher Atmosphäre, darunter den wirklich feinen *Seehof*, nicht zu weit außerhalb und doch in ruhiger Seeuferlage von Charlottenburg (Tel. 030/320020, 77 Zimmer); das *Belvedere*, eine kleine Villa in der guten Wohngegend Grunewald (Tel. 030/8261077, 19 Zimmer); die geschmackvolle, aber doch preiswerte *Pension Wittelsbach* in Wilmersdorf (Tel. 030/876345, 37 Zimmer). Aber auch anderswo kennen wir eine Anzahl interessanter Unterbringungsmöglichkeiten; über sie sind uns weitere Mitteilungen und Erfahrungen willkommen: Nur 10 Minuten mit der Straßenbahn vom Dresdner Stadtzentrum entfernt liegt die kleine *Pension Altriesnitz*, rustikal, aber doch mit bester moderner Ausstattung (Tel. 0351/423900, 7 Zimmer); der *Landgasthof Müller*, hoch oben auf einem Hügel in Königstein, besitzt einen heimeligen Charme, von der langen Veranda kann man auf den Fluß hinunterschauen (Tel. 035022/2794. 5 Zimmer): die hübsche und bequem ausgestattete *Villa Zeitz* steht in Zeitz (Tel. 03441/713826); das behagliche Hotel *Felsenberg* schließlich befindet sich in Bärenfels (Tel. 035052/20450).

In diesem Abschnitt weichen wir vom üblichen Schema des Buches ab und behandeln ganz Ostdeutschland in einem einzigen Kapitel. Wie oben erwähnt, reichen die vorhandenen Informationen über Hotels in den neuen Bundesländern in vielen Fällen für einen Eintrag noch nicht aus. Nach dieser Einführung folgen zwei neue, ausführliche Einträge, ein Hotel liegt an der Ostseeküste, wo es inzwischen mehrere neue Häuser gibt, das andere in Magdeburg. Vorschläge unserer Leser zur Ergänzung dieses Kapitels sind uns ganz besonders willkommen.

Ostdeutschland

Stadthotel, Bad Doberan

Kurhotel

Gewiß, es sieht aus wie eine weiße Kaserne, und es sind 60 Zimmer darin, aber dieses Hotel hat etwas, was vielen Häusern in Ostdeutschland heute noch abgeht – Stil. Immerhin wurden hier manche anderswo im Namen der Moderne begangenen Bausünden vermieden. Das Gebäude, 1793 erbaut, war ursprünglich Gästehaus des Herzogs Friedrich Franz von Mecklenburg; es hat im Laufe seiner Geschichte verschiedene Neuanfänge erlebt, bevor man in den 80er Jahren an seine Restauration ging. Durch weitere Renovierungsarbeiten im Jahr 1992 ist nun ein repräsentatives Kurhotel entstanden, das sich auch nach internationalem Stand sehen lassen kann.

Die Ausstattung im Laura-Ashley-Stil mit entsprechenden Stoffen in Pastellfarben findet gewiß viele Liebhaber; die Zimmer sind reizend eingerichtet, besonders eindrucksvoll präsentieren sich die Räume im Dachgeschoß, wo die Schrägen durch Streifentapeten noch unterstrichen werden. Jedenfalls hat man hier das Geld gut angelegt. Biedermeiermöbel zieren die Gasträume im Erdgeschoß; Stiche aus der langen Geschichte von Bad Doberan hängen an pastellfarbenen Wänden und unterstreichen den angenehm freundlichen Charakter des Hauses. Auf kulinarischem Gebiet gibt es allerdings noch einiges dazuzulernen. Die Küche bietet vorwiegend schwere regionale Gerichte.
Umgebung: Molli-Eisenbahn; Ahrenshoop (25 km), die Malerkolonie

Am Kamp, 18209 Bad Doberan
Tel.: (038203) 3036
Lage: im Stadtzentrum gegenüber vom Park; 10 km von Rostock; genügend öffentliche Parkplätze
Mahlzeiten: Frühstück, Mittag- und Abendessen, Imbisse
Preise: Zimmer DD/DDD incl. Frühstück; Mahlzeiten ab 25 DM
Zimmer: 50 Doppelzimmer (10 mit Einzelbetten), 10 Einzelzimmer, alle mit Bad, Zentralheizung, Telefon, Fön, TV, Radio, die meisten mit Minibar
Anlage: Speiseraum, Restaurant, Bar; Terrasse, Sauna, Solarium
Kreditkarten: AE, MC, V
Kinder: willkommen
Behinderte: keine speziellen Einrichtungen
Tiere: nur kleinere Hunde
Geschlossen: 20. bis 24. Dez.
Fremdsprachen: Englisch, Französisch
Besitzer: Horst Werner Metz

Ostdeutschland

Stadtvilla, Berlin

Landhaus Schlachtensee

Es ist kaum zu glauben, daß diese herrliche, um die Jahrhundertwende errichtete Landhausvilla mitten in einer Großstadt steht. Das Haus befindet sich in einer sehr ruhigen Nebenstraße, in der Nähe von mehreren Seen, zu denen auch der gleichnamige Schlachtensee gehört – abseits vom geschäftigen Zentrum Berlins und mit der U-Bahn doch nur einen Katzensprung entfernt.

Die auf drei Stockwerke verteilten Gästezimmer sind dem Landhauscharakter entsprechend recht groß, aber komfortabel und stilvoll eingerichtet: hell und luftig, in ruhigen graublauen Tönen gehalten, mit modernen, eleganten Möbeln und effektvoller Beleuchtung. Zu jedem der gemütlichen Zimmer gehört ein eigenes Bad. Drei der Gästezimmer verfügen über einen Balkon; sechs liegen im Erdgeschoß.

Der helle Frühstücksraum erhält durch Bilder aktueller Berliner Künstler an den weißen Wänden Galeriecharakter. Eine Tür führt von dort zur Terrasse und zum Garten. Bei schönem Wetter wird das Frühstück auch auf der Terrasse serviert. Wie die meisten Berliner Hotels hat das Landhaus Schlachtensee keinen Mangel an Gästen, so daß man sein Zimmer mindestens einen Monat vorher reservieren lassen sollte.

Umgebung: Kurfürstendamm, Checkpoint Charlie; Bootfahrten auf dem Wannsee, Museum Dahlem, Schloß Charlottenburg; Ausflüge in viele Städte der ehemaligen DDR

Bogotastr. 9, 14163 Berlin
Tel.: (030) 8160060
Fax: (030) 81600664
Lage: in einem ruhigen Vorort (Zehlendorf), 10 km vom Kudamm entfernt; Parkmöglichkeiten vor dem Haus und auf dem Grundstück
Mahlzeiten: Frühstücksbüfett (7 bis 12 h), kleine Gerichte auf Anfrage
Preise: Zimmer DDD/DDDD incl. Frühstücksbüfett
Zimmer: 16 Doppel-, 2 Einzel-, 1 Familienzimmer; alle mit Bad, Zentralheizung, Telefon, Fön, Kabel-TV, Minibar, Radio, Hosenbügler
Anlage: Frühstücksraum mit Terrasse; Garten, Fahrräder
Kreditkarten: AE, MC, V
Kinder: willkommen
Behinderte: nicht geeignet
Tiere: erlaubt
Geschlossen: nie
Fremdsprachen: Englisch, Französisch, Italienisch, Spanisch
Besitzer: Jürgen Wasmann, Jürgen Rühle

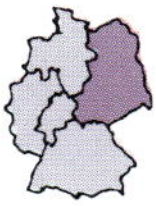

Ostdeutschland

Landgasthof, Klein-Briesen

Parkhotel Juliushof

Der Juliushof liegt so romantisch im tiefen Wald, daß man meint, hier müßte Rotkäppchens Großmutter zu Hause gewesen sein. Das frühere DDR-Jagdhaus ist natürlich nichts für Leute, die den strahlenden Glanz der Großstadt lieben, sondern wendet sich eher an Naturliebhaber und sportliche Leute, die gern jagen, schießen und angeln.

Lassen Sie sich nicht vom etwas düsteren Blockhausstil abschrecken, der Juliushof ist ein wirklich komfortables Hotel. Es hat acht Suiten, die alle gut ausgestattet sind und aus Wohnraum, Ankleide und relativ großem Bad bestehen. Ein separates Häuschen in der Nähe hat zusätzlich zwei Doppel- und zwei Einzelzimmer. Die Farben der Räume sind gedämpft, die Möbel etwas ungewöhnlich, aber bequem.

Ein verzeihlicher Hang zum Rustikalen wird im Speiseraum deutlich, wo Geweihe und andere Trophäen die Wände schmücken. Die Küche bietet, wie man es hier nicht anders erwartet, Wildspezialitäten und heimische Forellen; doch es gibt auch gute Salate für Fleischverächter. Jeder Gast aber wird den kräftig-würzigen Duft des umgebenden Kiefernwaldes genießen, der das besondere Markenzeichen des Juliushofs ist.

Umgebung: Angeln, Wandern

14806 Klein-Briesen (Kreis Belzig)
Tel.: (033846) 245
Fax: (033846) 245
Lage: im Wald, 20 km südlich von Brandenburg nahe der B 102; genügend Parkplätze auf dem Gelände
Mahlzeiten: Frühstück, Mittag- und Abendessen
Preise: Zimmer DD/DDD incl. Frühstück; Mahlzeiten ab 25 DM
Zimmer: 2 Doppelzimmer, 2 Einzelzimmer, 8 Suiten, alle mit Bad, Zentralheizung, Telefon, TV, Minibar
Anlage: Speiseraum, Frühstücksraum, Terrasse; Sauna, Tennis, Angeln, Schießen
Kreditkarten: AE, MC
Kinder: willkommen
Behinderte: Zugang zu Erdgeschoßzimmern
Tiere: erlaubt
Geschlossen: nie
Fremdsprachen: Englisch
Besitzer: W.-J. Stolte

Ostdeutschland

Ferienhotel an der See, Kühlingsborn

Apartmenthotel Röntgen

Der Duft nach frischgebackenem Brot ist nur einer der Vorzüge dieses innovativen Hotels mit Apartments, die man auch für einzelne Tage buchen kann. Die nette Familie Röntgen, der das anschließende Café-Restaurant gehört, hat eine Bäckerei im Haus und liefert Gästen, die sich ihr Frühstück selbst machen wollen, täglich frische Brötchen. Man kann aber auch bis 14 Uhr im Café frühstücken. Die Apartments sind zeitlos, ganz in Weiß gehalten und mit geblümten Sofas und Sesseln sowie gemusterten Teppichen auf Holzböden hübsch ausgestattet. Der Eßplatz ist mit einem soliden Holztisch und Polsterstühlen möbliert. Die Bäder glänzen makellos weiß.

Alles wurde gründlich durchdacht, seit die Besitzer beschlossen, ihr Haus von 1908 zu renovieren und auszubauen; Eröffnung war 1994. Hier sollen sich die Gäste auch im Urlaub wie zu Hause fühlen. Für Kinder gibt es kostenlos Spiele für drinnen und draußen.

Die Verkaufsfläche der Bäckerei ist ein Schauraum mit roten Wänden und dem Monogramm des Hauses in Gold: in der langen Theke stehen köstliche Kuchen und Torten. Das Rot kehrt auch in der Möblierung des Cafés wieder, etwa in den schönen Tischplatten; es gibt einen gemütlichen Ofen und eine sonnige Terrasse.

Umgebung: Rostock mit Schiffahrtsmuseum, Hafen und Inselfahrt, Dom von Bad Doberan.

Strandisstraße 30A, 18225 Kühlingsborn
Tel.: (038293) 7810
Fax: (038293) 78199
Lage: unmittelbar am Stadtwald, zu Fuß 4 Minuten zum Strand, 1 Minute ins Stadtzentrum; Parkplatz gleich beim Hotel
Mahlzeiten: kann man selbst zubereiten; den ganzen Tag im Café-Restaurant
Preise: DDD/DDDD
Zimmer: 17 Apartments, 3 Einzimmer-, 12 Zweizimmer-, 2 Dreizimmerwohnungen; alle mit eingerichteter Küche, Bad, Telefon, Faxanschluß (Fax kann man ausleihen), TV, Radio
Anlage: Eßplatz, Schreibtisch, komfortable Sitzecke; Küche mit Kühlschrank, Gefriergerät, Geschirrspüler, Herd
Kreditkaten: AE, MC, V
Kinder: sehr willkommen
Behinderte: keine besonderen Einrichtungen; im Café ein Spezial-WC **Tiere:** willkommen
Geschlossen: nie
Fremdsprachen: Englisch
Besitzer: Familie Röntgen

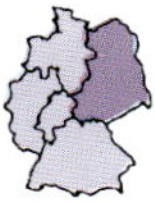

Ostdeutschland

Stadtvilla, Magdeburg

Residenz Joop

Wir haben inzwischen viele lobende Briefe über dieses Hotel bekommen. Bernd und Ursula Joop haben das prächtige alte Haus, das früher einmal dem schwedischen Konsul, dem Großvater des Besitzers, gehörte, restauriert. Zarte Farben, wie Elfenbein oder Creme, unterstreichen noch die Weite der großzügig bemessenen Zimmer mit großen Fenstern; von den meisten sieht man in das ausgedehnte, üppige Gelände hinunter. Bambusstühle mit blaurosa Blumenkissen und moderne Drucke an den Wänden sorgen für sommerliche Gefühle.

Sonniges Gelb herrscht im hellen Frühstücksraum vor, wo die Kronleuchter an die Konsulatsära erinnern. Eine oben an den Spitzengardinen mit Volants angebrachte Draperie aus hellgelbem Stoff verstärkt den fröhlichen Eindruck noch.

Das reichverzierte Obergeschoß macht das Haus mit der weißen Stuck- und Ziegelfassade gemütlich; alle Zimmer sind gediegen und makellos gepflegt. Sicher gehen die begeisterten Berichte, die wir bekommen haben, auch auf die persönliche Betreuung durch die Joops zurück, die ihr Haus 1993 eröffnet haben. **Umgebung:** Gotische Kathedrale, Puppentheater; der Harz

Jean-Burger-Straße 16, 39112 Magdeburg
Tel.: (0391) 62620
Fax: (0391) 6262100
Lage: in einem ruhigen Wohnviertel des Stadtzentrums; großer Parkplatz auf dem Gelände
Mahlzeiten: Frühstück
Preise: DDD/DDDD
Zimmer: 16 Doppelzimmer, 9 Einzelzimmer; alle Zimmer mit Bad oder Dusche, Zentralheizung, Telefon, Fax, Minibar, Satelliten-TV
Anlage: Aufenthaltsraum
Kreditkarten: AE, DC, MC, V
Kinder: willkommen
Behinderte: keine besonderen Einrichtungen
Tiere: nicht erlaubt
Geschlossen: 20. Dez. bis 10 Jan.
Fremdsprachen: Englisch
Besitzer: Bernd und Ursula Joop

Ostdeutschland

Landhaushotel, Berlin

Forsthaus Paulsborn

Ein verschnörkeltes, reizvolles Jagdhaus, das im 19. Jahrhundert in einem prächtigen Stil errichtet worden ist und in einem wunderschönen bewaldeten Park am Grunewaldsee steht. Gedämpfte Farbkombinationen, schmiedeeiserne Lampen und Jagdtrophäen.

Am Grunewaldsee, 14193 Berlin **Tel.:** (030) 8138010 **Fax:** (030) 8141156 **Mahlzeiten:** Frühstück, Mittag- und Abendessen **Preise:** Zimmer DD/DDD incl. Frühstück; Mahlzeiten 15-50 DM **Zimmer:** 10, alle mit Bad oder Dusche, Zentralheizung, Telefon, TV, Fön, Minibar **Kreditkarten:** AE, DC, MC, V **Geschlossen:** Restaurant Mo **Fremdsprachen:** Englisch, Französisch, Italienisch

Stadthotel, Berlin

Hecker's Hotel

Ein stilvolles, luxuriöses, modernes Hotel, nur eine Gehminute vom Kurfürstendamm entfernt. Bei den Gästezimmern kann man wählen zwischen klassisch oder modern eingerichteten Zimmern und zwischen Zimmern für Raucher oder Nichtraucher. Das Restaurant, Hecker's Deele, bietet bis spät in die Nacht regionaltypische Spezialitäten.

Grolmannstr. 35, 10623 Berlin **Tel.:** (030) 88900 **Fax:** (030) 8890260 **Mahlzeiten:** Frühstück, Mittag- und Abendessen **Preise:** Zimmer DDD/DDDD; Frühstück 15 DM, Mahlzeiten 35-60 DM **Zimmer:** 52, alle mit Bad oder Dusche, Zentralheizung, Telefon, TV, Radio, Fön, Minibar **Kreditkarten:** AE, DC, MC, V **Geschlossen:** nie **Fremdsprachen:** Englisch, Französisch, Italienisch, Spanisch

Burggasthof, Eisenach

Auf der Wartburg

Hotelgäste dürfen an Parkverbotsschildern vorbei direkt auf den Burgkomplex aus dem 11. Jh. hinauffahren. Man kann die herrliche Aussicht bewundern und dann (vor 19 Uhr, wenn man zu Abend essen will) in die düstere historische Atmosphäre eintauchen, die durch die recht gemischte Möblierung der Räume kaum beeinträchtigt wird.

99817 Eisenach **Tel.:** (03691) 5111 **Fax:** (03691) 5111 **Mahlzeiten:** Frühstück, Mittag- und Abendessen **Preise:** Zimmer DDD/DDDD incl. Frühstück **Zimmer:** 28, alle mit Zentralheizung, Telefon, TV **Kreditkarten:** AE, MC **Geschlossen:** nie

Hotel am See, Groß Nemerow

Bornmühle

In der bewaldeten Parklandschaft am Tollensesee gelegen. Obwohl das Haus im bäuerlichen Stil – niedrig und langgestreckt mit steilem Dach – neu erbaut wurde, vermittelt es doch eine behagliche Atmosphäre. Die Gastzimmer mit Seeblick sind den Aufschlag wert.

Bornmühle 35, 17094 Groß Nemerow **Tel.:** (039605) 361 **Fax:** (039605) 360 **Mahlzeiten:** Frühstück, Mittag- und Abendessen **Preise:** Zimmer DDD/DDDD incl. Frühstück **Zimmer:** 42, alle mit Dusche, Zentralheizung, Telefon, Minibar, Radio **Kreditkarten:** AE, DC, MC, V **Geschlossen:** nie **Fremdsprachen:** Englisch

Ostdeutschland

Stadtgasthof, Heiligenstadt

Traube

Türmchen und Fachwerk zieren dieses Hotel der Jahrhundertwende an der Hauptstraße stadtauswärts. Familie Kitter legt von den blitzsauberen Gästezimmern bis zur Küche einen hohen Standard vor. Mit der Leistung der Küche zeigten sich die Gäste recht zufrieden.

Bahnhofstr. 2, 91332 Heiligenstadt/Eichsfeld **Tel.:** (0306) 2253 **Fax:** (0306) 360 **Mahlzeiten:** Frühstück, Mittag- und Abendessen **Preise:** Zimmer D/DD incl. Frühstück; Mahlzeiten ab 20 DM **Zimmer:** 11, alle mit Bad oder Dusche, Zentralheizung, Telefon **Kreditkarten:** keine **Geschlossen:** nie

Strandhotel, Heringsdorf

Diana

Die reizvolle Villa der Jahrhundertwende hat Atmosphäre und Möblierung ihrer jüngeren Vergangenheit abgelegt und sieht wieder aus wie das Domizil des Bankiers Bleichröder, das es früher war. Suiten mit Seeblick im Haupthotel, einfachere Zimmer im Anbau. Köstliches Frühstück.

Delbrückstr. 14, 17424 Heringsdorf **Tel.:** (038378) 31952 **Fax:** (038378) 31953 **Mahlzeiten:** Frühstück **Preise:** D/DDDD incl. Frühstück; Kinder unter 6 Jahren kostenlos **Zimmer:** 10, alle mit Bad oder Dusche, Zentralheizung, Telefon, Fön, TV, Minibar, Radio **Kreditkarten:** AE, DC, MC, V **Geschlossen:** 1. bis 24. Dez. **Fremdsprachen:** Englisch, Spanisch

Stadthotel, Heringsdorf

Residenz Neuhof

Das auf einer Halbinsel an der polnischen Grenze gelegene frühere Erholungsheim der Gewerkschaft wurde nach westlichem Geschmack und Chic umgestaltet. Man kann sich die im eleganten Restaurant Marron d'Or servierten Speisen bei einem strammen Marsch am Strand wieder ablaufen.

Kanalstr. 7, 17424 Heringsdorf **Tel.:** (038378) 32000 **Fax:** (038378) 2943 **Mahlzeiten:** Frühstück, Mittag- und Abendessen **Preise:** Zimmer D/DDDD incl. Frühstück; Kinder unter 12 Jahren 50% Preisnachlaß; Mahlzeiten ab 20 DM **Zimmer:** 35, alle mit Dusche, Zentralheizung, Telefon, TV **Kreditkarten:** AE, MC, V **Geschlossen:** nie

Strandhotel, Kühlungsborn

Residenz Waldkrone

Das frühere Urlaubsheim hat eine vornehme Note bekommen. Korbmöbel, pastellfarbene Drucke und weiches Licht heben das freundliche Hotel über das in Ostdeutschland sonst übliche Niveau hinaus. Als weitere Attraktion kommt der Sandstrand hinzu.

Tannenstr. 4, 18225 Kühlungsborn **Tel.:** (038293) 596 **Fax:** (038293) 6187 **Mahlzeiten:** Frühstück, Mittag- und Abendessen **Preise:** Zimmer DD/DDDD incl. Frühstück; Mahlzeiten ab 20 DM **Zimmer:** 21, die meisten mit Bad oder Dusche, alle mit Zentralheizung, Telefon, Fön, TV, Radio **Kreditkarten:** AE, MC, V **Geschlossen:** nie **Fremdsprachen:** Englisch

Ostdeutschland

Landgasthof, Lichtenhain

Berghof Lichtenhain

Vom hübschen, rustikalen Restaurant des im Nationalpark gelegenen kleinen Gasthauses bietet sich ein phantastischer Blick. Die Zimmer sind ordentlich ausgestattet. Es gibt einen Biergarten.

Am Anger 3, 01855 Kirnitzschtal, OT Lichtenhain **Tel.:** (035971) 6512 **Fax:** (035971) 6513 **Mahlzeiten:** Frühstück (incl.), Mittag- und Abendessen **Preise:** D/D **Zimmer:** 21 Doppelzimmer mit Dusche, TV; 5 mit Zentralheizung und Telefon, die anderen mit Elektroheizung **Kreditkarten:** keine **Geschlossen**: gelegentlich im Winter

Dorfhotel, Moraas

Heidehof

Zwei strohgedeckte Landhäuser – eins als Stube, das andere als Hotel eingerichtet – wurden erst vor kurzem umgebaut, sind aber schon recht bekannt; Vorbestellung ist deshalb ratsam. Ruhige Lage am Dorfteich.

Hauptstr. 15, 19230 Moraas **Tel.:** (0855) 45238 **Fax:** (0855) 45238 **Mahlzeiten:** Frühstück, Mittag- und Abendessen **Preise:** Zimmer D/DD incl. Frühstück; Mahlzeiten ab 20 DM **Zimmer:** 10, alle mit Bad oder Dusche, Zentralheizung, TV **Kreditkarten:** keine **Geschlossen:** nie **Fremdsprachen:** Englisch

Hotel am See, Netzen

Seehof

Hauptattraktion ist die herrliche Lage am See, wo die Gäste angeln, segeln oder rudern können – solche Aktivitäten lenken von der Einsamkeit ab. Innen beleben Grau- und Brauntöne die recht spartanische Atmosphäre kaum; aber man hat seine Bequemlichkeit.

Am See, 14797 Netzen **Tel.:** (03382) 807 **Fax:** (03382) 842 **Mahlzeiten:** Frühstück, Mittag- und Abendessen **Preise:** Zimmer DD/DDD; Frühstück 14 DM; Mahlzeiten ab 15 DM **Zimmer:** 32, alle mit Bad, Zentralheizung, Telefon, TV, Minibar, Radio **Kreditkarten:** MC, V **Geschlossen:** nie **Fremdsprachen:** Englisch

Landhotel, Potsdam

Schloß Cecilienhof

Ein Anwesen im Stil der Jahrhundertwende mit bewegter Geschichte, heute ein modernisiertes Hotel mit Museum. Im Innern herrscht gediegene Eleganz vor; eindrucksvolle Aussicht auf die umgebenden Gärten. Gepflegte Küche.

Im Neuen Garten, 14469 Potsdam **Tel.:** (0331) 37050 **Fax:** (0331) 22498 **Mahlzeiten:** Frühstück, Mittag- und Abendessen **Preise:** Zimmer DDD/DDDD incl. Frühstück **Zimmer:** 42, alle mit Zentralheizung, Telefon, TV, Radio, Fön, Minibar **Kreditkarten:** AE, DC, MC, V **Geschlossen:** nie **Fremdsprachen:** Englisch

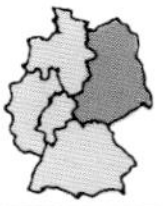

Ostdeutschland

Umgebautes Holzfällerhaus, Rügen

Baumhaus

Die Oberhardts haben das strohgedeckte Haus aus dem 18. Jh. im Nationalpark Jasmund in einen angenehm schlichten Ausgangspunkt für Naturstudien verwandelt. Ein neues Restaurant wurde zur Ergänzung der bequemen Apartments eingerichtet.

18551 Hagen auf Rügen **Tel.:** (038392) 22310 **Mahlzeiten:** Frühstück **Preise:** Apartments DD/DDD incl. Frühstück **Zimmer:** 8, alle mit Bad, Zentralheizung, Telefon, TV, Minibar **Kreditkarten:** keine **Geschlossen:** 15. Nov. bis 15. Dez.

Stadthotel, Waren

Hotel Ingeborg

Das angenehme Hotel, nicht weit von Hafen und Kirche, ist mit Geschmack ausgestattet, vor allem die Aufenthaltsräume und das Café, das auch bei Einheimischen beliebt ist. Die Zimmer mit den weißen Wänden sind groß genug und mit hübschen Holzmöbeln eingerichtet.

17192 Waren **Tel.:** (03991) 61300 **Fax:** (03991) 613030 **Mahlzeiten:** Frühstück **Preise:** DD/DDD incl. Frühstück **Zimmer:** 10 Doppelzimmer, 17 Einzelzimmer, 1 Suite; alle mit Dusche, Zentralheizung, Telefon, TV, Minibar **Kreditkarten:** AE, DC, MC, V **Geschlossen:** nie **Fremdsprachen:** Englisch

Seehotel, Warnemünde-Diedrichshagen

Landhaus Frommke

Dieses Haus bietet den angenehm einheitlichen Anblick eines gut geplanten neuen Hotels. Hübscher Frühstücksraum, große, gut ausgestattete Zimmer; natürlicher Garten, Hallenbad, Sauna, Solarium und Fitneßraum.

Stoltoraser Weg 3, 18119 Warnemünde-Diedrichshagen **Tel.:** (0381) 5191904 **Fax:** (0381) 5191905 **Mahlzeiten:** Frühstück **Preise:** DD/DDD **Zimmer:** 7 Doppelzimmer, 1 Einzelzimmer, 1 Suite; alle mit Dusche, Telefon, Zentralheizung, TV, Minibar **Kreditkarten:** AE, DC, MC, V **Geschlossen:** nie **Fremdsprachen:** Englisch, Russisch

Baden-Württemberg

Überblicksartikel

Hotels in Baden-Württemberg

Das Bundesland Baden-Württemberg besitzt zahllose Natursehenswürdigkeiten, angefangen von Mannheim und Heidelberg im Norden über Weil im Südwesten bis Konstanz im Südosten. Der Schwarzwald, berühmt für seine Kuckucksuhren, strohgedeckten Bauernhäuser und herrlichen Fichtenwälder, erstreckt sich über eine Länge von 170 Kilometern. Die Urlauber kommen in erster Linie, um zu wandern oder Ski zu fahren, und finden dort auch zahlreiche einfache Unterkünfte, von denen viele mit eigenen Einträgen vorgestellt werden. Als Alternativen bieten sich zusätzlich an: *Linde* (Tel. 07636/447, Fax 1632, 12 Zimmer), ein malerisches Landgasthaus im Münstertal, südlich von Freiburg; und das Gourmet-Lokal *Hirschen* in Sulzburg (Tel. 07634/8208, Fax 6717, 7 Zimmer). Auch gibt es das *Kloster Hirsau* (Tel. 07051/5621, Fax 51795, 42 Zimmer) in Calw, zwischen Baden-Baden und Stuttgart; es ist in einem Teil der berühmten ehemaligen Benediktinerabtei untergebracht und bietet eine gute Küche.

Im sandigen Norden liegt unweit des Rheins Karlsruhe, ein Verwaltungs- und Industriezentrum, Sitz des Bundesverfassungsgerichts und wichtiger Eisenbahnknotenpunkt. Das renovierte *Schloßhotel* (Tel. 0721/35040, Fax 3504413, 97 Zimmer) bietet einen hohen Standard.

Die weiter südlich gelegene Landeshauptstadt Stuttgart, die Geburtsstadt von Gottlieb Daimler und Carl Benz, lockt viele Autofreunde an, die hier das Daimler-Benz-Museum besuchen. Es ist jedoch fast unmöglich, hier ein kleines, reizvolles Hotel zu finden, aber wir empfehlen das *Wörtz zur Weinsteige* (Tel. 0711/245396, Fax 6407279, 23 Zimmer), einen ruhig gelegenen Familienbetrieb mit schöner Gartenterrasse. Im nahen Plieningen befindet sich die *Traube* (Tel. 0711/458920, Fax 4589220, 22 Zimmer), ein Landgasthof, der für seine gute Küche berühmt ist. Als Alternative bietet sich die ländliche *Gaststätte zum Muckenstüble* (Tel. 0711/865122, 25 Zimmer) an.

Der flachere Ostteil Baden-Württembergs ist weniger mit Hotels gesegnet als der Westen. In Ulm, einem an der Donau gelegenen Geschäftszentrum, das für sein Münster berühmt ist, können wir als kleines Hotel lediglich den *Ulmer Spatz* (Tel. 0731/68081, Fax 6021925, 36 Zimmer) empfehlen: zentrale, aber ruhige Lage mit Terrasse und sehr vernünftigen Preisen. Sobald man den Bodensee erreicht, wird nicht nur das Klima milder, sondern auch die Suche nach geeigneten Hotels einfacher. Auf der Insel Reichenau befindet sich beispielsweise das *Hotel Seeschau* (Tel 07534/257, Fax 7894, 23 Zimmer) mit wunderschönem Blick auf den See.

Die alte Universitätsstadt Heidelberg ist im Sommer von Touristen überlaufen. Etwas weiter abseits vom Neckar liegt das ruhigere Schönau mit dem *Pfälzer Hof* (Tel. 06228/8288, 13 Zimmer). Nördlich der Stadt empfehlen wir in einem schönen, bewaldeten Tal bei Hemsbach den *Watzenhof* (Tel. 06201/7767, Fax 73777, 13 Zimmer).

Auf dieser Seite werden empfehlenswerte Hotels in Baden-Württemberg vorgestellt, die keinen eigenen Eintrag erhalten. Die langen Einträge mit den Hotels, von denen wir am meisten begeistert waren, beginnen auf der nächsten Seite. Wir waren jedoch auch von den Hotels angetan, die hier nur mit Kurzeinträgen (ab S. 138) berücksichtigt werden.

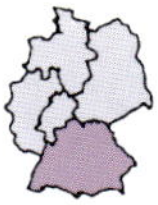

Baden-Württemberg

Stadthotel, Baden-Baden

Hotel am Markt

Wer in diese mondäne Stadt im Schwarzwald kommt, um eine Kur zu machen, ein Pferderennen zu besuchen oder in den Jet-set-Kreisen zu verkehren, kann zwischen zahllosen Luxushotels wählen. Wenn man aber etwas weniger Großartiges sucht, dürfte dieses einfache kleine Hotel genau das richtige sein. Es hat eine wunderbare Lage direkt im Zentrum des ältesten Teils der Stadt, an einem kleinen Platz mit Kopfsteinpflaster neben der Stiftskirche. Die kleine Terrasse, auf der Getränke serviert werden, geht auf diesen Platz.

Die Familie Bogner bietet beim Service und bei der Unterbringung einen hohen Standard zu bemerkenswerten Preisen. Für einen Zuschlag von nur 12 DM gibt es in dem einfachen, aber gemütlichen Speiseraum, der ausschließlich Hotelgästen vorbehalten ist, ein gutes Abendessen (wenn man allerdings spät ankommt, kann die Küche schon geschlossen sein). Bei dem ordentlichen Frühstück hat man die Wahl zwischen mehreren Brotsorten. Die Gästezimmer sind sehr sauber und gemütlich. Der Salon wird von einem Fernsehgerät beherrscht, aber man kann auch auf der Terrasse sitzen oder die Stadt erkunden.
Umgebung: Kureinrichtungen, Spielcasino, Lichtentaler Allee; Ausflüge in das umliegende Weinbaugebiet

Marktplatz 17-18,
76530 Baden-Baden
Tel.: (07221) 22747
Fax: (07221) 391887
Lage: am Marktplatz in der Altstadt, gegenüber dem Rathaus; Parkmöglichkeiten vorhanden
Mahlzeiten: Frühstück, Abendessen
Preise: Zimmer D/DD incl. Frühstück; Mahlzeiten 12-18 DM
Zimmer: 11 Doppelzimmer (alle mit Einzelbetten), 3 mit Bad, 5 mit Dusche; 15 Einzelzimmer, 4 mit Dusche; alle Zimmer mit Zentralheizung, Telefon, TV auf Wunsch
Anlage: Speiseraum, Salon mit TV, kleine Terrasse
Kreditkarten: AE, DC, MC, V
Kinder: sehr willkommen
Behinderte: nicht geeignet
Tiere: erlaubt
Geschlossen: nie
Fremdsprachen: Englisch, Französisch
Besitzer: Familie Bogner

Baden-Württemberg

Stadthotel, Badenweiler

Hotel Sonne

Wenn man die Hauptstraße dieses kleinen Kurorts entlanggeht, zieht das Hotel Sonne sofort die Blicke auf sich: ein sehr gepflegtes Fachwerkhaus mit blumengeschmückter Gartenterrasse. Würde der Betrachter zudem noch wissen, was für ein freundlicher Empfang ihn im Inneren erwartet, so würde er dort ohne Zögern einkehren. Dies ist noch ein Hotelbetrieb im alten Stil: ein Lächeln hier, ein freundliches Wort dort. Zahlreiche Stammgäste, die immer wieder kommen, fühlen sich hier wohl. Das langjährige Personal trägt das Seine dazu bei.

Die warmherzige, behagliche Atmosphäre – nicht gerade typisch für ein Kurhotel – ist in erster Linie ein Verdienst der Besitzer. Die Familie Fischer führt das Hotel mit größter Sorgfalt: Überall findet man frische Blumen; der Hotelbetrieb hat einen sehr hohen Standard.

Die Einrichtung ist überwiegend antik (u. a. ein wertvoller Kachelofen). Die Gesellschaftsräume sind hell und einladend; die Gästezimmer wirken gemütlich und verfügen alle über moderne Bäder bzw. Duschen.

Umgebung: Kurpark, Markgrafenbad, römische Badruine; Skifahren und Wanderungen im Schwarzwald; Blauen (5 km) mit Blick über das Rheintal

Moltkestr. 4, 79405 Badenweiler
Tel.: (07632) 75080
Fax: (07632) 750865
Lage: mitten in dem kleinen Kurort, 35 km s von Freiburg; mit Park und großem Parkplatz sowie Garagen
Mahlzeiten: Frühstück, Mittag- und Abendessen
Preise: Zimmer D/DDD incl. Frühstück; Mahlzeiten 30-65 DM
Zimmer: 22 Doppelzimmer mit Einzelbetten, 14 mit Bad, 8 mit Dusche; 19 Einzelzimmer, 5 mit Bad, 14 mit Dusche; alle Zimmer mit Zentralheizung, Telefon, die meisten mit TV
Anlage: Speiseraum, Salon, Weinstube, Restaurant; Gartenterrasse
Kreditkarten: AE, DC, MC, V
Kinder: werden geduldet
Behinderte: nicht geeignet
Tiere: nicht erlaubt
Geschlossen: Mitte Nov. bis Mitte Febr.
Fremdsprachen: Englisch, Französisch
Besitzer: Familie Fischer

Baden-Württemberg

Stadthotel, Durbach

Hotel Ritter

Das Weinstädtchen Durbach, das nicht viel größer als ein Dorf ist, liegt – etwas östlich des Rheins – eingebettet zwischen steilen Weinbergen. Es ist nicht besonders malerisch und würde wohl nicht viele Besucher anziehen, wenn es nicht dieses außergewöhnlich reizvolle Hotel gäbe. Nach der vor kurzem erfolgten Erweiterung überschreitet es eigentlich unser Größenlimit, aber glücklicherweise hat es die intime Atmosphäre eines kleinen Hotels bewahrt.

Das alte Fachwerkgebäude ist 400 Jahre alt und wird seit der Jahrhundertwende von der Familie Brunner als Hotel geführt. Ihr Verständnis von Luxus scheint mit dem rustikalen Stil des Hauses vereinbar. In allen Gesellschafts- räumen (mit Ausnahme des Ritter-Kellers mit seinen kahlen Steinwänden) ist man von poliertem Holz und harmonisch darauf abgestimmten, traditionellen Dekostoffen umgeben. Die Gästezimmer im Hauptgebäude sind ebenfalls im traditionellen Stil eingerichtet, aber viele Gäste ziehen die vor kurzem hinzugekommenen geräumigen Appartements vor, die kühn gestaltet sind und über eigene Sonnenterrassen verfügen.

Eine weitere Attraktion ist die Küche. Wilhelm Brunner ist für seine reichhaltigen, traditionell zubereiteten, aber modern präsentierten Gerichte mit einem Michelin-Stern ausgezeichnet worden.

Umgebung: Wanderungen, Skilanglauf, Weinproben; Baden-Baden (25 km)

Talstr. 1, 77770 Durbach
Tel.: (0781) 31031
Fax: (0781) 41975
Lage: mitten in einer Kleinstadt; mit Garagen und großem Parkplatz
Mahlzeiten: Frühstück, Mittag- und Abendessen, kleine Gerichte
Preise: Zimmer D/DDDD incl. Frühstück; Mahlzeiten 40-60 DM
Zimmer: 48 Doppelzimmer mit Einzelbetten und Bad;
14 Einzelzimmer mit Dusche; alle Zimmer mit Zentralheizung, Telefon, die meisten mit TV, Radio, Fön, Minibar, einige mit Klimaanlage
Anlage: Speiseraum, Bar, Kellerbar; überdachter Swimmingpool, Sauna
Kreditkarten: AE, DC, MC, V
Kinder: willkommen
Behinderte: spezielle Einrichtungen
Tiere: erlaubt
Geschlossen: nie
Fremdsprachen: Englisch, Französisch
Besitzer: Wilhelm Brunner

Baden-Württemberg

Landhaushotel, Friedrichsruhe

Wald- & Schloßhotel Friedrichsruhe

Dieses hübsche Landhaus aus dem frühen 18. Jahrhundert gehört nicht unbedingt zu den intimen Hotels; es wirkt mit seiner Eleganz eher steif und ist auch größer als die meisten der hier vorgestellten Häuser. Aber es bietet seinen Gästen viele Attraktionen.

Die Hauptattraktion ist vermutlich die Küche. Lothar Eiermann gehört zu den besten Köchen von Deutschland. Es ist ihm gelungen, traditionelle Gerichte auf interessante Art modern zu variieren. Seine Kreationen werden in einem vornehmen, reich ausgestatteten Speiseraum serviert, der abends von Kerzenlicht erhellt wird. Die übrigen Räume des Hotelkomplexes sind weniger förmlich. Die Terrasse liegt inmitten von Rasenflächen. Die Jägerstube ist mit Jagdtrophäen geschmückt.

Die in ruhigen Farben gehaltenen Gästezimmer und Suiten im Hauptgebäude und im Jagdschloß sind geräumig; einige von ihnen erinnern im Stil an ein englisches Landhaus.

Friedrichsruhe ist natürlich kein billiges Hotel, doch für den gebotenen Komfort sind die Preise angemessen.

Umgebung: Kirche; Sindringen (10 km); Langenburg (30 km) mit Burg und Automuseum

74639 Friedrichsruhe
Tel.: (07941) 60870
Fax: 61468
Lage: in offener Landschaft, nö der Kreuzung von A 6 und A 81, 50 km n von Stuttgart; auf einem Grundstück mit großem Parkplatz
Mahlzeiten: Frühstück, Mittag- und Abendessen, kleine Gerichte
Preise: Zimmer DD/DDDD incl. Frühstück; Mahlzeiten 125-195 DM
Zimmer: 25 Doppelzimmer, 23 mit Bad, 1 mit Dusche; 14 Einzelzimmer, Bad oder Dusche; 12 Suiten; alle Zimmer mit Zentralheizung, Telefon, einige mit TV, Radio, Fön, Minibar
Anlage: Speiseraum, Jägerstube, Wintergarten, Bar; überdachter Swimmingpool und Swimmingpool im Freien, Tennis, 18-Loch-Golfplatz
Kreditkarten: AE, DC, MC, V
Kinder: sehr willkommen
Behinderte: Aufzug
Tiere: erlaubt
Geschlossen: nie
Fremdsprachen: Englisch, Französisch
Manager: Lothar Eiermann

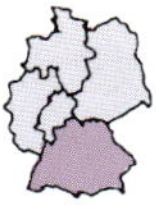

Baden-Württemberg

Restaurant mit Gästezimmern, Glottertal

Gasthaus zum Adler

Das Glottertal ist ein grünes, friedliches Tal nordöstlich von Freiburg, inmitten der Berge des südlichen Schwarzwaldes. Es gibt dort eine Reihe von kleinen Hotels und Pensionen.

Die Hauptattraktion dieses Hotels, das direkt an der Straße liegt, ist sein Restaurant. Auf der aus dem üblichen Rahmen fallenden Speisekarte stehen z. B. im Frühling Löwenzahnsalat oder Gerichte mit Zickleinbraten oder Morcheln; zartes Kalbsbriesle, vielfältig zubereitete Spargelgerichte und hausgemachte Vespern. Außerdem wird ein spezielles Menü für Kinder angeboten.

Das Hauptrestaurant ist in traditionellem Stil eingerichtet, ohne überladen zu wirken. Die Schwarzwaldstuben strahlen Behaglichkeit aus. Freunde der heimischen Glottertäler Weine kommen hier auf ihre Kosten.

Der Adler befindet sich seit 150 Jahren im Privatbesitz. Frau Langenbacher ist stolz auf die ausgesprochen ländliche Atmosphäre ihres Hauses. Die renovierten Gästezimmer sind individuell im Schwarzwälder Stil eingerichtet.

Umgebung: Wandern, Skifahren; Sehenswürdigkeiten in Freiburg im Breisgau (15 km)

Talstr. 11, 79286 Glottertal
Tel.: (07684) 1081 **Fax:** 1083
Lage: an der Talstraße zwischen Denzlingen und St. Peter, nö von Freiburg; mit Garten und Parkplatz
Mahlzeiten: Frühstück, Mittag- und Abendessen, kleine Gerichte
Preise: Zimmer D/DD incl. Frühstück; Mittagessen 15-38 DM; Abendessen 29-68 DM
Zimmer: 10 Doppelzimmer, 3 mit Bad, 6 mit Dusche, 1 mit Waschbecken; 3 Einzelzimmer, 1 mit Dusche, 2 mit Waschbecken; 1 Appartement mit Bad und Dusche; alle Zimmer mit Zentralheizung, TV, Telefon, Minibar
Anlage: Schwarzwaldstuben, Konferenzzimmer; Terrassenwirtschaft
Kreditkarten: DC, MC, V
Kinder: sehr willkommen
Behinderte: Zugang schwierig
Tiere: erlaubt (10 DM pro Nacht)
Geschlossen: Restaurant Di
Fremdsprachen: Englisch, Französisch
Besitzer: Stephanie Langenbacher

Baden-Württemberg

Stadtgasthof, Großbottwar

Stadtschänke

Am liebsten hätten wir in diesem Buch nur Hotels vorgestellt wie die Stadtschänke – oder »Stadtschänke, historischer Gasthof Johannespfründe«, wie der vollständige Name des Hauses lautet. Das hohe Fachwerkgebäude, das 1434 errichtet wurde, erhebt sich auf dem Marktplatz einer Kleinstadt im Herzen des Weinbaugebiets von Württemberg. Enge Straßen mit Kopfsteinpflaster umgeben das Hotel.

In den kleinen Zimmern mit Holzdecke, die schlicht, aber geschmackvoll eingerichtet sind, fühlt man sich noch immer fast wie im Mittelalter. Die Möbel im Untergeschoß sind rustikal, die rosa Tischdecken stets frisch gestärkt. Die wenigen Gästezimmer sind hübsch möbliert; Trockenblumengestecke und Kerzenleuchter verbreiten eine gemütliche Atmosphäre. Stabile, moderne Betten sorgen dafür, daß man angenehm schläft.

Sybille Könneke, eine freundliche Frau, hat ihren Friseurladen aufgegeben, um ihren Mann Hans bei der Führung des Hotels zu unterstützen. Er ist Koch aus Leidenschaft. Seine Gerichte, für die er gern frischen Fisch und Produkte aus der Region verwendet, sind von einem längeren Aufenthalt in Schweden geprägt. Auch der Wein spielt eine wichtige Rolle. Gäste, die mehr über die Weine dieser Gegend erfahren möchten, können eine Weinprobe machen und werden gern beraten.

Umgebung: Ludwigsburg (10 km); Felsen von Hessigheim (10 km)

Hauptstraße 36, 71723 Großbottwar
Tel.: (07148) 8024
Lage: auf dem Marktplatz gegenüber dem Rathaus; Abfahrt Mundelsheim von der A 81, n von Stuttgart; mit Parkmöglichkeiten auf dem Platz
Mahlzeiten: Frühstück, Mittag- und Abendessen
Preise: Zimmer D/DD incl. Frühstück; Mahlzeiten 22,50-36,50 DM
Zimmer: 3 Doppelzimmer mit Einzelbetten, 2 Einzelzimmer; alle mit Dusche, Zentralheizung, TV, 4 mit Telefon
Anlage: Speiseraum, Bar, Terrasse
Kreditkarten: AE, DC, MC, V
Kinder: willkommen
Behinderte: nicht geeignet
Tiere: erlaubt
Geschlossen: erste Septemberwoche; Mi Ruhetag
Fremdsprachen: Englisch, Französisch, Schwedisch
Besitzer: Hans und Sybille Könneke

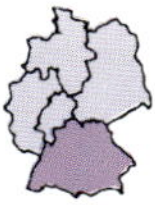

Baden-Württemberg

Dorfhotel, Häusern

Hotel Adler

Das Hotel Adler, das sich seit fast 150 Jahren im Besitz der Familie Zumkeller befindet, hat sich im Laufe der Zeit zu einem vornehmen Landgasthaus entwickelt, das trotz seiner eleganten Möbel, der modern eingerichteten Gästezimmer und der anspruchsvollen Küche seine ländlichen Ursprünge nicht verleugnet.

Die Wände und Decken in den Speiseräumen, der Gaststube und den Salons sind mit hellem Holz getäfelt; auf den gefliesten Böden liegen Orientteppiche in kräftigen Farben. Die Möbel sind eine Mischung aus komfortablen traditionellen und schönen antiken Stücken. Bilder, Blumen und anderes Dekor setzen sorgsam gewählte Akzente. Die geräumigen Gästezimmer wirken dagegen etwas nüchtern.

Der junge Winfried Zumkeller hat sich mit seiner einfallsreichen, modernen Küche bereits einen Namen gemacht: Michelin hat sie mit einem Stern ausgezeichnet. Einfachere ländliche Gerichte werden im hübschen Chämi-Hüsle (mit offenem Kamin) serviert.

Umgebung: Wandern, Skifahren; St. Blasien, ehemalige Benediktinerabtei (5 km)

St.-Fridolin-Str. 15, 79838 Häusern
Tel.: (07672) 4170
Fax: 417150
Lage: im Dorf, 58 km sö von Freiburg, an der B 500; mit Garten und großem Parkplatz
Mahlzeiten: Frühstück, Mittag- und Abendessen
Preise: Zimmer D/DDD incl. Frühstück; Mahlzeiten 50-120 DM
Zimmer: 22 Doppelzimmer, 12 mit Bad, 10 mit Dusche; 10 Einzelzimmer, 4 mit Bad, 6 mit Dusche; 12 Suiten; alle Zimmer mit Zentralheizung, TV, Telefon, Radio, Minibar, die meisten mit Balkon
Anlage: Salon, Frühstückszimmer, Lobby, Speiseraum, Spielzimmer; Terrasse, Schwimmhalle, Tennis, Sauna
Kreditkarten: AE, DC, MC, V
Kinder: sehr willkommen
Behinderte: keine speziellen Einrichtungen
Tiere: erlaubt
Geschlossen: Mitte Nov. bis Mitte Dez.; Restaurant Mo, Di
Fremdsprachen: Englisch, Französisch
Besitzer: Familie Zumkeller

Baden-Württemberg

Stadthotel, Heidelberg

Hotel Hirschgasse

Mark Twain könnte auch heute noch aus einem der malerischen kleinen Fenster des Hauses schauen, wo er einmal übernachtete, und den Blick über den vorbeifließenden Neckar auf Altheidelberg genießen. Sein Zimmer würde er allerdings kaum mehr wiedererkennen: Das Hotel wurde 1989 vollständig renoviert, um eine Reihe von herrlichen Suiten zu schaffen. Sie sind alle von Laura Ashley entworfen, aber jede in einem eigenen Stil: In der Chinesischen Suite gibt es mit roten Lackintarsien verzierte Wände, Bambustische und chinesische Lampen. Die Rosen-Suite ist mit rosafarbenen Rüschen, Putten und rustikalen, rosaroten Deko-Stoffen ausgeschmückt. In der Heidelbeer-Suite herrscht eine gemütliche Clubatmosphäre.

Herr Kraft hat die Renovierungsarbeiten persönlich überwacht und darauf geachtet, daß moderne Einrichtungen mit antiken Fassaden verdeckt wurden. So stört beispielsweise kein Fernsehgerät aus Plastik und Chrom den eleganten Gesamteindruck. Mit der gleichen Sorgfalt kümmerte er sich auch um den Komfort, den der Reisende von heute schätzt: In den Badezimmern fließt heißes Wasser aus den Hähnen; die Handtücher sind flauschig weich; Seife gibt es reichlich.

Das intime kleine Restaurant trägt den bezeichnenden Namen »Le Gourmet«. Es ist das beste in der Stadt und deshalb sehr beliebt. Hotelgäste werden zwar bevorzugt bedient, aber dennoch ist es ratsam, einen Tisch reservieren zu lassen.
Umgebung: Schloß, Philosophenweg, Kurpfälzisches Museum

Hirschgasse 3, 69120 Heidelberg
Tel.: (06221) 40320
Fax: (06221) 4032196
Lage: mit Blick auf die Altstadt, neben der Alten Brücke gegenüber dem Schloß, am Aufgang zum Philosophenweg; mit Parkplatz
Mahlzeiten: Frühstück, Abendessen, kleine Gerichte
Preise: Zimmer DDDD/DDDD; Frühstück 22 DM; Mahlzeiten 59-120 DM
Zimmer: 20 Suiten; alle mit Bad/Whirlpool, Zentralheizung, Durchwahltelefon, Fön, Kabel-TV, Minibar, Radio
Anlage: Speiseraum
Kreditkarten: AE, DC, MC, V
Kinder: werden aufgenommen
Behinderte: keine speziellen Einrichtungen
Tiere: nicht erlaubt
Geschlossen: 23. Dez. bis 7. Jan.
Fremdsprachen: Englisch, Französisch, Italienisch
Besitzer: Ernst Kraft

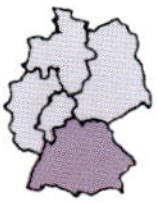

Baden-Württemberg

Dorfhotel, Hinterzarten

Sassenhof

Hinterzarten ist ein angenehm bescheidener Kurort, der von den Touristenströmen zum nahe gelegenen Titisee verschont bleibt. Der große Dorfanger im englischen Stil ist für einen Ort im Schwarzwald eher ungewöhnlich. Um ihn herum sind mehrere Hotels angesiedelt, darunter auch dieses Hotel garni – ein recht unscheinbares Haus, das in keinem besonderen Stil errichtet, aber im Inneren außergewöhnlich einladend ist.

Die Innenräume sind in einem eleganten, altmodischen Stil eingerichtet, der sich deutlich von dem rustikalen, für den Schwarzwald typischen Stil unterscheidet. Sie werden vom aufmerksamen Personal peinlich saubergehalten, so daß der Sassenhof zu den seltenen Hotels gehört, wo man sich auf Anhieb wie zu Hause fühlt. Die Gästezimmer sind unterschiedlich groß: Einige wirken wie Appartements (insbesondere die unter dem Dach), andere sind eher klein.

Es gibt zwar kein Restaurant, aber da der Sassenhof mitten in Hinterzarten liegt, besteht kein Mangel an Gasthäusern. Außerdem ist die Atmosphäre im Sassenhof so zwanglos, daß Gäste einfach in die Küche gehen, wenn sie Hunger verspüren. Das Frühstück, das in einem reizvollen Rahmen (mit klassischer Musik im Hintergrund) serviert wird, ist sehr reichhaltig. Die Gastgeber freuen sich, wenn man einen gesunden Appetit mitbringt.

Umgebung: Skifahren, Wandern; Schauinsland (20 km) mit Seilbahn; Titisee (5 km)

Adlerweg 17, 79856 Hinterzarten
Tel.: (07652) 1515-16
Fax: (07652) 484
Lage: am Dorfanger mitten im Kurort; mit Garten und großem Parkplatz
Mahlzeiten: Frühstück
Preise: Zimmer D/DDD incl. Frühstück
Zimmer: 6 Doppelzimmer, 5 mit Bad, 1 mit Dusche/WC; 11 Einzelzimmer mit Dusche/WC; 6 Suiten mit Bad und Dusche; alle Zimmer mit Zentralheizung, TV, Telefon, Fön; Radio auf Wunsch
Anlage: Frühstücksräume, Salon, Stube; Swimmingpool im Haus, Sauna, Solarium, Jet-stream, Trimmrad, Kosmetiksalon, Liegewiese, Terrasse; Fahrräder
Kreditkarten: keine
Kinder: willkommen
Behinderte: nicht geeignet
Tiere: erlaubt (10-15 DM pro Nacht, je nach Größe)
Geschlossen: Mitte Nov. bis Dez.
Fremdsprachen: Englisch, Französisch, Spanisch
Besitzer: Irmgard und Paul Pfeiffer

Baden-Württemberg

Stadtvilla, Hagnau am Bodensee

Erbguths Landhaus

Aus der einfachen Frühstückspension von 1975 hat sich inzwischen ein ausgezeichnetes Hotel mit Gourmet-Restaurant entwickelt.

Christine und Holger Erbguth haben mit Tochter Sandra behutsam die Vergrößerung des günstig gelegenen Hauses betrieben.

Christine Erbguths Hobby ist die Gestaltung der Räume, denen man ihre Begeisterung anmerkt. Die auffallenden Fensterläden der Villa aus den 30er Jahren versprechen dem Ankommenden einiges für die Innenausstattung – die Rezeption in weißem Marmor, strenge Messingleuchten, moderne Bilder. Bei allem Wohlgeschmack aber fehlt es auch nicht an Behaglichkeit. In der Villa am See, einem Anbau von 1988, erweist sich die Vorliebe der Inhaberin für exquisite Möblierung noch deutlicher.

Zurück zum Landhaus: Im Restaurant Kupferkanne genießt man in dem in Grau und Gold gehaltenen Raum oder auf der Terrasse Gerichte einer ambitionierten neuen deutschen Küche.

Umgebung: Skifahren, Spaziergänge, Wassersport

Neugartenstr. 39, 88709 Hagnau am Bodensee
Tel.: (07532) 6202
Fax: (07532) 6997
Lage: im Zentrum der Stadt am Bodensee; Gärten und Parkplatz
Mahlzeiten: Frühstück, Mittag- und Abendessen, Imbisse
Preise: Zimmer D/DDDD incl. Frühstück; Kinder unter 4 Jahren frei; Mahlzeiten 45-145 DM
Zimmer: 19 Doppelzimmer, 10 mit Bad, 9 mit Dusche; 2 Einzelzimmer mit Dusche; 1 Familienzimmer mit Dusche; alle Zimmer mit Zentralheizung, Telefon, TV, Radio, Fön, Minibar
Anlage: Speiseraum, Aufenthaltsraum, Terrasse, Sauna
Kreditkarten: AE, DC, MC, V
Kinder: willkommen
Behinderte: leichter Zugang
Tiere: erlaubt
Geschlossen: Jan., März; Restaurant Di
Fremdsprachen: Englisch, Französisch
Besitzer: Holger Erbguth

Baden-Württemberg

Landhotel, Kaisersbach

Landhotel Hirsch Ebnissee

Das in einem Waldgebiet gelegene Landhotel ist seit 1748 im Familienbesitz und wird seitdem erweitert und renoviert. Es bietet seinen vielen zufriedenen Gästen zahlreiche Attraktionen, darunter wegen der Nähe zum Ebnissee besonders im Sommer auch ein breites Spektrum an Freizeitmöglichkeiten.

In der gemütlichen Kaminhalle spielt jeden Samstagabend ein Pianist. Die komfortablen Gästezimmer sind unterschiedlich groß. Neben dem Hotelrestaurant gibt es noch zwei weitere Speiseräume: Im Gourmet-Restaurant Hirschstube werden einfallsreiche klassische Gerichte serviert, während man in der Flößerstube schwäbische Spezialitäten genießen kann. Alle drei Räume, in denen eine zwanglose Atmosphäre herrscht, sind in einem traditionellen Stil eingerichtet.

Auch in der Umgebung des Hotels kann man viel unternehmen. Die Schaßbergers geben ihren Gästen gern Tips zur Freizeitgestaltung: Sie verteilen einen richtigen Führer, der darüber informiert, wo man Tischtennisbälle findet, welche Routen es für Wanderungen gibt und wie man auf Nebenstraßen die Region mit dem Auto erkunden kann.

Umgebung: Skilanglauf, Wandern, Angeln, Bootfahren, Radfahren; Welzheim (5 km) mit Freizeitpark

73667 Kaisersbach, am Ebnissee
Tel.: (07184) 2984
Fax: 292204
Lage: in bewaldeter Landschaft am See, 40 km nö von Stuttgart; mit Garten, Garagen und großem Parkplatz
Mahlzeiten: Frühstück, Mittag- und Abendessen, kleine Gerichte
Preise: Zimmer DDD/DDDD (Maisonetten 480 DM) incl. Frühstück; Mahlzeiten 33-95 DM
Zimmer: 29 Doppelzimmer, 14 mit Bad, 15 mit Dusche; 17 Einzelzimmer mit Dusche; 3 Maisonetten mit Bad; alle Zimmer mit Zentralheizung, TV, Telefon, Radio, Fön, Minibar, z.T. mit Balkon, Whirlwanne
Anlage: 3 Speiseräume, Bar, Salon; Terrasse, Hallenbad, Tennishalle und -plätze, Sauna, Solarium, Fitneßraum
Kreditkarten: AE, MC, V
Kinder: sehr willkommen
Behinderte: Zugang leicht; Rollstuhl, Parterrezimmer **Tiere:** nur auf den Zimmern erlaubt **Geschlossen:** nie
Fremdsprachen: Englisch, Französisch, Italienisch
Besitzer: Iris und Ernst-Ulrich Schaßberger

Baden-Württemberg

Villa am See, Konstanz

Seehotel Siber

Man weiß gar nicht, wo man bei der Beschreibung dieses erst seit 1984 bestehenden Hotels zuerst anfangen soll. Viele Besucher kommen in erster Linie wegen Berthold Sibers Haute Cuisine, die von allen Gourmet-Führern hohes Lob erntet und für das, was sie bietet, nicht zu teuer ist (dies gilt vor allem für das preiswerte Mittagsmenü).

Aber auch das Haus selbst ist ein kleines Juwel: eine Ende des 19. Jahrhunderts errichtete Jugendstilvilla, die sich in herrlicher Lage über dem Bodensee erhebt. Die wunderschöne Aussicht kann man am besten von der erhöhten Speiseterrasse aus genießen. Direkt neben dem Hotel befindet sich das Spielkasino; das Stadtzentrum von Konstanz liegt nur wenige Gehminuten entfernt.

Die Innenräume sind mit großer Liebe zum Detail geschickt renoviert worden. So kommen beispielsweise die verzierten Schauvitrinen vor der dunklen Holztäfelung des Speiseraums besonders gut zur Geltung. Die Gästezimmer wirken demgegenüber etwas schlicht, sind aber harmonisch und elegant eingerichtet. Die besten bieten einen schönen Seeblick.

Der aufmerksame, nette Service ist der Atmosphäre des Hauses angepaßt.

Umgebung: Surfen, Schwimmen, Segeln, Tauchen; Golfplatz, Tennis, Reiten, Wandern

Seestr. 25, 78464 Konstanz
Tel.: (07531) 63044
Fax: (07531) 64813
Lage: an der Uferpromenade mitten in der Stadt, nahe dem Spielkasino; mit Garten und großem Parkplatz
Mahlzeiten: Frühstück, Mittag- und Abendessen, kleine Gerichte
Preise: Zimmer DDDD/DDDD (Suite 650 DM); Frühstück 35 DM; Mahlzeiten 28-170 DM
Zimmer: 11 Doppelzimmer, 10 mit Bad, 1 mit Dusche; alle Zimmer mit Zentralheizung, Klimaanlage, TV, Telefon, Radio, Fön, Minibar, Safe
Anlage: Restaurant, Bar; Seeterrasse, Terrasse
Kreditkarten: AE, DC, MC, V
Kinder: willkommen
Behinderte: keine speziellen Einrichtungen
Tiere: Hunde erlaubt
Geschlossen: 2 Wochen im Febr.
Fremdsprachen: Englisch, Französisch, Spanisch, Italienisch, Schwedisch, Russisch, Thai, Serbokroatisch
Besitzer: Bertold Siber

Baden-Württemberg

Stadtgasthof, Meersburg

Zum Bären

Das Hotelgewerbe liegt Michael Gilowsky im Blut: Der Hotel-Gasthof Zum Bären befindet sich seit fünf Generationen im Besitz seiner Familie. Die Geschichte des Gasthofs reicht jedoch noch viel weiter zurück. Über dem Renaissanceportal steht zwar die Jahreszahl 1605, aber das Gebäude wurde bereits um 1250 errichtet. Teile des Erdgeschosses und einer der beiden Keller sind noch aus dieser Zeit erhalten. Das General-Landesarchiv Karlsruhe besitzt sogar eine Rechnung aus dem Jahre 1456.

Der Gasthof ist genau das, was man in einem bezaubernden, alten Städtchen am Bodensee erwartet. Seine Lage könnte nicht besser sein: direkt am hübschen Marktplatz. Die durch Sgraffito und Malereien verzierte Fassade wird von einem Treppengiebel überragt und besitzt üppigen Blumen- und Kletterpflanzenschmuck (typisch für den Ort). In den beiden gemütlich rustikalen Gaststuben stehen nur wenige Tische, so daß die Gäste zusammenrücken müssen. Im Obergeschoß erlebt man eine kleine Überraschung: Einige der Zimmer sind recht prächtig, mit Stuckdecken und bemalten Möbeln; andere sind einfacher, aber ebenfalls geschmackvoll möbliert. Michael Gilowsky, der auch im Ausland gekocht hat, bietet den Gästen eine ständig wechselnde Speisekarte, auf der man einfache, aber sättigende Gerichte ebenso findet wie mehrere Menüs zu festen Preisen.

Umgebung: Altes und Neues Schloß, Steigstraße, Marktplatz; Segeln auf dem Bodensee, Wandern

Marktplatz 11, 88709 Meersburg
Tel.: (07532) 6044
Fax: (07532) 2216
Lage: auf dem historischen Marktplatz in der Altstadt; mit Garage (15 Stellplätze)
Mahlzeiten: Frühstück, Mittag- und Abendessen
Preise: Zimmer D/DD incl. Frühstück; Mahlzeiten 18,50-35 DM, Kinderteller 12 DM
Zimmer: 14 Doppel-, 3 Einzelzimmer; alle mit Dusche/WC, Zentralheizung und TV
Anlage: 2 Speiseräume (24 + 38 Plätze)
Kreditkarten: keine
Kinder: willkommen
Behinderte: Zugang schwierig
Tiere: erlaubt
Geschlossen: Mitte Nov. bis Mitte März; Restaurant Mo sowie Di (15. März bis 15. Juli)
Fremdsprachen: Englisch, etwas Französisch
Besitzer: Michael Gilowksy

Baden-Württemberg

Umgebautes Schloß, Niederstotzingen

Schloßhotel Oberstotzingen

Das wunderschön renovierte, 700 Jahre alte Wasserschloß – eher ein Herrenhaus als eine Burg – liegt im Flachland in der Nähe der Donaumarschen. Wie die fünf mit jeglichem technischen Komfort ausgestatteten Tagungsräume zeigen, ist es vor allem für Geschäftsleute bestimmt. Aber auch der normale Gast wird sich hier wohl fühlen.

Zu den Hauptattraktionen gehört die reichhaltige und geschmackvolle Einrichtung in den 17 Gästezimmern (für deutsche Verhältnisse nicht viel). Die Möbel sind zwar alle gleichförmig (modern mit traditionellen Stilelementen), aber die warmen Farbkombinationen sorgen für Individualität. Die Zimmer fallen auch in Schnitt und Größe unterschiedlich aus; eines der schönsten liegt im kleinen Rundturm.

Der stilvolle Speiseraum, der mit Kerzen, Leuchten, traditionellen Dekostoffen und Teppichen ausgestattet und von einer Gewölbedecke überspannt ist, trägt den Namen »Restaurant Vogelherd«. Die Küche, die u.a. ein täglich wechselndes Festpreismenü bietet, ist einfallsreich, reichhaltig und regionaltypisch angehaucht. Außerdem gibt es eine ungewöhnlich große Auswahl an offenen Weinen. **Umgebung:** Golf, Reiten, Höhlen; Dillingen mit Konvents- und Universitätsbauten (»Goldener Saal«)

Stettener Str. 35-37,
89166 Niederstotzingen
Tel.: (07325) 1030 **Fax:** 10370
Lage: in offener Landschaft, 120 km ö von Stuttgart; auf einem Grundstück mit großem Parkplatz
Mahlzeiten: Frühstück, Mittag- und Abendessen
Preise: Zimmer DDD/DDDD incl. Frühstück; Kinder (bis zum 14. Lebensjahr), die im Zimmer der Eltern schlafen, frei; Menüs ab 50 DM
Zimmer: 11 Doppelzimmer (2 mit Einzelbetten), 2 mit Bad, 7 mit Dusche; 4 Einzelzimmer, 1 mit Bad, 3 mit Dusche; 2 Familienzimmer mit Bad; alle Zimmer mit Zentralheizung, TV, Telefon, Radio, Fön, Minibar
Anlage: Speiseraum, Salon, Festsaal, Konferenzräume; Terrasse, Tennis, Sauna, Schloßpark
Kreditkarten: AE, DC, MC, V
Kinder: willkommen
Behinderte: keine speziellen Einrichtungen
Tiere: nur auf den Zimmern erlaubt
Geschlossen: nie
Fremdsprachen: Englisch, Französisch
Besitzer: Klaus Kranz

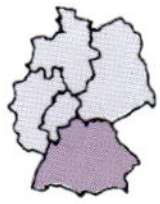

Baden-Württemberg

Stadthotel, Rottweil

Haus zum Sternen

Das mächtige Haus an der Stadtmauer ist eines der ältesten Gebäude von Rottweil, das zu den schönsten und ältesten Städten Deutschlands zählt. Das 1339 errichtete Patrizierhaus steht über dem Neckartal und schaut auch heute noch fast so aus wie zu der Zeit, als es erbaut wurde. Die Geschichte ist hier lebendig geblieben – von dem großartigen Dachstuhl, einem Musterbeispiel gotischer Zimmermannskunst, bis zu dem feingliedrigen »Gotischen Stübchen«, original erhalten mit seinem Tonnengewölbe, und der Renaissancetür.

Obwohl das Hotel zeitgerechten Komfort bietet, ist die Atmosphäre des altehrwürdigen Orts nicht beeinträchtigt worden. Jedes der Gästezimmer, die mit wertvollen Möbeln eingerichtet und auch im Detail stilvoll ausgestattet sind, hat seine eigene Note.

Besonderen Wert legt Familie Ehrenberger auf die persönliche Betreuung ihrer Gäste. Zusammen mit Manager und Küchenchef Manfred Lang führt sie ein ruhiges Hotel mit überdurchschnittlicher Küche: In der Kellerbar Platinum werden kleine, aber feine Leckereien serviert, in der historischen Weinstube regionale Gerichte und neue deutsche Küche.

Umgebung: historischer Stadtkern mit Kapellenkirche, Hl.-Kreuz-Münster; Dreifaltigkeitsberg (20 km), Burg Hohenzollern (30 km)

Hauptstr. 60, 78628 Rottweil
Tel.: (0741) 7006
Fax: (0741) 23950
Lage: mitten in der Altstadt, 100 km s von Stuttgart; mit Garagen
Mahlzeiten: Frühstück, Mittag- und Abendessen
Preise: Zimmer D/DDD incl. Frühstück; Mahlzeiten 15-38 DM
Zimmer: 6 Doppelzimmer (z.T. mit Einzelbetten) mit Bad, 5 Einzelzimmer mit Dusche, 1 Familienzimmer mit Bad; alle Zimmer mit Zentralheizung, Telefon, Fön, TV, Radio
Anlage: Speiseraum, Kellerbar, Weinstube; Gartenterrasse
Kreditkarten: AE, MC, V
Kinder: willkommen
Behinderte: nicht geeignet
Tiere: im Hotel und in der Weinstube erlaubt
Geschlossen: Restaurant Di
Fremdsprachen: Englisch, Französisch
Manager: Manfred Lang

Baden-Württemberg

Dorfhotel, Schönwald

Hotel Dorer

Viele kleine Hotels in Deutschland haben den Ehrgeiz, sich zu vergrößern. Dies gilt jedoch nicht für dieses hübsche kleine Hotel, das sich im Besitz der reizenden Familie Scherer befindet.

Obwohl das Dorer im Herzen des Schwarzwalds liegt, dominieren bei der Einrichtung nicht die für diese Region typischen Holzschnitzereien und Kuckucksuhren. Statt dessen gibt es in den Zimmern mit schlichten, holzgetäfelten Wänden Antiquitäten und elegante, zurückhaltende Möbel. Die Besucher sind normalerweise von dem außergewöhnlichen alten Grammophon im ersten Stockwerk fasziniert, an dem sie auf dem Weg zu einem der überaus gemütlichen Gästezimmer vorbeikommen. Das Dekor ist zwar traditionell, aber nicht überladen und nutzt geschickt Licht und Raum. Die meisten Gästezimmer verfügen über einen eigenen Balkon oder haben Zugang zu einer Gemeinschaftsterrasse, wo man die herrliche Umgebung genießen kann.

Die interessanten, guten Mahlzeiten werden vom Hausherrn persönlich zubereitet, der sich ähnlich wie bei der Ausstattung darum bemüht, seine Küche von der traditionellen Speisekarte der Region abzusetzen.

Umgebung: Skifahren, Radtouren; Furtwangen (10 km) mit historischem Uhrenmuseum; Triberg (5 km) mit Wasserfällen

Franz-Schubert-Straße 20,
78137 Schönwald
Tel.: (07722) 95050
Fax: (07722) 950530
Lage: in der Nähe der Dorfmitte, 56 km nö von Freiburg; mit Garten, Parkplatz und Garagen
Mahlzeiten: Frühstück, Mittag- und Abendessen, kleine Gerichte
Preise: Zimmer D/DDD; Mittag- und Abendessen 24-54 DM
Zimmer: 10 Doppelzimmer, 3 mit Bad, 7 mit Dusche; 5 Einzelzimmer, 2 mit Bad, 3 mit Dusche; 4 Suiten, 1 mit Bad, 3 mit Dusche; alle Zimmer mit Zentralheizung, Kabel-TV, Telefon, Radio
Anlage: Speiseraum, Salon, Solarium, Schönheitssalon; Swimmingpool im Haus, Garten, Terrasse
Kreditkarten: AE, DC, MC, V
Kinder: werden aufgenommen
Behinderte: nicht geeignet
Tiere: nur auf den Zimmern erlaubt (10 DM Aufpreis pro Nacht)
Geschlossen: nie
Fremdsprachen: Englisch, Französisch, Italienisch
Besitzer: Familie Scherer

Baden-Württemberg

Landhotel, Schönwald

Hotel zum Ochsen

Dieses durchdacht angelegte Hotel – vorwiegend modern, auch wenn es in seinen Ursprüngen bis ins späte 18. Jahrhundert zurückreicht – liegt wunderschön im Herzen des Schwarzwalds. Herrn Martin, dem stets freundlichen, bärtigen Besitzer, ist es gelungen, eine wunderbare Weiträumigkeit zu schaffen. Selbst in den traditionelleren Räumen des Hauses gibt es Panoramafenster. Der Salon hat ein Glasdach; durch die gläsernen Wände des Swimmingpools blickt man auf umgebende grüne Natur. Die Gäste kommen vor allem hierher, um die Landschaft zu genießen. Das Grundstück, auf dem das Hotel steht, erstreckt sich bis zu den umliegenden Wiesen und zum Wald, so daß man hier alles findet, was man sich von einem Erholungsurlaub im Schwarzwald erwartet.

Das zugehörige Restaurant, das auch von den Einheimischen häufig besucht wird, genießt einen guten Ruf. Bei der im traditionellen Stil gehaltenen Ausstattung wurde viel Holz verwendet. Die Gästezimmer sind gemütlich, aber nicht besonders auffällig; einige davon sind besonders geräumig und verfügen über Sitzecken.

Das Hotel zum Ochsen ist eine sehr gute Alternative zu einigen der belebteren Hotels an den Hauptstraßen oder in den Kurorten der Region.

Umgebung: Skifahren, Golf, Wandern; Furtwangen (10 km) mit historischem Uhrenmuseum; Triberg (17 km) mit Wasserfall

Ludwig-Uhland-Str. 18,
78141 Schönwald
Tel.: (07722) 1045
Fax: (07722) 3018
Lage: inmitten von Wiesen außerhalb des Dorfs; auf einem Grundstück mit großem Parkplatz und Garagen
Mahlzeiten: Frühstück, Mittag- und Abendessen, kleine Gerichte
Preise: Zimmer D/DDD incl. Frühstück (Ermäßigungen für Kinder); Mahlzeiten ab 33 DM
Zimmer: 28 Doppel-, 1 Einzel-, 4 Familienzimmer mit Bad; alle Zimmer mit Zentralheizung, Fön, TV, Telefon, TV, Minibar
Anlage: Speiseraum, Salon, Wintergarten; Terrassen, Swimmingpool im Haus, Solarium; Tennis, Angeln, Mountainbikes
Kreditkarten: AE, DC, MC, V
Kinder: sehr willkommen
Behinderte: nicht geeignet
Tiere: gut erzogene Hunde nur auf den Zimmern erlaubt (15 DM)
Geschlossen: nie
Fremdsprachen: Englisch, Französisch
Besitzer: Horst A. Martin

Baden-Württemberg

Landgasthof, Tiefenbronn

Ochsen-Post

Von außen ist es ein klassischer Dorfgasthof: rote und grüne Fensterläden, prächtiger Blumenschmuck und eine Fachwerkfassade, die gut zu der ländlichen Umgebung paßt. Auch das Innere der Ochsen-Post wirkt traditionell: In den Gesellschaftsräumen hat man viel altes Holz verwendet, teilweise bemalt, bisweilen poliert. Aber das Ganze ist etwas eleganter, als man erwarten würde; die Ausstattung der Räumlichkeiten verrät deutlich die Hand eines Innenarchitekten.

Die Erklärung dafür ist, daß die Ochsen-Post kein einfacher Gasthof, sondern ein mit einem Michelin-Stern ausgezeichnetes Restaurant ist. Es bietet eine moderne, aber sättigende Küche, die sich an regionalen Gerichten orientiert. Zu den Spezialitäten gehören beispielsweise Ragout aus frischen Morcheln oder Filet mit Nudeln in Wodka-Pfeffer-Sauce. Serviert wird in einem stilvoll möblierten Wintergarten. Im Obergeschoß hat sich der Innenarchitekt im wesentlichen auf die Ausstattung der opulenten Badezimmer beschränkt. Die Gästezimmer besitzen kahle Böden und Wände (teilweise mit Fachwerk) und sind mit einer Mischung aus echten Antiquitäten und guten Reproduktionen eingerichtet.

Das Dorf liegt inmitten von üppigen Wiesen, aber ganz in der Nähe befinden sich auch Hügel. In der gotischen Basilika kann man mehrere Kunstschätze, u.a. wertvolle Altargemälde (1431), besichtigen.

Umgebung: Gotische Pfarrkirche; Pforzheim (15 km); Schwarzwald

Franz-Josef-Gall-Str. 13,
75233 Tiefenbronn
Tel.: (07234) 8030
Fax: (07234) 5554
Lage: mitten im Dorf, 16 km sö von Pforzheim; mit großem Parkplatz
Mahlzeiten: Frühstück, Mittag- und Abendessen
Preise: Zimmer D/DDD incl. Frühstück; Mahlzeiten 38-47 DM
Zimmer: 14 Doppelzimmer, 7 mit Bad, 7 mit Dusche; 5 Einzelzimmer, alle mit Dusche; alle Zimmer mit Zentralheizung, Telefon, Minibar, Radio, die meisten mit TV
Anlage: Speiseraum, Wintergarten
Kreditkarten: AE, DC, MC, V
Kinder: willkommen
Behinderte: keine speziellen Einrichtungen
Tiere: erlaubt (10 DM Aufpreis pro Nacht)
Geschlossen: Restaurant Mo, So
Fremdsprachen: Englisch
Besitzerin: Regine Weis

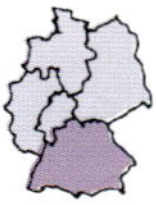

Baden-Württemberg

Hotel, Überlingen-Andelshofen

Johanniter-Kreuz

Ein Paradebeispiel für einen Familienbetrieb, der sich im Laufe der Jahre vergrößert hat, ohne seinen Ursprung zu verleugnen. Das Johanniter-Kreuz wurde vom Großvater des gegenwärtigen Besitzers als Pension eröffnet; Egon Liebich übernahm es 1976 von seinem Vater. Heute führt sein Sohn die Hotelküche, während Tochter Sabine den Empfang leitet.

Obwohl neue Gästezimmer hinzugekommen sind (1991 in dem separaten, elegant eingerichteten Haus Luisenhöhe), ist die Größe bescheiden und die Atmosphäre familiär geblieben. Das Gebäude selbst ist ein zweistöckiger, schwarz-weißer Fachwerkbau, aber die reizvollsten Zimmer sind Mansardenzimmer unter dem Dach. Die Möbel sind rustikal; die Ausstattung ist einfach, aber recht geschmackvoll. Im Erdgeschoß geben offenes Gebälk und weißgetünchte Wände den Ton an. Hübsch gedeckte Tische verbreiten einen Hauch von Eleganz. Es gibt auch einen offenen Kamin. Flügeltüren führen zum Garten hinaus, wo man bei schönem Wetter auf der sonnigen Terrasse essen kann. Die Küche bietet regionaltypische Gerichte und Fischspezialitäten.

Umgebung: Wassersport, Reiten, Golf, Tennis; Münster St. Nikolaus, Befestigungsanlagen

Johanniterweg 11,
88662 Überlingen
Tel.: (07551) 61091
Fax: (07551) 67336
Lage: in einem ländlichen Vorort, 3 km vom Bodensee entfernt; mit Garten und großem Parkplatz
Mahlzeiten: Frühstück, Mittag- und Abendessen
Preise: Zimmer D/DDD; Frühstück 15 DM; Mittag- und Abendessen 25-60 DM
Zimmer: 20 Doppelzimmer mit Bad; 5 Einzelzimmer mit Dusche; 1 Familienzimmer mit Dusche; alle Zimmer mit Zentralheizung, Telefon, TV (im Haus Luisenhöhe mit Minibar und Safe)
Anlage: mehrere Speiseräume, Salon, Bar, Spielzimmer; Gartenterrasse
Kreditkarten: AE, DC, MC, V
Kinder: willkommen
Behinderte: keine speziellen Einrichtungen
Tiere: nach Absprache erlaubt
Geschlossen: nie
Fremdsprachen: Englisch
Besitzer: Egon und Jutta Liebich

Baden-Württemberg

Landhotelkomplex, Wertheim-Bettingen

Schweizer Stuben

»Ein kulinarisches Dorf in der schönen Landschaft des Maintals, umgeben von Wiesen und Getreidefeldern« steht im Prospekt. Das ist eine recht treffende Beschreibung für einen ziemlich ungewöhnlichen Hotelkomplex, der aus einem einzelnen im Chalet-Stil gehaltenen Hotel mit Restaurant im Jahre 1971 zu einem halben Dutzend Gebäuden angewachsen ist, die sich um einen Park mit mehreren Tennisplätzen in der Mitte gruppieren.

Beim Abendessen hat der Gast eine große Auswahl: Wahrscheinlich ist dies das einzige Hotel in Deutschland (mit Sicherheit das einzige in diesem Führer) mit drei Restaurants, die alle hohes Lob von den Restaurantführern ernten. Anspruchsvolle französische Küche, die als eine der besten in Deutschland gilt, gibt es in den alten, holzgetäfelten Schweizer Stuben; schweizerische Spezialitäten werden im gemütlichen, rustikalen Schober serviert, während man in der Taverna la Vigna italienisch schlemmen kann.

Eine ebenso große Auswahl findet man bei den Zimmern, Suiten und Appartements, die sich auf das ursprüngliche Hotel, ein weiteres, als Villa Schweizer Stuben bekanntes Chalet und zwei langgezogene, als Landhaus bezeichnete Gebäude verteilen. Alle sind sehr geschmackvoll und komfortabel eingerichtet, wobei rustikales Dekor das elegante Mobiliar ergänzt.

Umgebung: Stadtpfarrkirche, Burgruine

Geiselbrunnweg 11,
97877 Wertheim
Tel.: (09342) 3070
Fax: 307155
Lage: inmitten von Feldern nahe beim Main, 5 km nö von Wertheim, neben der A 3, 30 km w von Würzburg; auf einem großen Grundstück mit großem Parkplatz
Mahlzeiten: Frühstück, Mittag- und Abendessen, kleine Gerichte
Preise: Zimmer DDD/DDDD incl. Frühstück; Mahlzeiten 60-200 DM
Zimmer: 33 Doppelzimmer mit Bad; alle Zimmer mit Zentralheizung, TV, Telefon, Radio, Fön, Minibar
Anlage: 3 Speiseräume; Tennishalle und Tennisplatz, Golfübungsplatz, Saunas mit Solarium, Dampfbad, beheizter Swimmingpool im Freien, Fahrräder
Kreditkarten: AE, DC, MC, V
Kinder: willkommen
Behinderte: einige Parterrezimmer
Tiere: nach Vereinbarung erlaubt
Geschlossen: nie
Fremdsprachen: Englisch, Französisch
Besitzer: Adalbert Schmitt

Baden-Württemberg

Stadthotel, Albstadt-Ebingen

Hotel Linde

Überall in diesem hübschen Hotel erkennt man Kurt Hettlers sicheres Gespür für Details: Fachwerkfassade, elegante, holzgetäfelte Innenräume. Mehrere prachtvolle Gästezimmer. Die auf Hummer spezialisierte Küche erntet hohe Anerkennung.

Untere Vorstadt 1, 72458 Albstadt **Tel.:** (07431) 53061 **Fax:** (07431) 53322 **Mahlzeiten:** Frühstück, Mittag- und Abendessen **Preise:** Zimmer D/DDD incl. Frühstück; Mahlzeiten 22-98 DM **Zimmer:** 23, alle mit Bad oder Dusche, Zentralheizung, Telefon, Kabel-TV, Radio, Fön, Minibar **Kreditkarten:** keine **Geschlossen:** Weihnachten bis Anfang Jan., 3 Wochen im Juli/Aug.; Restaurant Sa, So **Fremdsprachen:** Englisch, Französisch

Stadthotel, Asperg

Adler

Ein altes Fachwerkgebäude mit modernem Anbau. Die Innenräume sind sehr geschmackvoll zu einem eleganten Hotel umgebaut worden, das dennoch eine familiäre Atmosphäre besitzt. Der überdachte Swimmingpool, die Sauna und die Konferenzräume ziehen vor allem Geschäftsleute an.

Stuttgarter Str. 2, 71679 Asperg **Tel.:** (07141) 63001 **Fax:** (07141) 63006 **Mahlzeiten:** Frühstück, Mittag- und Abendessen **Preise:** Zimmer DDD/DDDD incl. Frühstück; Mahlzeiten 35-94 DM **Zimmer:** 65, alle mit Bad oder Dusche, Zentralheizung, Telefon, Fön, TV, Minibar, Radio **Kreditkarten:** AE, DC, MC, V **Geschlossen:** Mo **Fremdsprachen:** Englisch, Französisch

Stadthotel, Asperg

Landgasthof Lamm

Der moderne Wintergarten neben dem bescheidenen Hotel ist zwar nicht besonders schön, erlaubt dem freundlichen Herbert Wiessert aber, mehr Essensgäste unterzubringen. Für Traditionalisten gibt es mit viel Stein und Holz eingerichtete Gaststuben.

Lammstr. 1, 71679 Asperg **Tel.:** (07141) 62006 **Fax:** (07141) 660162 **Mahlzeiten:** Frühstück, Mittag- und Abendessen, kleine Gerichte **Preise:** Zimmer D/DDD; Mahlzeiten ab 35 DM **Zimmer:** 18, alle mit Bad oder Dusche, Zentralheizung, Telefon, TV, Radio, Fön **Kreditkarten:** AE, DC, MC, V **Geschlossen:** Mo; Restaurant 3 Wochen im Juli **Fremdsprachen:** Englisch, etwas Französisch

Herrenhaushotel, Bad Rappenau

Schloß Heinsheim

Ein traditionelles Schloßhotel im Familienbesitz, umgeben von einem romantischen Schloßpark. Die Gästezimmer sind ruhig und komfortabel. Sehr gut geeignete Räume für Tagungen, Feierlichkeiten und Hochzeiten (Hochzeitskapelle).

Gundelsheimer Str. 36, 74906 Bad Rappenau **Tel.:** (07264) 1045 **Fax:** (07264) 4208 **Mahlzeiten:** Frühstück, Mittag- und Abendessen, kleine Gerichte **Preise:** DD/DDDD incl. Frühstück **Zimmer:** 41, alle mit Bad oder Dusche, Telefon, TV, Minibar, Radio **Kreditkarten:** AE, MC, DC, V **Geschlossen:** 22. Dez. bis 31. Jan.

Baden-Württemberg

Kurorthotel, Bad Überkingen

Bad-Hotel

Dieses 400 Jahre alte Hotel hat nichts mit einem herkömmlichen Kurhotel gemein. Die Innenräume des Fachwerkgebäudes mit steilem Dach sind fast durchweg in einem gefälligen, modernen Stil gehalten (mit Ausnahme der nicht recht überzeugenden Jagdstube). Tennis und Thermalbad kostenlos. Kurgarten für Begeisterte am andern Ufer.

Badstr. 12, 73334 Bad Überkingen **Tel.:** (07331) 3020 **Fax:** (07331) 30220 **Mahlzeiten:** Frühstück, Mittag- und Abendessen **Preise:** Zimmer DD/DDDD incl. Frühstück; Mahlzeiten 30-45 DM **Zimmer:** 20, alle mit Zentralheizung, Telefon, Fön, TV, Minibar, Radio **Kreditkarten:** AE, DC, MC, V **Geschlossen:** 1 Woche im Dez., Mitte Jan. bis Ende Febr. **Fremdsprachen:** Englisch

Vorstadthotel, Baden-Baden

Bocksbeutel

Ein elegantes, modernes Hotel inmitten von Weinbergen und Obstgärten am südlichen Stadtrand von Baden-Baden. Hübscher holzgetäfelter Speiseraum. Reiner Springmanns Küche ist recht anspruchsvoll. Seine Frau Christa kümmert sich engagiert um das Haus.

Umweger Str. 103, 76534 Baden-Baden **Tel.:** (07223) 58031 **Fax:** (07223) 60808 **Mahlzeiten:** Frühstück, Mittag- und Abendessen **Preise:** Zimmer D/DDD incl. Frühstück; Mahlzeiten ab 40 DM **Zimmer:** 10, alle mit Bad oder Dusche, Zentralheizung, Telefon, Radio, einige mit TV **Kreditkarten:** AE, DC, MC, V **Geschlossen:** Mo **Fremdsprachen:** Englisch, Französisch

Stadthotel, Baden-Baden

Badhotel zum Hirsch

Ein für Baden-Baden kleines, für unsere Verhältnisse aber recht großes Hotel. Gelbe Fassade und mit Glyzinien geschmückte, schmiedeeiserne Balkone. Im Inneren außergewöhnlich elegante Möbel (darunter schöne Antiquitäten) und zurückhaltendes Dekor.

Hirschstr. 1, 76530 Baden-Baden **Tel.:** (07721) 9390 **Fax:** (07221) 38148 **Mahlzeiten:** Frühstück, Mittag- und Abendessen, kleine Gerichte **Preise:** Zimmer DD/DDDD incl. Frühstück; Mahlzeiten 42-72 DM **Zimmer:** 59, alle mit Bad (Thermalwasser) oder Dusche, Zentralheizung, Telefon, TV, Radio **Kreditkarten:** AE, DC, MC, V **Geschlossen:** nie **Fremdsprachen:** Englisch, Französisch

Landgasthaus, Baden-Baden-Neuweier

Gasthaus zum Lamm

Ein einladendes Gasthaus in ländlicher Umgebung südlich von Baden-Baden. Die Gästezimmer sind individuell eingerichtet, die Möbel mit Bauernmalereien versehen. Außer dem Terrassenrestaurant verfügt das Haus über eine gemütliche Weinstube, in der regionaltypische Gerichte aus Baden serviert werden. Bei schönem Wetter kann man auch im Sommergarten speisen.

Mauerbergstr. 34, 76534 Baden-Baden **Tel.:** (07233) 57038 **Fax:** (07223) 52612 **Mahlzeiten:** Frühstück, Mittag-und Abendessen; **Preise:** Zimmer D/DD incl. Frühstück; Mahlzeiten ab 22 DM **Zimmer:** 12, alle mit Bad oder Dusche, Telefon, Radio **Kreditkarten:** AE, DC, MC, V **Geschlossen:** 7. Jan. bis 13. Febr.; Restaurant Mi, Do **Fremdsprachen:** Englisch, Französisch

Baden-Württemberg

Frühstückspension, Badenweiler

Schlößle

Diese weißgetünchte, kleine Villa, die in einem hübschen Garten steht, ist eine preiswerte Alternative zum Hotel Sonne (S. 119). Die Familie Hoffmann hat die Pension vor kurzem übernommen und mit eleganten, teilweise antiken Möbeln eine Privathausatmosphäre geschaffen. Beheizter Swimmingpool.

Kanderner Str. 4, 79410 Badenweiler **Tel.:** (07632) 240 **Mahlzeiten:** Frühstück **Preise:** D/DD incl. Frühstück **Zimmer:** 15, alle mit Bad oder Dusche, Zentralheizung, Telefon **Kreditkarten:** keine **Geschlossen:** Dez. bis Febr. **Fremdsprachen:** Englisch

Stadthotel, Badenweiler

Villa Hedwig

Hervorgegangen aus dem früheren Hotel garni »Arts & Crafts« an der ruhigen Straße über dem Kurpark. Familie Dietz ist stolz auf ihre Küche; die Gerichte werden von klassischer Musik begleitet serviert. Übrigens besteht in Badenweiler zwischen 13.30 und 14.30 Uhr Fahrverbot.

Römerstr. 10, 79410 Badenweiler **Tel.:** (07632) 220 **Fax:** (07632) 820031 **Mahlzeiten:** Frühstück, Abendessen, Imbisse **Preise:** Zimmer D/DDD incl. Frühstück; Mahlzeiten 33-38 DM **Zimmer:** 15, alle mit Dusche, Zentralheizung, Telefon, TV, Radio **Kreditkarten:** MC **Geschlossen:** 1. bis 25. Dez., die ersten 3 Wochen im Jan.; Restaurant Do **Fremdsprachen:** Englisch, Französisch

Landhotel, Baiersbronn-Mitteltal

Lamm

Die Familie Klump hat bei ihrem Hotel, das in einem traditionellen Stil gehalten ist, sehr viele massive Holzbalken und -bögen verwendet. Die Gästezimmer sind recht stilvoll und bieten eine schöne Aussicht.

72270 Baiersbronn **Tel.:** (07442) 4980 **Fax:** (07442) 49878 **Mahlzeiten:** Frühstück, Mittag- und Abendessen **Preise:** Zimmer D/DDD; Mahlzeiten ab 40 DM **Zimmer:** 44, alle mit Bad oder Dusche, Zentralheizung, Telefon, TV, Radio **Kreditkarten:** AE, DC, MC, V **Geschlossen:** Mitte Nov. bis Mitte Dez. **Fremdsprachen:** Englisch, Französisch

Landhotel, Binzen

Mühle

Das Hotel-Restaurant Mühle wird von dem Ehepaar Hansjörg und Gill Hechler geführt. Das Restaurant auf Markgräfler Art besteht aus vier individuell gestalteten Räumen. Der Gartenpavillon liegt idyllisch am Mühle-Bach. Von den Gästezimmern sind 10 neu hinzugekommen und teilweise im Laura-Ashley-Stil eingerichtet.

Mühlenstr. 26, 79589 Binzen **Tel.:** (07621) 6072 **Fax:** (07621) 65808 **Mahlzeiten:** Frühstück, Mittag- und Abendessen **Preise:** Zimmer D/DDD incl. Frühstück; Mahlzeiten ab 35 DM **Zimmer:** 20, alle mit Bad oder Dusche, Zentralheizung, Telefon, TV, Radio, einige mit Minibar **Kreditkarten:** AE, DC, MC, V **Geschlossen:** Restaurant So und feiertags **Fremdsprachen:** Englisch, Französisch, Italienisch

Baden-Württemberg

Landhotel, Blaufelden

Gasthof zum Hirschen

Dieses Haus, dessen Inneneinrichtung sich am Bauhausstil orientiert, liegt in einer Marktgemeinde in der Hohenlohe. Es verbindet ländliche Tradition mit Moderne. Das Restaurant genießt einen guten Ruf. Die Gästezimmer sind geschmackvoll und elegant.

Hauptstr. 15, 74572 Blaufelden **Tel.:** (07953) 1041/2 **Fax:** (07953) 1043
Mahlzeiten: Frühstück, Mittag- und Abendessen **Preise:** Zimmer D/DDD; Frühstück 18 DM; Mahlzeiten ab 50 DM **Zimmer:** 12, alle mit Bad oder Dusche, Zentralheizung, Telefon, TV, Radio, teilweise mit Minibar **Kreditkarten:** keine **Geschlossen:** Jan., nur Restaurant, Mo So abends, Okt. bis März **Fremdsprachen:** Englisch, Französisch, Spanisch

Chalet-Hotel, Breitnau

Kaiser's Tanne-Wirtshus

Ein helles, modernes Chalet an der Hauptstraße zwischen Breitnau und Hinterzarten, in dem für die Region typischen rustikalen Stil eingerichtet. Ein liebenswerter Familienbetrieb, in dem u.a. regelmäßig Zitherkonzerte und Grillabende veranstaltet werden. Zwei Restaurants.

Am Wirbstein, 79874 Breitnau **Tel.:** (07652) 1551 **Fax:** (07652) 1507
Mahlzeiten: Frühstück, Mittag- und Abendessen, kleine Gerichte **Preise:** Zimmer D/DDDD incl. Frühstück; Mahlzeiten 30-45 DM **Zimmer:** 36, alle mit Bad, Zentralheizung, Telefon, TV, Radio, Minibar, einige mit Fön **Kreditkarten:** keine **Geschlossen:** nie **Fremdsprachen:** Englisch, Französisch

Restaurant mit Gästezimmern, Bühl

Grüne Bettlad

Ein im 16. Jahrhundert errichtetes Fachwerkhaus mit blumengeschmücktem Innenhof in einer Seitenstraße im Stadtzentrum. Die badisch-französisch orientierte Küche ist weit über die Grenzen hinaus bekannt. Romantische, individuell eingerichtete Gästezimmer (z.T. mit Himmelbetten und Bauernmalerei).

Blumenstr. 4, 77815 Bühl **Tel.:** (07223) 24238 **Fax:** (07223) 24247
Mahlzeiten: Frühstück, Mittag- und Abendessen **Preise:** Zimmer DD/DDD incl. Frühstück **Zimmer:** 6, alle mit Bad oder Dusche, Zentralheizung, Telefon, TV, Minibar **Kreditkarten:** AE **Geschlossen:** 24. Dez. bis 5. Jan.; Restaurant So, Mo **Fremdsprachen:** Englisch

Stadthotel, Bühl

Wehlauer's Badischer Hof

Ein historisches Gebäude aus dem 16. Jahrhundert, das nach seinem berühmten Besitzer und Küchenchef, Peter Wehlauer, benannt ist. Geschmackvolle Einrichtung auf hohem Niveau, die eine gelungene Mischung aus Tradition und Moderne darstellt. Direkt an der Bühlot liegt ein Hofgarten im französischen Stil.

Hauptstr. 36, 77815 Bühl **Tel.:** (07223) 23063 **Fax:** (07223) 23065
Mahlzeiten: Frühstück, Mittag- und Abendessen, kleine Gerichte **Preise:** Zimmer DD/DDDD incl. Frühstück **Zimmer:** 25, alle mit Bad oder Dusche, Zentralheizung, Telefon, Radio, Kabel-TV, Minibar **Kreditkarten:** AE, DC, MC, V **Geschlossen:** nie; Restaurant So, Mo

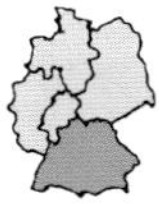

Baden-Württemberg

Landhotel, Bühl

Plättig Hotel

Trotz seiner Größe konnten wir diesem 100 Jahre alten Hotel im Schwarzwald nicht widerstehen. Von außen wirkt es etwas finster, aber die Innenräume sind gefällig renoviert worden, wobei man auf die Gästezimmer ebensoviel Sorgfalt wie auf die Speiseräume verwendet hat.

Schwarzwaldhochstr. 1, 77815 Bühl **Tel.:** (07226) 55300 **Fax:** (07226) 55444
Mahlzeiten: Frühstück, Mittag- und Abendessen **Preise:** Zimmer DD/DDD (Suite 350 DM) incl. Frühstück; Mahlzeiten ab 45 DM **Zimmer:** 57, alle mit Bad oder Dusche, Zentralheizung, Telefon, TV, Radio, die meisten mit Fön **Kreditkarten:** AE, DC, MC, V **Geschlossen:** nie **Fremdsprachen:** Englisch, Französisch

Umgebaute Wassermühle, Büsingen

Alte Rheinmühle

Eine alte, wunderschön restaurierte Mühle, zu deren Füßen der Rhein vorüberfließt. Offene Kamine und geschmackvolles Dekor. Gute Küche. Essen kann man in einem Raum mit Balkendecke, von dem aus man den Fluß überblickt. Fredy Wagner berechnet seine Preise in Schweizer Franken – vielleicht soll sich dadurch der Schock angesichts der Rechnung in Grenzen halten!

Junkerstr. 93, 78266 Büsingen **Tel.:** (07734) 6076 **Fax:** (07734) 6079
Mahlzeiten: Frühstück, Mittag- und Abendessen **Preise:** Zimmer D/DDDD incl. Frühstück; Mahlzeiten 75-120 DM **Zimmer:** 14, alle mit Bad oder Dusche, Zentralheizung, Telefon **Kreditkarten:** kredit **Geschlossen:** Mitte Dez. bis Mitte Jan. **Fremdsprachen:** Englisch, Französisch, Italienisch

Stadthotel, Eberbach am Neckar

Altes Badehaus

Eine wunderbare Kombination aus traditioneller Schlichtheit und hochmodernem Komfort: malerische Gästezimmer mit Balkendecke, aber effektvoller Beleuchtung. Die Küche ist ebenfalls hervorragend. Das Abendessen wird im eleganten Restaurant im ersten Stockwerk, das Frühstück im Untergeschoß serviert, das von einem Gewölbe überspannt wird.

Am Lindenplatz 1, 69412 Eberbach **Tel.:** (06271) 71057 **Fax:** (06271) 7671
Mahlzeiten: Frühstück, Mittag- und Abendessen **Preise:** Zimmer DD/DDD incl. Frühstück; Mahlzeiten 25-170 DM **Zimmer:** 13, alle mit Bad oder Dusche, Zentralheizung, Telefon, TV, Radio, Minibar **Kreditkarten:** AE, DC, MC, V **Geschlossen:** 2 Wochen im Juli/Aug.; Restaurant Mo **Fremdsprachen:** Englisch

Landgasthaus, Eberbach-Brombach

Haus Talblick

Dieser alte Fachwerkgasthof liegt abgeschieden in einem schönen Tal des Odenwalds, wo man ausgedehnte Wanderungen unternehmen kann. Einfache Gästezimmer und ein hübsches, bei den Einheimischen sehr beliebtes Restaurant, das gute ländliche Küche und Wildspezialitäten bietet.

69730 Eberbach-Brombach **Tel.:** (06272) 1451 **Fax:** (06272) 3155
Mahlzeiten: Frühstück, Abendessen **Preise:** Zimmer DD/DDD incl. Frühstück **Zimmer:** 5, einige mit Dusche, alle mit Zentralheizung, Radio **Kreditkarten:** keine **Geschlossen:** Jan., Juli; Restaurant Mi, Do; Mo bis Sa mittag

Baden-Württemberg

Landgasthaus, Ehrenkirchen

Gasthaus zur Krone

Der anheimelnde, weißgetünchte Gasthof mit blauen Läden und Blumenkästen liegt in einem Ort an der Badischen Weinstraße, und die Weinkost bei den Kiefers ist ebenso empfehlenswert wie die gesunde Naturküche.

Herrenstr. 5, 79238 Ehrenkirchen **Tel.:** (07633) 5213 **Fax:** (07633) 83550 **Mahlzeiten:** Frühstück, Mittag- und Abendessen **Preise:** Zimmer D/DD incl. Frühstück **Zimmer:** 9, einige mit Dusche, alle mit Zentralheizung **Kreditkarten:** DC, MC, V **Geschlossen:** 3 Wochen im Juli, 2 Wochen im Feb.; Restaurant Di, Mi mittag

Landhotel, Emmendingen-12 Maleck

Park-Hotel Krone

Der »Park«, eigentlich ein hübscher Garten mit Teich und Flamingos, ist eine der Attraktionen dieses Hotels. Daneben gibt es noch hübsch möblierte Gästezimmer, eine hervorragende, mit einem Michelin-Stern ausgezeichnete Küche und einen eleganten Speiseraum mit Wandgemälden. In den übrigen Räumen ist das Dekor etwas nostalgisch.

Brandelweg 1, 79312 Emmendingen **Tel.:** (07641) 8496 **Fax:** (07641) 52576 **Mahlzeiten:** Frühstück, Mittag- und Abendessen **Preise:** Zimmer D/DDD incl. Frühstück; Menüs 38-140 DM **Zimmer:** 18, alle mit Bad oder Dusche, Zentralheizung, Telefon, TV, Radio, Fön, Minibar **Kreditkarten:** AE, DC, MC, V **Geschlossen:** Mo **Fremdsprachen:** Englisch, Französisch

Landhotel, Enzklösterle

Enztalhotel

Um ganz ehrlich zu sein: Das Enztalhotel ist von außen etwa so attraktiv wie ein Flughafengebäude. Aber die Lage ist traumhaft. Und die Innenräume sind wunderschön gestaltet: mit hellem Holz getäfelt und mit dazu passenden Dekostoffen ausgestattet. Der Empfang ist herzlich und familiär.

Freudenstädter Str. 67, 75337 Enzklösterle **Tel.:** (07085) 180 **Fax:** (07085) 1642 **Mahlzeiten:** Frühstück, Mittag- und Abendessen **Preise:** Zimmer DD/DDD; Mahlzeiten 40 DM **Zimmer:** 49, alle mit Bad oder Dusche, Zentralheizung, Telefon, TV, Radio **Kreditkarten:** MC, V (nur im Restaurant) **Geschlossen:** 10. bis 20. Dez.; Restaurant Mi, Do **Fremdsprachen:** Englisch, Französisch

Stadthotel, Ettlingen

Erbprinz

Ein traditionsreiches Hotel, dessen früheren guten Ruf als Feinschmeckerhochburg Uschi und Lutz Werner wieder aufzupolieren versuchen. Der Speiseraum ist im Gegensatz zu den Gästezimmern, die auch mit helleren Möbeln eingerichtet sind, in dunklen Farben gehalten.

Rheinstr. 1, 76275 Ettlingen **Tel.:** (07243) 3220 **Fax** (07243) 16471 **Mahlzeiten:** Frühstück, Mittag- und Abendessen, kleine Gerichte (Weinstube) **Preise:** Zimmer DDD/DDDD incl. Frühstück; Mahlzeiten 45-100 DM **Zimmer:** 42, alle mit Bad oder Dusche, Zentralheizung, Telefon, TV, Radio, Minibar, die meisten mit Fön **Kreditkarten:** AE, DC, MC, V **Geschlossen:** nie; Restaurant Mo **Fremdsprachen:** Englisch, Französisch

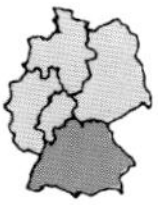

Baden-Württemberg

Landhotel, Feldberg-Bärental

Schwarzwaldgasthof Adler

Dieses hübsche Chalet ist genau das, was wir gesucht, aber nur selten gefunden haben: ein kleines altes Haus, das von der Familie Wimmer geschmackvoll eingerichtet worden ist und tadellos geführt wird. Ironischerweise wollten die Besitzer eigentlich gar nicht, daß ihr Hotel in diesem Führer vorgestellt wird. Schöne Lage.

Feldbergstr. 4, 79868 Feldberg **Tel.:** (07655) 1242 **Fax:** (07655) 1228 **Mahlzeiten:** Frühstück, Mittag- und Abendessen **Preise:** Zimmer D/DDD incl. Frühstück; Mahlzeiten 45-62 DM **Zimmer:** 14 (z.T. Appartements und Maisonetten), alle mit Bad oder Dusche, Zentralheizung, TV, Radio, Telefon, Minibar **Kreditkarten:** DC, MC, V **Geschlossen:** nie **Fremdsprachen:** Englisch

Stadtgasthaus, Freiburg im Breisgau

Rappen

Ein kleiner, farbenprächtiger Gasthof am Marktplatz, in der Nähe des berühmten gotischen Münsters. Vor allem in den lauen Sommernächten, wenn die Terrasse viele Besucher anzieht, sollte man nicht auf Ruhe hoffen.

Münsterplatz 13, 79098 Freiburg **Tel.:** (0761) 31353 **Fax:** (0761) 382252 **Mahlzeiten:** Frühstück, Mittag- und Abendessen, kleine Gerichte **Preise:** Zimmer D/DDD incl. Frühstück; Mahlzeiten ab 18 DM **Zimmer:** 23, Zentralheizung, Minibar, die meisten mit Telefon, TV **Kreditkarten:** AE, DC, MC, V **Geschlossen:** nie **Fremdsprachen:** Englisch, Französisch, Italienisch

Stadthotel, Freiburg im Breisgau

Zum Roten Bären

Der »Bären« bestand schon vor 1311 und gilt heute als der »älteste Gasthof Deutschlands«. Jetzt handelt es sich um ein stattliches Barockhaus, das zwischen Schwabentor und Münster, mitten in der lebendigen Altstadt, liegt.

Oberlinden 12, 79098 Freiburg **Tel.:** (0761) 387870 **Fax:** (0761) 3878717 **Mahlzeiten:** Frühstück, Mittag- und Abendessen, Imbisse **Preise:** Zimmer DDD/DDDD **Zimmer:** 25, alle mit Bad oder Dusche, Zentralheizung, Telefon, TV, Radio **Kreditkarten:** AE, DC, MC, V **Geschlossen:** nie

Weinstube mit Gästezimmern, Freiburg im Breisgau

Oberkirchs Weinstuben

Die einladende, holzgetäfelte Weinstube, die direkt neben dem Freiburger Münster liegt, bietet eine bodenständige, herzhafte Küche. Die meisten der Gästezimmer befinden sich in einem separaten Gebäude um die Ecke, das, trotz Renovierung, weniger rustikal wirkt.

Münsterplatz 22, 79086 Freiburg **Tel.:** (0761) 31011 **Fax:** (0761) 31031 **Mahlzeiten:** Frühstück, Mittag- und Abendessen **Preise:** Zimmer DD/DDDD; Mahlzeiten 40 DM **Zimmer:** 27, alle mit Bad oder Dusche, Zentralheizung, Telefon **Kreditkarten:** AE, MC, V **Geschlossen:** Weihnachten; So **Fremdsprachen:** Englisch, Französisch

Baden-Württemberg

Landhotel, Freudenstadt

Langenwaldsee

Dieses gut geführte, traditionelle Hotel liegt etwa 2 km vom Kurort Freudenstadt entfernt an einem kleinen See, mitten im Wald. Es empfiehlt sich vor allem für sportbegeisterte Gäste: Gleich gegenüber befindet sich ein großer Swimmingpool. Einige schöne Antiquitäten. Verhalten modern eingerichtete Gästezimmer.

Straßburger Str. 99, 72250 Freudenstadt **Tel.:** (07441) 2234 **Fax:** (07441) 4191 **Mahlzeiten:** Frühstück, Mittag- und Abendessen **Preise:** Zimmer D/DDD; Mahlzeiten ab 25 DM **Zimmer:** 53, alle mit Bad oder Dusche, Zentralheizung, Telefon, TV, Radio, Fön **Kreditkarten:** DC, MC, V **Geschlossen:** Anfang Nov. bis Mitte Dez. **Fremdsprachen:** Englisch, Französisch, Italienisch, Spanisch

Stadthotel, Freudenstadt

Hotel Schwanen

Die Familie Bukenberger führt dieses kleine, aber tadellos gepflegte Hotel, das günstig zwischen Bahnhof und Stadtpark liegt, seit über 40 Jahren. Hübsche Terrasse. Außerdem besitzt sie noch am anderen Ende der Stadt das Landhaus Bukenberger mit Garten.

Forststr. 6, 72250 Freudenstadt **Tel.:** (07441) 2267 **Fax:** (07441) 83265 **Mahlzeiten:** Frühstück, Mittag- und Abendessen **Preise:** Zimmer D/DD incl. Frühstück; Mahlzeiten 30 DM **Zimmer:** 17, alle mit Dusche, Zentralheizung, Telefon, TV **Kreditkarten:** MC, V **Geschlossen:** Do **Fremdsprachen:** Französisch, etwas Englisch

Landhotel, Gaggenau-Moosbronn

Mönchhof

Dieses stattliche Fachwerkhaus, das im 18. Jahrhundert für einen Glasbläsermeister errichtet wurde, ist in den 80er Jahren wunderschön restauriert worden. Freiliegendes Gebälk und Fliesenböden im Erdgeschoß, gemütliche, rustikal eingerichtete Gästezimmer im oberen Stockwerk. Als weitere Attraktion gibt es hier Islandponys zu mieten.

76571 Gaggenau **Tel.:** (07204) 619 **Fax:** (07204) 1256 **Mahlzeiten:** Frühstück, kleine Gerichte **Preise:** Zimmer D/DD incl. Frühstück; Mahlzeiten ab 22 DM **Zimmer:** 16, alle mit Dusche, Zentralheizung, Telefon, TV **Kreditkarten:** DC **Geschlossen:** Mo; 22. Dez. bis 20. Jan. **Fremdsprachen:** Englisch

Chalet-Hotel, Glottertal

Hotel Hirschen

Vergoldetes Schnitzwerk, antike Kommoden und bemalte Decken sorgen in den gemütlichen Räumen im Erdgeschoß dieses typischen Schwarzwaldhauses für eine einladende Atmosphäre. Die Gästezimmer sind völlig anders eingerichtet: Ledersessel und Designermöbel aus Holz. Moderne Zimmer mit hohem Komfort.

Rathausweg 2, 79286 Glottertal **Tel.:** (07684) 810 **Fax:** (07684) 1713 **Mahlzeiten:** Frühstück, Mittag- und Abendessen **Preise:** Zimmer D/DDD incl. Frühstück; Mahlzeiten 30-50 DM **Zimmer:** 53, alle mit Bad oder Dusche, Zentralheizung, Telefon, TV, Minibar, einige mit Fön **Kreditkarten:** MC, V **Geschlossen:** Restaurant Mo **Fremdsprachen:** Englisch, Französisch

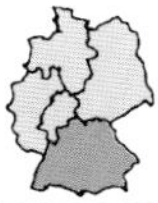

Baden-Württemberg

Stadthotel, Güglingen

Herzogskelter

Diese eindrucksvolle, umgebaute herzogliche Kelter aus dem 16. Jahrhundert dient heute als Hotel und Ausstellungsgalerie für einheimische Künstler. Gelungene Mischung aus alt und neu: von Balkendecken überspannte Gästezimmer mit modernem Komfort. Hübsche Terrasse und Hof.

Deutscher Hof 1, 74363 Güglingen **Tel.:** (07135) 1770 **Fax:** (07135) 17777
Mahlzeiten: Frühstück, Mittag- und Abendessen, Kaffee und Kuchen **Preise:** Zimmer D/DDD incl. Frühstück; Mahlzeiten ab 44 DM **Zimmer:** 33, alle mit Bad oder Dusche, Zentralheizung, Telefon, TV, Minibar **Kreditkarten:** AE, DC, MC, V **Geschlossen:** nie **Fremdsprachen:** Englisch, Französisch, Italienisch

Landhotel, Hagnau am Bodensee

Der Löwen

Dieses hübsche Fachwerkhaus aus dem 17. Jahrhundert liegt zwar nicht direkt am See, verfügt aber über einen Privatstrand, der nur 5 Minuten entfernt ist. Entschädigt wird man auch durch einen japanischen Teichgarten mit Liegemöglichkeiten und ein Gartenrestaurant. Helle, behaglich eingerichtete Gästezimmer.

Hansjakobstr. 2, 88709 Hagnau **Tel.:** (07532) 6241 **Fax:** (07532) 9048
Mahlzeiten: Frühstück, Mittag- und Abendessen, kleine Gerichte **Preise:** Zimmer D/DDD incl. Frühstück; Mahlzeiten ab 35 DM **Zimmer:** 17, alle mit Bad oder Dusche, Zentralheizung, Telefon, einige mit TV, Radio **Kreditkarten:** keine **Geschlossen:** Ende Okt. bis Anfang April **Fremdsprachen:** Englisch, etwas Französisch

Herrenhaushotel, Haßmersheim-Hochhausen

Schloß Hochhausen

In dem kleinen Schloß (im Besitz der Grafen von Helmstatt) ist vor mehr als 30 Jahren ein Hotelbetrieb entstanden. Die Gesellschaftsträume und Gästezimmer sind alle mit alten Möbeln eingerichtet. Im Jagdzimmer gibt es einen offenen Kamin. Die Produkte aus Garten und eigener Jagd bereichern die Küche.

74855 Haßmersheim **Tel.:** (06261) 893142 **Mahlzeiten:** Frühstück, Mittag- und Abendessen **Preise:** Zimmer D/DD incl. Frühstück; Mahlzeiten ab 35 DM **Zimmer:** 15, alle mit Bad oder Dusche, Zentralheizung **Kreditkarten:** keine **Geschlossen:** Jan., Febr. **Fremdsprachen:** Englisch, Französisch

Stadthotel, Heidelberg

Perkeo

Ein schön modernisiertes, vielbesuchtes Hotel an der Hauptstraße der verkehrsfreien Altstadt von Heidelberg. Die Gästezimmer wirken etwas unpersönlich, sind aber schick ausgestattet. Hilfsbereites Personal. Für den Biergarten und das holzgetäfelte Restaurant ist ein anderes Management zuständig.

Hauptstr. 75, 69117 Heidelberg **Tel.:** (06221) 22255 **Fax:** (06221) 163719
Mahlzeiten: Frühstück **Preise:** Zimmer DD/DDD **Zimmer:** 25, alle mit Bad oder Dusche, Zentralheizung, Telefon, TV, Radio, Minibar **Kreditkarten:** AE, DC, MC, V **Geschlossen:** Weihnachten und Neujahr **Fremdsprachen:** Englisch, Französisch, Italienisch

Baden-Württemberg

Stadtvilla, Heilbronn

Park-Villa

Das Hotel besteht aus zwei Villen, die in einem herrlichen Garten nebeneinanderliegen. Die Gästezimmer sind geräumig, komfortabel und mit Blumen, z.T. mit liebevollen Kleinigkeiten dekoriert.

Gutenbergstr. 30, 74074 Heilbronn **Tel.:** (07131) 95700 **Fax:** (07131) 957020 **Mahlzeiten:** Frühstück **Preise:** Zimmer DD/DDD incl. Frühstück **Zimmer:** 25, alle mit Bad, Zentralheizung, Telefon, TV, Radio, Minibar **Kreditkarten:** AE, DC, MC, V **Geschlossen:** Weihnachten

Stadtgasthaus, Heitersheim

Krone

In diesem Gasthof mit den zarten Farben gibt es nichts, was das Auge beleidigen würde. Selbst der 300 Jahre alte Keller mit seiner Spiegeldecke verrät mit seinen Hängelampen und Spitzentischdecken weibliche Anmut.

Hauptstr. 7, 79423 Heitersheim **Tel.:** (07634) 2811 **Fax:** (07634) 4588 **Mahlzeiten:** Frühstück, Mittag- und Abendessen **Preise:** Zimmer D/DDD incl. Frühstück; Mahlzeiten von 30 DM **Zimmer:** 15, alle mit Bad oder Dusche, Zentralheizung, Telefon, TV, Radio, die meisten mit Minibar **Kreditkarten:** V **Geschlossen:** Restaurant Di, Mi mittag **Fremdsprachen:** Englisch, Französisch

Landhotel, Hinterzarten

Hotel Reppert

Ein gemütliches, freundliches Hotel, das bereits in der dritten Generation von der Familie Reppert geführt wird. Idyllische Lage an einem kleinen See inmitten von Wiesen und Wäldern am Rande eines vielbesuchten Fremdenverkehrsorts. Steile Dächer und blumengeschmückte Balkone außen, überraschend elegant ausgestattete Räume im Inneren. Hallenschwimmbad und Felsenwhirlpool im Freien.

Adlerweg 21-23, 79856 Hinterzarten **Tel.:** (07652) 12080 **Fax:** (07652) 120811 **Mahlzeiten:** Frühstück, Abendessen, kleine Gerichte **Preise:** Zimmer D/DDDD (Suiten 330-1420 DM) incl. Frühstück; Mahlzeiten 25-65 DM **Zimmer:** 34, alle mit Bad oder Dusche, Zentralheizung, Telefon, Kabel-TV, Radio, Fön, Safe **Kreditkarten:** AE, DC, MC, V **Geschlossen:** Nov. **Fremdsprachen:** Englisch, Französisch, Spanisch, Italienisch, Flämisch

Landhotel, Horben bei Freiburg

Zum Engel

Ein ländliches, viergeschossiges Gebäude mit Blumengarten und schattiger Terrasse in einer schönen, hügeligen Landschaft. Neuerdings wurden die Zimmer im passenden Regionalstil eingerichtet.

79289 Horben **Tel.:** (0761) 29111 **Fax:** (0791) 290627 **Mahlzeiten:** Frühstück, Mittag- und Abendessen, kleine Gerichte **Preise:** Zimmer D/DDD incl. Frühstück **Zimmer:** 22, alle mit Dusche, Zentralheizung, Telefon, TV, Radio **Kreditkarten:** MC, V **Geschlossen:** Restaurant Mo

Baden-Württemberg

Landgasthaus, Isny-Großholzleute

Adler

Dieser Gasthof ist der Inbegriff rustikalen Charmes, innen wie außen. Seine gelbgetünchten Wände sind mit zahlreichen Bildern aus dem Reitsport geschmückt. Die Gästezimmer befinden sich auf der gegenüberliegenden Straßenseite in Ulrich Zürns modernem, chaletähnlichem Kurhotel und sind komfortabel, aber etwas gleichförmig.

88316 Isny **Tel.:** (07562) 2041 **Fax:** (07562) 55299 **Mahlzeiten:** Frühstück, Mittag- und Abendessen **Preise:** Zimmer D/DD incl. Frühstück; Mahlzeiten ab 30 DM **Zimmer:** 22, alle mit Bad oder Dusche, Zentralheizung, Telefon, TV, Radio, Fön, Balkon **Kreditkarten:** AE, DC, MC, V **Geschlossen:** Mo **Fremdsprachen:** Englisch, Französisch

Umgebaute Burg, Jagsthausen

Burghotel Götzenburg

Ein freundliches, von einem Burggraben umschlossenes Gebäude, das im Laufe der Jahrhunderte kaum verändert worden ist. Den Sommer über ist es wegen der Festspiele sehr frequentiert. Die riesigen Himmelbetten in den Gästezimmern und die massiven Holzmöbel in den Hallen wirken angesichts der Größe der Räume fast verloren.

74249 Jagsthausen **Tel.:** (07943) 2222 **Fax:** (07943) 8200 **Mahlzeiten:** Frühstück, Mittag- und Abendessen **Preise:** Zimmer D/DDD incl. Frühstück **Zimmer:** 17, alle mit Bad oder Dusche, Zentralheizung, Telefon, einige mit TV **Kreditkarten:** AE, DC, MC, V **Geschlossen:** Nov. bis Mitte März **Fremdsprachen:** Englisch

Dorfgasthaus, Lahr-Reichenbach

Adler

Otto Fehrenbacher hat den früher schlichten Gasthof mit erheblichem Aufwand in ein vornehmes Restaurant umgewandelt. Die Innenräume, auch die ge-räumigen Gästezimmer, sind hell und luftig. Die Gerichte sind manchmal etwas zu hochtrabend, aber es gibt auch kleinere Imbisse.

Reichenbacher Hauptstr. 18, 77933 Lahr **Tel.:** (07821) 7035 **Fax:** (07821) 7033 **Mahlzeiten:** Frühstück, Mittag- und Abendessen, Imbisse **Preise:** Zimmer D/DD incl. Frühstück; Mahlzeiten 25-88 DM **Zimmer:** 20, alle mit Bad oder Dusche, Zentralheizung, Telefon, TV, Radio, Fön, einige mit Minibar **Kreditkarten:** MC, V **Geschlossen:** Restaurant 2 Wochen im frühen Jan.; 1 Woche Mitte Febr.; Di **Fremdsprachen:** Englisch, Französisch

Landhotel, Lahr-Sulz

Dammenmühle

Hinter der hübschen Fassade verbirgt sich ein sehr ruhig gelegenes Hotel mit recht stilvoller, moderner Ausstattung. Etwas Besonderes ist allerdings die Lage: Eine große, schattige Terrasse liegt direkt am See.

77933 Lahr **Tel.:** (07821) 93930 **Fax:** (07821) 939393 **Mahlzeiten:** Frühstück, Mittag- und Abendessen **Preise:** Zimmer D/DDD incl. Frühstück; Mahlzeiten 40 DM **Zimmer:** 16, alle mit Bad oder Dusche, Zentralheizung, Telefon, TV, Fön **Kreditkarten:** MC, V **Geschlossen:** Restaurant Mo, 3 Wochen im Jan./Febr. **Fremdsprachen:** Englisch, Französisch

Baden-Württemberg

Umgebautes Schloß, Leonberg-Höflingen

Schloß Höfingen

Keine düstere Burg, sondern ein liebevoll restauriertes Schloß. Franz Feckl ist gerade dabei, sich einen Platz unter Deutschlands besten Köchen zu erwerben. Traditionell, aber stilvoll eingerichtete Speiseräume, ziemlich einfache, aber geräumige Gästezimmer.

Am Schloßberg 17, 71229 Leonberg **Tel.:** (07152) 21049 **Mahlzeiten:** Frühstück, Mittag- und Abendessen **Preise:** Zimmer D/DD incl. Frühstück; Mahlzeiten 70 DM **Zimmer:** 9, alle mit Dusche, Zentralheizung, Telefon, TV **Kreditkarten:** AE, DC, MC, V **Geschlossen:** So, Mo und feiertags **Fremdsprachen:** Englisch

Stadthotel, Lörrach

Villa Elben

Eine Jugendstil-Villa in einem ruhigen Grundstück mit passender Einrichtung. Clubähnliche, von einer Galerie umlaufene Lounge mit Rezeption, schlichte Frühstückszimmer und gut proportionierte Gästezimmer mit Vorliebe für kräftige Farben.

Hünerbergweg 26, 79539 Lörrach **Tel.:** (07621) 2066 **Fax:** (07621) 43280 **Mahlzeiten:** Frühstück **Preise:** Zimmer DD/DDD **Zimmer:** 44, alle mit Bad oder Dusche, Zentralheizung, Telefon, TV, Radio, einige mit Fön **Kreditkarten:** keine **Geschlossen:** nie **Fremdsprachen:** Englisch

Umgebaute Mühle, Mahlstetten

Alte Lippachmühle

Erfreulich unkonventionelles Gasthaus für Leute, die die einfacheren Freuden genießen wollen – Wanderungen, Ausritte, herzhafte Mahlzeiten. Die idyllische Lage mit viel Wald und Wasser trägt ebenso zum Wohlbehagen bei wie der herzliche Empfang durch die Eichels.

78601 Mahlstetten **Tel.:** (07429) 2306 **Mahlzeiten:** Frühstück, Mittag- und Abendessen **Preise:** Zimmer D/D **Zimmer:** 7, alle mit Zentralheizung **Kreditkarten:** keine **Geschlossen:** 3 Wochen im Jan.; Restaurant Di, Mi **Fremdsprachen:** Englisch, Französisch, Italienisch

Chalet-Hotel, Maierhöfen bei Isny

Gasthof zur Grenze

Ein langgestrecktes, niedriges Bilderbuch-Chalet mit Holzbalkonen, Blumenschmuck und Wandmalereien. Der gemütliche, an eine Gaststube erinnernde Speiseraum enthält Sitzbänke und einen Kachelofen. Die Gästezimmer sind eher eng, aber einige besitzen Balkone mit Blick auf die bewaldeten Berge.

Schanz 103, 88167 Maierhöfen **Tel.:** (07562) 3645 **Fax:** (07562) 55401 **Mahlzeiten:** Frühstück, Mittag- und Abendessen **Preise:** Zimmer D/DDD incl. Frühstück; Mahlzeiten ab 28 DM **Zimmer:** 16, alle mit Bad oder Dusche, Zentralheizung, Telefon, TV, Radio, Fön **Kreditkarten:** MC **Geschlossen:** 2 Wochen im März/April, 3 Wochen im Nov./Dez.; Restaurant Mo, Di **Fremdsprachen:** Englisch

Umgebautes Schloß, Markdorf

Bischofsschloß

Aus der ehemaligen Sommerresidenz der Bischöfe von Konstanz in der Altstadt von Markdorf (heute Fußgängerzone) ist ein großes und elegantes Hotel geworden, dem es jedoch etwas an Wärme fehlt.

Schloßweg 2-8, 88677 Markdorf **Tel.:** (07544) 8144 **Fax:** (07544) 72313
Mahlzeiten: Frühstück, Mittag- und Abendessen **Preise:** Zimmer DD/DDD; Mahlzeiten ab 43 DM **Zimmer:** 43, alle mit Bad, Zentralheizung, Telefon, TV, Radio, Fön, Minibar **Kreditkarten:** AE, DC, MC **Geschlossen:** Weihnachten, Neujahr **Fremdsprachen:** Englisch, Französisch

Stadthotel, Meersburg

Weinstube Löwen

Diese hübsche, mit Glyzinien geschmückte, weinumrankte alte Weinstube (Ende 15. Jahrhundert) liegt am Marktplatz gegenüber dem Hotel Zum Bären (S. 130), nahe der 1000 Jahre alten Burg. Mit Zirbelkiefer getäfeltes Restaurant mit viel Atmosphäre. Regionale Küche (u.a. Bodenseefische) und Weine vorwiegend aus heimischen Anbaugebieten. Die Gästezimmer sind schlicht, aber behaglich.

Marktplatz 2, 88709 Meersburg **Tel.:** (07532) 43040 **Fax:** (07541) 430410
Mahlzeiten: Frühstück, Mittag- und Abendessen **Preise:** Zimmer D/DDD
Zimmer: 21, alle mit Bad oder Dusche, Zentralheizung, Telefon, TV
Kreditkarten: AE, DC, MC, V **Geschlossen:** Mitte Nov. bis Mitte Dez.
Fremdsprachen: Englisch

Hotel am Fluß, Neckargemünd

Hotel zum Ritter

Dieses unregelmäßige, alte Fachwerkgebäude besitzt eine wunderschöne Lage hoch über dem Neckar. Von seinem vielbesuchten Restaurant hat man einen herrlichen Blick auf den Fluß. Verkehrslärm von der Hauptstraße kann lästig werden. Kellerbar mit viel Atmosphäre. Recht stilvolle, aber etwas nüchtern wirkende Gästezimmer.

Neckarstr. 40, 69151 Neckargemünd **Tel.:** (06223) 7035 **Fax:** (06223) 73339
Mahlzeiten: Frühstück, Mittag- und Abendessen **Preise:** Zimmer D/DDD
Zimmer: 38, alle mit Bad oder Dusche, Zentralheizung, Telefon **Kreditkarten:** AE, MC, V **Geschlossen:** nie

Umgebautes Schloß, Neckarwestheim

Schloßhotel Liebenstein

Ein 1985 wunderschön restauriertes altes Gebäude innerhalb der Mauern eines Schlosses aus dem 16. Jahrhundert, das sich auf einem Hügel erhebt; außerhalb ein 27-Loch-Golfplatz. Speiseraum mit Deckengewölbe und viel Atmosphäre, Schloßschenke mit Terrasse, geräumige, geschmackvoll eingerichtete Dichterfürstenzimmer.

74382 Neckarwestheim **Tel.:** (07133) 6041 **Fax:** (07133) 6045
Mahlzeiten: Frühstück, Mittag- und Abendessen, kleine Gerichte **Preise:** Zimmer DDD/DDDD **Zimmer:** 24, alle mit Bad oder Dusche, Zentralheizung, Telefon, TV, Radio, Fön **Kreditkarten:** AE, DC, MC, V **Geschlossen:** Jan.

Baden-Württemberg

Umgebaute Burg, Neckarzimmern

Burg Hornberg

Eine alte Burg, die hoch über dem Neckar thront. Die Gästezimmer sind komfortabel und modern. Die Zimmer nach vorne können im Sommer sehr heiß sein. Die Burg ist teilweise Museum und deshalb viel besucht und entsprechend unruhig.

74865 Neckarzimmern **Tel.:** (06261) 4064 **Fax:** (06261) 18864
Mahlzeiten: Frühstück, Mittag- und Abendessen, kleine Gerichte **Preise:** Zimmer DD/DDD incl. Frühstück **Zimmer:** 24, alle mit Bad oder Dusche, Zentralheizung, Telefon, Radio **Kreditkarten:** MC, V **Geschlossen:** Mitte Dez. bis März

Landgasthaus, Oberkirch

Zur Oberen Linde

Ein Komplex aus mehreren großen Fachwerkgebäuden aus dem 17. Jahrhundert, der vor kurzem noch erweitert worden ist. Er befindet sich an einer vielbefahrenen Straße, aber in einem Garten. Traditionelles Dekor, geschmackvoll eingerichtete Gästezimmer.

Hauptstr. 25, 77704 Oberkirch **Tel.:** (07802) 8020 **Fax:** (07802) 3030
Mahlzeiten: Frühstück, Mittag- und Abendessen, kleine Gerichte **Preise:** Zimmer DD/DDDD **Zimmer:** 40, alle mit Bad, Telefon, TV, Radio, Minibar **Kreditkarten:** AE, DC, MC, V **Geschlossen:** nie **Fremdsprachen:** Englisch, Französisch

Chalet-Hotel, Oberwolfach

Hirschen

In diesem hübschen Landhotel gibt es für jeden Geschmack etwas: traditionelle Fassade, tadellos gepflegte, geschmackvoll gestaltete Innenräume, Sauna, Tischtennis, Kegelbahn, Kinderspielzeug und gute Küche. Hinzu kommt der herzliche Empfang durch die drei Generationen der Familie Junghanns.

Schwarzwaldstr. 2, 77709 Oberwolfach **Tel.:** (07834) 366 **Fax:** (07834) 6775
Mahlzeiten: Frühstück, Mittag- und Abendessen, kleine Gerichte **Preise:** Zimmer D/DD **Zimmer:** 42, alle mit Bad oder Dusche, Zentralheizung, Telefon, TV-Anschl., Safe, z.T. Balkon **Kreditkarten:** AE, DC, MC, V **Geschlossen:** nie; Restaurant Mo

Stadthotel, Offenburg

Hotel Sonne

Ein Hotel am Marktplatz mit 600jähriger Geschichte (u.a. übernachtete hier Napoleon), im Altbau mit Empire- oder Rokokomöbeln, im Neubau modern eingerichtet. Gemütliche, holzgetäfelte Speiseräume. Die Gästezimmer sind in Stil und Größe unterschiedlich; die besten sind sehr geräumig.

Hauptstr. 94, 77652 Offenburg **Tel.:** (0781) 71039 **Fax:** (0781) 71033
Mahlzeiten: Frühstück, Mittag- und Abendessen **Preise:** Zimmer D/DD incl. Frühstück **Zimmer:** 34, alle mit Zentralheizung **Kreditkarten:** AE, MC, V **Geschlossen:** Restaurant Jan. u. Febr. **Fremdsprachen:** Englisch, Französisch

Landhotel, Pfalzgrafenweiler-Kälberbronn

Waldsägmühle

So solide werden die Hotels heute nicht mehr gebaut: Überall in dem von Hans und Martha Zeigler geführten Waldhotel sieht man massive Balken (die nicht alle sehr alt sind). Die besten Gästezimmer auf der Vorderseite des Gebäudes haben blumengeschmückte Balkone.

72285 Pfalzgrafenweiler **Tel.:** (07445) 85150 **Fax:** (07445) 6750 **Mahlzeiten:** Frühstück, Mittag- und Abendessen **Preise:** Zimmer D/DDD incl. Frühstück; Mahlzeiten ca. 30 DM **Zimmer:** 37, alle mit Bad oder Dusche, Zentralheizung, Telefon, Radio, die meisten mit TV **Kreditkarten:** DC, V **Geschlossen:** So, Mo; 6. Jan. bis 10. Febr., 2 Wochen im Juli **Fremdsprachen:** etwas Englisch

Landhotel, Rammingen-Ulm

Landgasthof Adler

Dieses reizvolle, von Kletterpflanzen überwucherte Romantik-Hotel, das friedlich in einem kleinen Dorf liegt, lockt die Gäste mit opulenten Mahlzeiten an, die in einem Speiseraum mit Balkendecke serviert werden. In den gemütlichen Gästezimmern findet man bemalte Möbel. Die Aollonis sind freundliche, nette Gastgeber.

Riegestr. 15, 89192 Rammingen **Tel.:** (07345) 96410 **Fax:** (07345) 964110 **Mahlzeiten:** Frühstück, Mittag- und Abendessen **Preise:** Zimmer DD/DDD incl. Frühstück; Mahlzeiten ab 25 DM **Zimmer:** 14, alle mit Bad oder Dusche, Zentralheizung, Telefon, Fön, Minibar, Radio **Kreditkarten:** AE, DC, MC, V **Geschlossen:** Jan., Aug.; Restaurant Mo, Di mittag **Fremdsprachen:** Englisch, Französisch, Italienisch

Hotel auf einem Hügel, Reutlingen

Achalm

Das alte Gut, das unterhalb der Ruinen der alten Festung Achalm liegt, ist in ein großes Hotel mit Restaurant und Konferenzzentrum umgewandelt worden. Vom Restaurant (mit hoher Balkendecke) und von den modernen Gästezimmern blickt man auf Reutlingen hinab.

Achalm, 72766 Reutlingen **Tel.:** (07121) 4820 **Fax:** (07121) 482100 **Mahlzeiten:** Frühstück **Preise:** Zimmer D/DDD incl. Frühstück **Zimmer:** 46, alle mit Bad oder Dusche, Zentralheizung, Telefon, TV, Radio, Minibar **Kreditkarten:** AE, DC, MC, V **Geschlossen:** nie **Fremdsprachen:** Englisch, Französisch, Italienisch

Umgebaute Mühle, Rielasingen

Zur Alten Mühle

In dieser ehemaligen Mühle gibt es keine halben Sachen: In der Gaststube, die auch als Speiseraum dient, ist man überall von Gebälk umgeben. Die Küche ist recht anspruchsvoll und gelungen. Hübsche, rustikal eingerichtete Gästezimmer.

Singener Str. 3, 87239 Rielasingen **Tel.:** (07731) 52055 **Fax:** (07731) 52057 **Mahlzeiten:** Frühstück, Mittag- und Abendessen **Preise:** Zimmer D/DD incl. Frühstück; Mahlzeiten ab 25 DM **Zimmer:** 6, alle mit Dusche, Zentralheizung, Telefon, TV, Minibar **Kreditkarten:** MC, V **Geschlossen:** Mo **Fremdsprachen:** Englisch, Französisch, Italienisch

Baden-Württemberg

Landhotel, Rosenberg

Landgasthof Adler

Die alte Fassade mit den grünen Fensterläden wirkt einladend. Die Farbe Grün dominiert zusammen mit Rot auch im hübschen Frühstückszimmer und in der Gaststube. Die Gästezimmer und der Speiseraum, in dem Haute Cuisine serviert wird, sind dagegen in nüchternem Weiß gehalten – Hunde sind hier bestimmt nicht zugelassen!

Ellwanger Str. 15, 73494 Rosenberg **Tel.:** (07967) 513 **Mahlzeiten:** Frühstück, Mittag- und Abendessen, kleine Gerichte **Preise:** Zimmer D/DD; Frühstück 12 DM, Mahlzeiten 20-45 DM **Zimmer:** 11, alle mit Dusche, Zentralheizung, Telefon, Fön **Kreditkarten:** keine **Geschlossen:** je 2 Wochen im Jan. und Aug. Restaurant Di, Fr **Fremdsprachen:** Englisch

Chalet-Hotel, Schopfheim-Schlechtbach

Gasthof Auerhahn

Ein malerisches, weißgetünchtes, blumengeschmücktes Chalet mit Blick auf die fernen Alpen. Das Hotel ist schlicht: kleine Gästezimmer, deren Möbel mit Blumenmustern bemalt sind, und ein bescheidener, holzgetäfelter Speiseraum, in dem traditionelle Gerichte serviert werden. Sehr preisgünstig.

Hauptstr. 5, 79650 Schopfheim **Tel.:** (07620) 228 **Mahlzeiten:** Frühstück, Mittag- und Abendessen **Preise:** Zimmer D/D incl. Frühstück; Mahlzeiten 45-50 DM **Zimmer:** 10, z.T. mit Dusche **Kreditkarten:** keine **Geschlossen:** Mi abend, Do **Fremdsprachen:** Englisch, Französisch

Stadthotel, Schwäbisch-Hall

Der Adelshof

Der Marktplatz ist das Zentrum dieser hübschen alten Stadt. Vielleicht liegt der Goldene Adler etwas günstiger, aber dieses schöne Hotel bietet mehr Komfort und Stil. Moderne Gästezimmer, attraktiver Speiseraum mit Balkendecke.

Am Markt 12-13, 74523 Schwäbisch-Hall **Tel.:** (0791) 75890 **Fax:** (0791) 6036 **Mahlzeiten:** Frühstück, Mittag- und Abendessen **Preise:** Zimmer DD/DDDD incl. Frühstück; Mahlzeiten ab 30 DM **Zimmer:** 47, alle mit Bad oder Dusche, Zentralheizung, Telefon, TV, Radio, Fön, Minibar **Kreditkarten:** AE, DC, MC, V **Geschlossen:** Restaurant Mo **Fremdsprachen:** Englisch, Französisch, Italienisch, Spanisch

Ehemalige Postkutschenstation, Titisee-Neustadt

Romantik-Hotel Adler Post

Ein solides, direkt an der Straße gelegenes Hotel mit gemütlicher Atmosphäre, das die Familie Ketterer seit 140 Jahren in diesem Kurort führt. Massagen und Behandlungen für Kurgäste, traditionelle Gastlichkeit für die übrigen Besucher.

Hauptstr. 16, 79822 Titisee-Neustadt, **Tel.:** (07651) 5066 **Fax:** 3729 **Mahlzeiten:** Frühstück, Mittag- und Abendessen **Preise:** Zimmer D/DDD incl. Frühstück **Zimmer:** 30, alle mit Bad oder Dusche, Zentralheizung, Telefon, TV, Minibar **Kreditkarten:** AE, DC, MC, V **Geschlossen:** 3 Wochen vor Ostern **Fremdsprachen:** Englisch, Französisch, Italienisch

Baden-Württemberg

Landgasthaus, Titisee-Neustadt

Traube

Herr Winterhalder freut sich, Familien in seinem unprätentiösen, bequemen Landhaus zu begrüßen, das in den bewaldeten Bergen nördlich vom See wunderbar ruhig gelegen ist. Solide Küche, angenehm ländliche Atmosphäre, ideal zum Wandern.

Sommerbergweg 1, 79822 Titisee-Neustadt **Tel.:** (07669) 755 **Fax:** (07669) 1350 **Mahlzeiten:** Frühstück, Mittag- und Abendessen **Preise:** Zimmer D/DD incl. Frühstück **Zimmer:** 30, alle mit Bad oder Dusche, Zentralheizung, Telefon, Radio, einige mit Minibar **Kreditkarten:** keine **Geschlossen:** Mitte Nov. bis Weihnachten; Restaurant Di **Fremdsprachen:** Englisch, Französisch

Ferienhotel, Triberg im Schwarzwald

Parkhotel Wehrle

Ein traditionell eingerichtetes Hotel, das seit Jahrhunderten als Familienbetrieb geführt wird. Drei weitere Gebäude befinden sich in einem Park hinter dem für die Region typischen Hauptbau. Kein Prunk, aber eine exquisite Küche (Michelin-Stern) und luxuriöse Ausstattung (Schwimmhalle, Sauna, Solarium und Fitneßgeräte).

Gartenstr. 24, 78098 Triberg **Tel.:** (07722) 86020 **Fax:** 860290 **Mahlzeiten:** Frühstück, Mittag- und Abendessen **Preise:** Zimmer D/DDD; Frühstück 18 DM; Mahlzeiten ab 40 DM **Zimmer:** 54, alle mit Bad oder Dusche, Zentralheizung, Telefon, Fön, TV, Radio **Kreditkarten:** AE, DC, MC, V **Geschlossen:** nie **Fremdsprachen:** Englisch, Französisch, Italienisch

Hotel am See, Überlingen

Hotel Seegarten

Hinter der hübschen Fassade verbirgt sich ein kleines Hotel mit altmodischer, wohliger Atmosphäre, das nur durch die Uferpromenade vom Bodensee getrennt ist. Die Gäste können auf der hübschen Terrasse essen, während sie die Fähre beobachten.

Seepromenade 7, 88644 Überlingen **Tel.:** (07551) 63498 **Fax:** (07551) 3981 **Mahlzeiten:** Frühstück, Mittag- und Abendessen, kleine Gerichte **Preise:** Zimmer D/DDD incl. Frühstück; Mahlzeiten 18,50-60 DM **Zimmer:** 21, alle mit Bad oder Dusche, Zentralheizung, Telefon, TV **Kreditkarten:** MC **Geschlossen:** Dez. bis Febr. **Fremdsprachen:** Englisch, Französisch

Hotel am See, Uhldingen-Mühlhofen

Hotel Fischerhaus

Es ist wichtig, daß man bei diesem Hotel (Fachwerkhaus) im voraus bucht. Der Privatstrand am Bodensee, der beheizte Swimmingpool im Freien, die geschmackvoll eingerichteten Gästezimmer und der schöne Speiseraum ziehen viele Besucher an. Gute Küche und hausgemachte Fruchtsäfte aus dem eigenen Obstgarten – aber nur für Hotelgäste.

Seefelden am Bodensee, 88690 Uhldingen-Mühlhofen **Tel.:** (07556) 8563 **Fax:** (07556) 6063 **Mahlzeiten:** Frühstück, Mittag- und Abendessen **Preise:** Zimmer DDD/DDDD incl. Frühstück; Mahlzeiten 40 DM **Zimmer:** 27, alle mit Bad oder Dusche, Zentralheizung, Telefon **Kreditkarten:** keine **Geschlossen:** nie **Fremdsprachen:** Englisch, Französisch

Baden-Württemberg

Stadtgasthof, Wangen im Allgäu

Hotel Alte Post

Ein sehr gepflegtes Traditionshotel in ausgezeichneter Lage in der Fußgängerzone von Wangen. Elegant möblierte Gesellschaftsräume und gemütliche, rustikal eingerichtete Gästezimmer unter dem Dach.

Postplatz 2, 88239 Wangen **Tel.:** (07522) 4014 **Fax:** (07522) 22604
Mahlzeiten: Frühstück, Abendessen **Preise:** Zimmer D/DDD **Zimmer:** 27, alle mit Bad oder Dusche, Zentralheizung, Telefon, TV, Radio, Minibar, Fön
Kreditkarten: AE, DC, MC, V **Geschlossen:** nie

Frühstückspension, Wangen im Allgäu

Hotel Postvilla

Eine elegante Jugendstil-Villa in einem schönen Park, die von der gleichen Familie wie die Alte Post (oben) geführt wird. Vornehm eingerichtete Zimmer mit Kronleuchtern und Stilmöbeln sorgen für ein gediegenes, luxuriöses Ambiente.

Schönhalde 2, 88239 Wangen **Tel.:** (07522) 4036 **Fax:** (07522) 29323
Mahlzeiten: Frühstück **Preise:** Zimmer D/DDDD incl. Frühstück **Zimmer:** 17, alle mit Zentralheizung, Telefon, TV, Radio, Fön, Minibar **Kreditkarten:** AE, DC, MC, V
Geschlossen: 2 Wochen im Jan.

Stadthotel, Weikersheim

Laurentius

Das steinerne Kellergewölbe, das heute ein bekanntes Restaurant beherbergt, ist der einzige Hinweis auf das Alter dieses funktionell umgebauten Hotels. Es liegt am Marktplatz, wo einst Goethes Vorfahren wohnten. Drei anerkannte Küchenchefs sorgen für die »beste Küche im Taubertal«. Hübscher Innenhof.

Marktplatz 5, 97990 Weikersheim **Tel.:** (07934) 7007 **Fax:** (07934) 7077
Mahlzeiten: Frühstück, Mittag- und Abendessen **Preise:** Zimmer D/DD incl. Frühstück; Mahlzeiten ab 40 DM **Zimmer:** 11, alle mit Bad oder Dusche, Zentralheizung, Telefon, einige mit TV, Radio **Kreditkarten:** DC, MC, V
Geschlossen: Restaurant Mitte Jan. bis Ende Febr.; Di **Fremdsprachen:** Englisch, Französisch, Italienisch

Restaurant mit Gästezimmern, Weil

Gasthaus Zur Krone

Der alte Gasthof (1572) der Gebrüder Hechler will nichts anderes sein als ein Mittelklasserestaurant mit einfach möblierten Gästezimmern. Essen kann man in einem in kräftigen Rottönen gehaltenen Speiseraum oder in zwei rustikal eingerichteten Gaststuben.

Hauptstr. 58, 79576 Weil am Rhein **Tel.:** (07621) 71164 **Fax:** (07621) 78963
Mahlzeiten: Frühstück, Mittag- und Abendessen **Preise:** Zimmer D/DDD incl. Frühstück; Menüs ab 52 DM **Zimmer:** 11, alle mit Bad oder Dusche, Zentralheizung, Telefon, TV, Radio **Kreditkarten:** AE, MC, V **Geschlossen:** Restaurant Mo, Di
Fremdsprachen: Englisch, Französisch, Italienisch

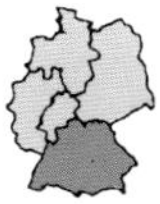

Baden-Württemberg

Restaurant mit Gästezimmern, Weil am Rhein

Zum Adler

Hansjörg Wöhrles Restaurant, das nahe der Grenze zur Schweiz und zu Frankreich liegt, gilt als Mekka für Feinschmecker. Seine auch für das Auge attraktiven Gerichte werden in einem elegant eingerichteten Gasthof aus dem 15. Jahrhundert oder im blumengeschmückten Hof serviert. Hübsche Gästezimmer.

Hauptstr. 139, 79576 Weil am Rhein **Tel.:** (07621) 71188 **Fax:** (07621) 75676 **Mahlzeiten:** Frühstück, Mittag- und Abendessen, kleine Gerichte **Preise:** Zimmer DD/DDD incl. Frühstück; Mahlzeiten 48-128 DM **Zimmer:** 23, alle mit Dusche oder Bad, Zentralheizung, Telefon, TV, Minibar, Radio **Kreditkarten:** keine **Geschlossen:** Restaurant Anfang bis Mitte Jan.; Anfang bis Mitte Aug., So, Mo **Fremdsprachen:** Englisch, Französisch

Dorfgasthaus, Weil-Haltingen

Zum Hirschen

Ein einfacher, kleiner Gasthof in ruhiger Lage, abseits der Touristenrouten entlang dem Rhein. Er ist seit Generationen im Besitz der Familie von Angelika Ulfstedt. Im Sommer kann man im hübschen Blumengarten essen. Die preiswerten Gästezimmer bieten schlichte Eleganz.

Große Gass 1, 79576 Weil am Rhein **Tel.:** (07621) 62344 **Mahlzeiten:** Frühstück, Mittag- und Abendessen **Preise:** Zimmer D/DD incl. Frühstück; Mahlzeiten 20-50 DM **Zimmer:** 9, alle mit Bad oder Dusche, Zentralheizung, Telefon **Kreditkarten:** DC, MC, V **Geschlossen:** Mo **Fremdsprachen:** Englisch, Französisch, Finnisch, Schwedisch

Restaurant mit Gästezimmern, Weingarten

Walk'sches Haus

Ein hübscher, rustikaler Gasthof, aber keineswegs schlicht. Das gilt vor allem für die ausgezeichnete Küche des Hauses. Die Gästezimmer erreichen zwar nicht ganz den Charme der holzgetäfelten Speiseräume, sind aber zweifellos komfortabel. Der neue Besitzer, Dietmar Rübenbacker, ist zugleich der Koch.

Marktplatz 7, 76356 Weingarten **Tel.:** (07244) 2031 **Fax:** (07244) 2034 **Mahlzeiten:** Frühstück, Mittag- und Abendessen **Preise:** Zimmer D/DDD incl. Frühstück; Menüs 85-150 DM **Zimmer:** 14, alle mit Bad oder Dusche, Zentralheizung, Klimaanlage, Telefon, TV, Radio, Fön, Minibar **Kreditkarten:** AE **Geschlossen:** 1. bis 6. Jan.; So **Fremdsprachen:** Englisch

Umgebautes Schloß, Weitenburg

Schloß Weitenburg

Das hoch über dem Neckar gelegene Schloß besitzt einen Renaissance-, einen Barock- und einen neugotischen Flügel. Es bietet eine herrliche Aussicht und elegante Gästezimmer. Sportbegeisterte Gäste finden eine Reithalle, einen 18-Loch-Golfplatz und einen überdachten Swimmingpool.

72181 Weitenburg **Tel.:** (07457) 8051 **Fax:** (07457) 8054 **Mahlzeiten:** Frühstück, Mittag- und Abendessen, kleine Gerichte **Preise:** Zimmer DD/DDDD incl. Frühstück; Mahlzeiten 40-90 DM **Zimmer:** 34, alle mit Bad oder Dusche, Zentralheizung, Telefon, TV, Minibar, Radio **Kreditkarten:** AE, DC, MC, V **Geschlossen:** 24. und 25. Dez. **Fremdsprachen:** Englisch, Französisch, Spanisch

Nordbayern

Überblicksartikel

Hotels in Nordbayern

Die Donau durchfließt den Freistaat Bayern in einem großen Bogen von Westen nach Osten und teilt ihn praktisch in zwei Hälften. Wir haben uns an diese natürliche Einteilung gehalten, wobei wir die an der Donau gelegenen Städte Nordbayern zuordnen. Nördlich der Donau liegen Franken mit dem Maintal, die Oberpfalz und ein Teil von Niederbayern mit bergigen Waldgebieten (Oberpfälzer und Bayerischer Wald mit mehreren Natur- und Nationalparks nahe der Grenze zur Tschechoslowakei). Franken wurde früher von mächtigen Fürstbischöfen regiert, die eine Reihe von wunderschönen Burgen, Schlössern und Kirchen hinterließen und den Grundstein für ein reiches kulturelles Erbe legten.

Nürnberg, die größte Stadt von Nordbayern, war eine der schönsten mittelalterlichen Städte von Deutschland, bis es im Zweiten Weltkrieg schwere Zerstörungen erlitt. Unser Führer enthält einen Eintrag für diese Stadt, aber die meisten Hotels dort sind heute überwiegend moderne Betongebäude. Dazu gehört auch das feudale *Atrium* (Tel. 0911/47480, Fax 4748420, 190 Zimmer), das aber von einem Park umgeben und zentral gelegen ist. Die Altstadt ist auch von den folgenden Hotels leicht zu erreichen: *Maritim* (0911/23630, Fax 2363836, 307 Zimmer), ein Luxushotel, und *Am Jakobsmarkt* (Tel. 0911/241440, Fax 227634), eine kleinere, komfortable Pension.

Während die historisch bedeutsamen Städte Bamberg und Bayreuth mit mehreren Einträgen berücksichtigt sind, empfehlen wir für Coburg das kürzlich renovierte *Coburger Tor* (Tel. 09561/24074, Fax 28874, 135 Zimmer), das mit Ulrich Schaller über einen begabten Küchenchef verfügt, und das *Blankenburg* (Tel. 09561/75005, Fax 75674, 46 Zimmer), ein reizvolles Hotel mit Gartenrestaurant, in dem es im Sommer nach Kräutern duftet.

Aschaffenburg im Nordwesten ist das Zentrum einer blühenden Textilindustrie, hat aber dennoch die Atmosphäre eines historischen Markts bewahrt. Für Feinschmecker empfiehlt sich aufgrund des ausgezeichneten Restaurants die *Sonne* (Tel. 06021/470077, 10 Zimmer), 8 km außerhalb. In der Stadt selbst bietet das *Hofgut Fasanerie* (Tel. 06021/91016, Fax 98944, 6 Zimmer) einfache Gästezimmer in einer parkähnlichen Umgebung.

Als Alternativen zu dem Eintrag für Würzburg empfehlen wir: *Rebstock* (Tel. 0931/30930, Fax 3093100, 79 Zimmer), ein großes, komfortables Hotel mit gutem Restaurant, und *Schloß Steinburg* (Tel. 0931/93061, Fax 97121, 53 Zimmer), ein Hotel mit herrlicher Aussicht und Gästezimmern voller »Schloßkitsch«. Südöstlich von Würzburg liegt in Biebelried das *Leicht* (Tel. 09302/814, Fax 3163, 66 Zimmer), ein rustikales Hotel in einer ehemaligen Brauerei, das hausgemachte Schnäpse anbietet.

Im Nordosten befindet sich in der Industriestadt Marktredwitz der *Kaiserhof* (Tel. 09231/1031, 16 Zimmer) in einem um die Jahrhundertwende entstandenen Gebäude, das umfassend renoviert worden ist. In Weiden, etwas weiter südlich, gibt es das in den 70er Jahren errichtete *Europa* (Tel. 0961/25051, Fax 61562, 26 Zimmer), das attraktive Innenräume und eine gute Küche besitzt.

Auf dieser Seite werden empfehlenswerte Hotels in Nordbayern vorgestellt, die keinen eigenen Eintrag erhalten. Die langen Einträge mit den Hotels, von denen wir am meisten begeistert waren, beginnen auf der nächsten Seite. Wir waren jedoch auch von den Hotels angetan, die hier nur mit Kurzeinträgen (ab S. 178) berücksichtigt werden.

Nordbayern

Umgebautes Kloster, Amorbach

Der Schafhof

Die Benediktiner wußten sehr wohl, was sie taten, als sie sich im 15. Jahrhundert hier niederließen. Denn der Schafhof war für sie ebenso ein stilles Refugium, wie er es auch noch für die Menschen des 20. Jahrhunderts ist. Das im 18. Jahrhundert aus rotem Sandstein errichtete heutige Hotelgebäude bietet einen herrlichen Blick über Wiesen und sanfte Hügel – eine Landschaft, in der es kaum andere Häuser gibt. In den hübschen Nebengebäuden werden Schafe, Hühner und Enten gehalten, die Fleisch für die Küche liefern. Im See gibt es Forellen und Karpfen. Man könnte fast glauben, daß sich das Leben auf dem nunmehr 270 Jahre alten Anwesen kaum verändert hat. Alles, vom Brot über Nudeln, Marmeladen und Süßspeisen bis hin zum Apfelsaft, wird hier selbst hergestellt oder stammt vom örtlichen Markt. Die Küche genießt bei den Einheimischen einen ausgezeichneten Ruf.

Die Winklers haben eine schlichte Einrichtung gewählt, die zu den Balkendecken, den gefliesten Böden und den Steinwänden paßt. Die Stoffe sind in weichen Rosa- und Cremetönen gehalten, die Wände weiß getüncht. Die Gästezimmer wirken gemütlich. In den unter dem Dach gelegenen Räumen mit niedriger, honigfarbener Holzdecke stehen einfache Betten aus Fichtenholz, während man in den Zimmern im ersten Stockwerk rustikale, dunkle Holzmöbel findet. Es gibt Pläne für eine Erweiterung des Schafhofs – hoffentlich nicht auf Kosten der freundlichen Atmosphäre.

Umgebung: Barocke Klosterkirche; Bisonreservat (10 km)

Schafhof 1, 63916 Amorbach
Tel.: (09373) 8088 **Fax:** (09373) 4120
Lage: 3 km w von Amorbach inmitten von Wiesen; mit großem Parkplatz
Mahlzeiten: Frühstück, Mittag- und Abendessen, Kaffee und Kuchen, Vesper
Preise: Zimmer DDD/DDDD; Mittagsmenü ab 49 DM, Abendmenü ab 98 DM
Zimmer: 14 Doppelzimmer (3 mit Einzelbetten), alle mit Bad, Zentralheizung, Telefon, TV, Radio, einige mit Minibar; Fön auf Anfrage
Anlage: Speiseräume, kleine Hotelhalle mit Kamin; Terrassen, Höfchen, Teiche, Tennisplatz, Gartenschach, Bocciabahn, Fahrräder, Pferdekutschen; Golfplatz in Walldürn-Neusaß (12 km entfernt)
Kreditkarten: AE, DC, MC, V
Kinder: willkommen
Behinderte: Zugang schwierig
Haustiere: in den Gesellschaftsräumen erlaubt
Geschlossen: Jan. bis Mitte Febr.
Fremdsprachen: Englisch, Französisch **Besitzer:** Lothar und Charlotte Winkler

Nordbayern

Umgebautes Schloß, Bad Neustadt

Kur- & Schloßhotel

Hier ist wirklich ein Platz, an dem man sich verwöhnen lassen kann, »ein Haus mit besonderem Charme«, wie uns ein Gast geschrieben hat. Viele Leute gehen zur Kur nach Bad Neustadt, aber der Aufenthalt im Schloßhotel ist sicher die luxuriöseste Art und Weise, seine Batterien wieder aufzuladen und Gesundheit zu tanken. Auch die Küche paßt sich diesem Trend mit »Anti-Stress«- und »Lady-vital«-Angeboten an.

Michael Erichson regiert nicht nur in der Küche, sondern leitet zusammen mit seiner Frau Andrea auch das Hotel; sie haben mit viel Begeisterung das Barockschloß aus dem 18. Jh. restauriert. Die geräumigen Zimmer sind mit Seiden- und anderen edlen Stoffen dekoriert, es gibt schöne Marmorbäder, und die beiden Rokoko-Speiseräume haben prächtige Stuckdecken.

Trotz dieser Ausstattung sind die Preise maßvoll, vor allem da Neustadt touristisch ziemlich erschlossen ist. Doch wird sich das sicher ändern, wenn das Schloßhotel erst bekannter geworden ist, was natürlich durch diesen Beitrag noch wahrscheinlicher wird.

Umgebung: Kurpark, Altstadt; Skifahren, Wandern

Kurhausstr. 37, 97616 Bad Neustadt an der Saale
Tel.: (09771) 5082
Fax: (09771) 2533
Lage: mitten in der Stadt gegenüber dem Kurpark; mit Parkplatz
Mahlzeiten: Frühstück, Mittag- und Abendessen, Imbisse
Preise: Zimmer D/DDDD incl. Frühstück; Mahlzeiten ab 30 DM
Zimmer: 8 Doppelzimmer, 6 Suiten, alle mit Bad, Zentralheizung, Telefon, TV, Radio, Minibar
Anlage: Speiseräume, Bar, Konferenzraum, Terrasse
Kreditkarten: AE, DC, MC, V
Kinder: willkommen
Behinderte: Zugang durch Lift
Tiere: erlaubt
Geschlossen: nie
Fremdsprachen: Englisch
Besitzer: Michael und Andrea Erichson

Nordbayern

Stadthotel, Bad Neustadt an der Saale

Romantik-Hotel Schwan und Post

Da viele der schmalen, kopfsteingepflasterten Straßen der vielbesuchten Altstadt von Bad Neustadt mit ihren attraktiven Geschäften Fußgängern vorbehalten sind, kann die Parkplatzsuche zum Problem werden. Ein Grund mehr, direkt den Parkplatz dieses beliebten Hotels neben dem alten Stadttor anzusteuern.

Man erkennt das Haus sofort an seiner charakteristischen in Cremeweiß und Grau gehaltenen Fassade, die mit zwei Nischenfiguren geschmückt ist, und an seiner winzigen Terrasse. Die Innenräume sind mit einer zurückhaltenden Mischung aus alt und neu eingerichtet worden. Eine breite Treppe aus Marmor und Holz führt von der großen Lobby zu einem Podest mit modernen Ölgemälden und Aquarellen und reichgemusterten Teppichen auf dem Parkettboden. Die hübschen, älteren Gästezimmer besitzen wunderschöne alte Türen. Der Anbau enthält etwas seelenlos wirkende, aber komfortable, moderne Zimmer, die mit heller Esche eingerichtet sind, sowie eine Sauna, ein Solarium und einen Whirlpool.

Die angenehm hellen Speiseräume sind in Grün gehalten; was es dort zu essen gibt, steht auf einer großen Tafel. An einer langen Bar in einer Ecke kann man einen Aperitif nehmen. Die Postillion-Stube wirkt mit ihren provenzalischen Fliesen auf dem Boden und den Karikaturen an den Wänden weniger nüchtern. In der von einem Gewölbe überspannten Kellerbar verbreitet ein Holzkohlengrill eine rustikale Atmosphäre.

Umgebung: Salzburg (Herschfeld); Skifahren, Wandern

Hohnstr. 35, 97616 Bad Neustadt
Tel.: (09771) 91070
Fax: (09771) 910720
Lage: am alten Stadttor; mit Parkplatz und einigen Garagen
Mahlzeiten: Frühstück, Mittag- und Abendessen
Preise: Zimmer D/DDD incl. Frühstück; Mahlzeiten 35-65 DM
Zimmer: 15 Doppel- (mit Einzelbetten), 15 Einzelzimmer mit Bad; alle Zimmer mit Zentralheizung, TV, Telefon, Radio, Minibar
Anlage: Speiseraum, Bar, Gaststube, Whirlpool, Solarium, Fitneßraum
Kreditkarten: AE, DC, MC, V
Kinder: willkommen
Behinderte: keine speziellen Einrichtungen
Tiere: erlaubt (15 DM Aufpreis pro Nacht)
Geschlossen: nie
Fremdsprachen: Englisch
Besitzer: Eva-Maria und Karlheinz Göb

Nordbayern

Weinhaus, Bamberg

Weinhaus Messerschmitt

Das Zentrum der alten Domstadt Bamberg mit seinem Kopfsteinpflaster, den Fachwerk- und Giebelhäusern und den blumengeschmückten Innenhöfen liegt auf einer großen Insel in der Regnitz. Das 1422 errichtete Weinhaus Messerschmitt gehört zu dieser Altstadt, auch wenn es sich etwas außerhalb des Stadtkerns befindet.

Es wurde 1832 als Restaurant eröffnet und ist seitdem im Besitz der Familie Pschorn. Heute kümmert sich Lydia Pschorn um die Küche, während ihr Mann Otto die Weinkeller betreut. Das Restaurant ist bekannt für seine regionalen Spezialitäten, zu denen auch hier gefangene Fische (oder sogar Aal in Salbeisauce) gehören. In der Hubertusstube werden zu jeder Tageszeit kleine Gerichte und gute Weine serviert; im Gartenzimmer gibt es Kaffee und selbstgemachte Kuchen.

In einer Stadt wie Bamberg fällt die bemalte Fassade des Hotels nicht weiter auf, aber auch das Innere ist angenehm traditionsbewußt, mit gefliesten Böden, glänzenden alten Holzmöbeln und rustikaler Dekoration. Die Gästezimmer sind behaglich eingerichtet und mit guten Nachbildungen möbliert; die gefliesten Bäder besitzen ebenfalls alte Dekorationsstücke.

Umgebung: Gotischer Dom, Alte und Neue Hofhaltung, Domherrenhöfe

Lange Str. 41, 96047 Bamberg
Tel.: (0951) 27866/67
Fax: (0951) 26141
Lage: im Zentrum nahe der Altstadt; mit Parkplatz für 4 Autos
Mahlzeiten: Frühstück, Mittag- und Abendessen, Brotzeit
Preise: Zimmer D/DDD incl. Frühstück; Mahlzeiten 24-70 DM
Zimmer: 10 Doppelzimmer mit Bad; 4 Einzelzimmer, 1 mit Bad, 3 mit Dusche; alle Zimmer mit Zentralheizung, Telefon, TV, Minibar, Radio
Anlage: Speiseraum; Salon/Festsaal, Konferenzraum; Gartenzimmer
Kreditkarten: AE, DC, MC, V
Kinder: werden aufgenommen
Behinderte: keine speziellen Einrichtungen
Tiere: nicht erlaubt
Geschlossen: nie
Fremdsprachen: Englisch, Französisch
Besitzer: Otto und Lydia Pschorn

Nordbayern

Stadthotel, Bamberg

Barock-Hotel am Dom

Für die Mühe, die es macht, dieses Hotel zu finden (unser Tester mußte dazu einen Einheimischen »entführen«), wird man durch einen herzlichen Empfang entschädigt. Frau Goller und ihr Personal tun für ihre Gäste alles: von Rat-schlägen, wo man gut essen kann, bis zum Besorgen eines Mietwagens. Da das Hotel mitten in der Altstadt liegt, wo die Suche nach einem Parkplatz zu einem Alptraum werden kann, ist der hoteleigene Parkplatz vor dem Haus eine wahre Erlösung.

Das kleine Barockgebäude, das eine prächtige Fassade besitzt, ist im Inneren renoviert und zu einem gemütlichen Hotel umgewandelt worden, dem es jedoch etwas an Charakter und Atmosphäre mangelt. Nur das stuckierte Deckengewölbe im Frühstückszimmer erinnert noch an das Alter des Hauses. Während in der Halle und den Korridoren Antiquitäten stehen, sind die Gästezimmer einfach und modern ausgestattet.

Die stets freundliche Frau Goller verwöhnt ihre Gäste mit einem herzhaften Frühstück (Müsli, Joghurt, Eier, Wurst und Käse). Das Hotel ist ein ausgezeichneter Ausgangspunkt für die Besichtigung der Altstadt, in der man auch viele gemütliche Gaststuben mit guter Küche findet.

Umgebung: Altstadt, Dom (Bamberger Reiter und Grab von Kaiser Heinrich II.), Diözesanmuseum

Vorderer Bach 4, 96049 Bamberg
Tel.: (0951) 54031
Fax: (0951) 54021
Lage: in einer winzigen Nebenstraße in der Fußgängerzone beim Dom; mit Parkmöglichkeiten
Mahlzeiten: Frühstück
Preise: Zimmer DD/DDD incl. Frühstück
Zimmer: 11 Doppelzimmer (mit Einzelbetten), 5 Einzelzimmer, alle mit Dusche, 1 Familienzimmer mit Bad; alle Zimmer mit Zentralheizung, TV, Telefon, Radio, Minibar
Anlage: Frühstückszimmer
Kreditkarten: AE, DC, MC, V
Kinder: sehr willkommen
Behinderte: Zugang leicht, Aufzug
Tiere: erlaubt (5 DM Aufpreis pro Nacht)
Geschlossen: 6. Jan. bis 6. Febr.
Fremdsprachen: Englisch
Besitzerin: Inge Goller

Nordbayern

Stadthotel, Bamberg

Sankt Nepomuk

Diese auf einer Insel in der Regnitz errichtete ehemalige Mühle ist auf allen Seiten von Wasser umgeben und über eine Fußgängerbrücke zu erreichen. Der Fachwerkbau wirkt von außen alt und traditionell, so daß man von den sehr modernen Innenräumen ziemlich überrascht wird. Dazu gehört ein eleganter Speiseraum mit Bar und Galerie, in dem das lebhafte Blau des Teppichs und der Decke ins Auge sticht. Es gibt hier auch Wandbilder; im Konferenzraum dominieren Dschungelfarben und Papageien. Von jedem Fenster hat man einen Blick auf den Fluß. Die Küche paßt zu dieser Umgebung: modern und stilvoll. Das Frühstück ist reichhaltig; die Gäste bedienen sich dabei selbst aus großen Schalen mit Marmelade, Obst und Müsli.

Die Besitzer haben zwei angrenzende ehemalige Mühlen, die Steinmühle und das Molitorhaus, ebenfalls als Pensionen eingerichtet. Die Gästezimmer im Molitorhaus sind sehr hübsch in traditionellem Stil eingerichtet mit weißgetünchten Wänden, Balkendecken und den allgegenwärtigen Laura-Ashley-Vorhängen; die Zimmer in St. Nepomuk sind moderner und zeigen eine Vorliebe für Stofftapeten.

Umgebung: Dom (Bamberger Reiter, Grabmal Heinrichs II.), Altes Rathaus; Schloß Pommersfelden (10 km)

Obere Mühlbrücke 9, 96049 Bamberg
Tel.: (0951) 25183
Fax: (0951) 26651
Lage: auf einer Insel mitten in der Altstadt; mit einigen Garagenstellplätzen
Mahlzeiten: Frühstück, Mittag- und Abendessen
Preise: Zimmer DD/DDD incl. Frühstück (Kinder bis zu 6 Jahren frei); Mahlzeiten 40-80 DM
Zimmer: 38 Doppel- (6 mit Einzelbetten), 6 Einzel-, 4 Familienzimmer mit Bad; alle Zimmer mit Zentralheizung, TV, Telefon, Radio, Minibar; einige mit Fön
Anlage: Speiseraum, Konferenzzimmer
Kreditkarten: DC, MC, V
Kinder: willkommen
Behinderte: 1 speziell ausgerüstetes Parterrezimmer
Tiere: willkommen
Geschlossen: nie
Fremdsprachen: Englisch, Französisch
Besitzer: Waltraud und Peter Grüner

Nordbayern

Schloßhotel, Bayreuth

Schloßhotel Tiergarten

Dieses hübsche barocke Jagdschloß erhebt sich auf einem Hügel inmitten seines eigenen Wildgeheges; die Zufahrtsstraße windet sich zwischen Wiesen und Feldern dort hinauf. Oben angekommen, stellt man allerdings entsetzt fest, daß die auf der anderen Seite des Hügels verlaufende Autobahn nicht nur zu sehen, sondern auch zu hören ist. Im Hotel selbst ist es dennoch ruhig. Die meisten Gästezimmer und die Terrasse gehen nach Osten, wo nichts die Aussicht auf die ländliche Umgebung stört. Es herrscht eine entspannte Atmosphäre; der Service ist gut.

In den Räumen im Erdgeschoß fühlt man sich in eine andere Zeit versetzt: gut erhaltene Stuckwände von Domenico Caddenazzi, prächtige Kronleuchter, Kerzenlicht auf dem Tisch und große Ölgemälde. Essen kann man entweder im eleganten Wilhelminischen Zimmer oder im Venezianischen Zimmer, das nach seinem herrlichen Spiegel und Lüster benannt ist. Für kleine Empfänge steht ein hübscher, in Rosa gehaltener Raum mit offenem Kamin zur Verfügung, für größere Gesellschaften der Barocksaal, eine Rotunde mit prachtvoller Kuppeldecke.

Die großen, komfortablen Gästezimmer sind mit grün gebeizten oder lakkierten Kiefernholzmöbeln eingerichtet. Geplant ist allerdings eine umfassende Erweiterung des Hotels. Deshalb genießen Sie den Luxus dieses Hotels, solange es noch klein ist.

Umgebung: Markgräfliches Opernhaus, Neues Schloß

Oberthiergärtner Str. 36,
95448 Bayreuth
Tel.: (09209) 1314
Fax: 1829
Lage: in offener Landschaft, 6 km sö von Bayreuth; mit Park, großem Parkplatz und Garagen
Mahlzeiten: Frühstück, Mittag- und Abendessen, kleine Gerichte
Preise: Zimmer DD/DDDD incl. Frühstück; Mahlzeiten 75-110 DM
Zimmer: 8 Doppelzimmer, 6 mit Bad, 2 mit Dusche; alle Zimmer mit Zentralheizung, TV, Telefon, Radio, Fön, Minibar
Anlage: 2 Speiseräume, Bar, Konferenzzimmer, Sauna; Terrasse
Kreditkarten: AE, DC, MC, V
Kinder: willkommen
Behinderte: keine speziellen Einrichtungen
Tiere: erlaubt (10 DM Aufpreis pro Nacht)
Geschlossen: Restaurant So abend und Mo (außer während der Festspiele im Juli)
Fremdsprachen: Englisch
Besitzer: Renate und Harald Kaiser

Nordbayern

Stadthotel, Dinkelsbühl

Hotel Eisenkrug

Das rosa getünchte Gebäude mag als Sehenswürdigkeit nicht so interessant sein wie das nahe gelegene Deutsche Haus (S. 179), aber es befindet sich ebenfalls im Herzen der gut erhaltenen Altstadt von Dinkelsbühl, direkt am Weinmarkt, und reizt in mancher Hinsicht mehr zum Übernachten.

Hauptattraktion ist dabei die Küche, die eine gelungene Mischung von fränkisch-schwäbischen Spezialitäten und einfallsreicheren modernen Gerichten bietet. Sie gilt als die beste in der Stadt und verdient zu Recht ihren Michelin-Stern. Das mit eleganten Reproduktionen möblierte Hauptrestaurant »Zum kleinen Obristen« ist schick und gefällig, aber nicht besonders charaktervoll. Wer mehr Atmosphäre will, muß in den Weinkeller hinabsteigen; dort wird abends unter einem niedrigen Steingewölbe bodenständige, fränkisch-schwäbische Kost serviert. (Hoffentlich fällt Ihr Besuch nicht mit einem traditionellen »Ritteressen« zusammen!) Kaffee und Kuchen gibt es am Nachmittag auf der kleinen Terrasse vor dem Haus.

Die Gästezimmer sind geschmackvoll mit einer Mischung aus antiken Möbeln und Reproduktionen eingerichtet. Jedes von ihnen ist individuell gestaltet; die besten sind wunderbar geräumig. Durch ein neues Gästehaus ist die Kapazität verdoppelt worden.

Umgebung: Stadtpfarrkirche St. Georg, Segringer Straße, Stadtmauer, Stadtmühle

Dr.-Martin-Luther-Str. 1,
91550 Dinkelsbühl
Tel.: (09851) 6017
Fax: (09851) 6020
Lage: mitten in der Altstadt, nahe dem Weinmarkt; öffentlicher Parkplatz in der Nähe
Mahlzeiten: Frühstück, Mittag- und Abendessen, kleine Gerichte
Preise: Zimmer D/DD incl. Frühstück; Mahlzeiten 30-60 DM
Zimmer: 18 Doppelzimmer, 1 mit Bad, 17 mit Dusche; 2 Einzelzimmer mit Dusche; 1 Familienzimmer mit Bad; alle Zimmer mit Zentralheizung, Fön, TV, Telefon, Minibar, Safe
Anlage: Speiseraum, Bar, Weinkeller, Konferenzraum und Terrasse
Kreditkarten: AE, DC, MC, V
Kinder: willkommen
Behinderte: leichter Zugang, Lift
Tiere: erlaubt (10 DM pro Nacht)
Geschlossen: nie
Fremdsprachen: Englisch, Französisch
Besitzer: Martin Scharff

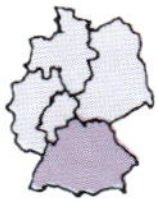

Nordbayern

Landhotel, Erlangen-Frauenaurach

Schwarzer Adler

Diese hübsche alte Weinstube versteckt sich außerhalb der Industriestadt Erlangen direkt neben der Kirche des Dorfs Frauenaurach.

Die Fachwerkfassade wirkt rustikal; die Innenräume sind einfach, aber sehr geschmackvoll eingerichtet. Eine Treppe aus Eichenholz führt zu den beiden Stockwerken hinauf, wo sich die Gästezimmer befinden; am Treppenabsatz kommt man an einem alten Schaukelpferd und einer Standuhr vorbei. Die Zimmer, die nach Vögeln benannt sind, besitzen handbemalte Türen und sind geschmackvoll möbliert: Im »Storch« beispielsweise gibt es einen antiken, verzierten Wandschrank aus Kiefernholz; die Wände mit freiliegendem Gebälk sind weißgetüncht. Obwohl die Zimmer so wirken, als würden sie unter Denkmalschutz stehen, bieten sie jeden nur erdenklichen Komfort.

Das Frühstück wird – wie die Bedienung gern unserem Tester erklärte – bei leiser Hintergrundmusik am Tisch serviert. Abends gibt es kleine Gerichte und Getränke, entweder in der hübschen, mit Lüsterweibchen und Kachelofen dekorierten historischen Weinstube oder im Biergarten.

Umgebung: Erlangen (5 km) mit Gemäldesammlung und Schloßgarten

Herdegenplatz 1, 91056 Erlangen
Tel.: (09131) 992051
Fax: (09131) 993195
Lage: am Dorfplatz, 2 km von der E 45 entfernt, sw von Erlangen; mit großem öffentlichem Parkplatz
Mahlzeiten: Frühstück, kleine Gerichte
Preise: Zimmer DD/DDD incl. Frühstück
Zimmer: 9 Doppel- (mit Einzelbetten), 5 Einzel-, 1 Familienzimmer; alle Zimmer mit Dusche, Zentralheizung, Telefon, Fön, TV, Minibar
Anlage: Weinstube, Biergarten
Kreditkarten: DC, V
Kinder: willkommen
Behinderte: 1 Parterrezimmer
Tiere: erlaubt
Geschlossen: Mitte Mai bis Juni, Mitte Aug. bis Sept., Weihnachten und Neujahr
Fremdsprachen: Englisch, etwas Französisch
Besitzer: Christiane Müller-Kinzel

Nordbayern

Stadthotel, Feuchtwangen

Romantik-Hotel Greifen-Post

Dieses solide Hotel besitzt eine altrosa und grün getünchte Außenfassade mit seltenem Treppengiebel und gemütlich und charaktervoll gestaltete Innenräume. Es ist seit 1369 ein Gasthaus. Eine vor kurzem vorgenommene Renovierung hat den Komfort verbessert, ohne das Ambiente zu beeinträchtigen. Im Speiseraum sind die bunten Wandbilder erhalten geblieben. Die Küche bietet im Hauptrestaurant gehobene, neue deutsche Frischeküche, während man in der Kamingrillstube Grillgerichte und deftige fränkische Spezialitäten erhält. Neben dem Poststüberl gibt es noch vier weitere Gaststuben, von denen jede eine eigene Atmosphäre besitzt.

Auch die Gästezimmer sind in verschiedenen Stilrichtungen eingerichtet: von Laura Ashley über Biedermeier bis zu rustikal mit Himmelbetten, aber alle sind geschmackvoll und gemütlich gestaltet. Das benachbarte Neumeisterhaus aus dem 16. Jahrhundert, das in das Hotel mit einbezogen worden ist, beherbergt zwei Appartements mit eigenen Wohnzimmern.

Der Swimmingpool, der Stolz des Hauses, befindet sich im Innenhof der ehemaligen Poststation, deren Renaissancebögen und -säulen noch original erhalten sind. In den Ställen standen schon die Postkutschenpferde zahlreicher historischer Persönlichkeiten wie z. B. der Kaiserin von Rußland.

Umgebung: Evangelische Pfarrkirche mit romanischem Kreuzgang; Dinkelsbühl (10 km); Rothenburg ob der Tauber (25 km)

Marktplatz 8, 91555 Feuchtwangen
Tel.: (09852) 2002 **Fax:** 4841
Lage: auf dem Marktplatz der Altstadt; mit großem öffentlichem Parkplatz in der Nähe
Mahlzeiten: Frühstück, Mittag- und Abendessen
Preise: Zimmer DD/DDD incl. Frühstück; 50% Ermäßigung für Kinder unter 10 Jahren; Mahlzeiten 45-80 DM
Zimmer: 32 Doppelzimmer (4 mit Einzelbetten), 19 mit Bad, 13 mit Dusche; 6 Einzelzimmer mit Dusche; 3 Familienzimmer mit Dusche; alle Zimmer mit Zentralheizung, TV, Telefon, Radio, Fön, Minibar
Anlage: Speiseräume, Bibliothek, Frühstückszimmer, Gaststuben; Fahrräder
Kreditkarten: AE, DC, MC, V
Kinder: willkommen
Behinderte: keine speziellen Einrichtungen
Tiere: erlaubt
Geschlossen: nie; Restaurant Jan. und Nov. bis April So, Mo
Fremdsprachen: Englisch, Französisch, Italienisch
Besitzer: Eduard Lorentz

Nordbayern

Landhotel, Wartmannsroth bei Hammelburg

Halbritter's Landgasthaus

Das Vermögen der Halbritters wurde in der Textilbranche gemacht. Ein guter Teil davon muß in dieses ungewöhnliche Landhotel investiert worden sein; das Ganze ist ein Neubau im traditionellen Stil, der mit so viel Geschmack möbliert und dekoriert ist, wie man es selten genug in großstädtischen Hotels und nahezu nie in der Provinz findet.

Im ganzen Hotel spürt man die Hand des Designers: Die Liebe zum Detail ist umfassend, fast erdrückend. Das Ergebnis ist auch wirklich beeindruckend. Üppige Vorhänge an den Fenstern der Gesellschaftsräume und kunstvoll gearbeitete Wandlampen und Türgriffe werden durch moderne Holzstühle ergänzt. Die Farbkombinationen in den äußerst komfortablen Gästezimmern sind vielfältig genug, daß jedes Zimmer seinen eigenen Charakter besitzt. Alle verfügen über moderne Bäder.

Das Essen in dem kühl-eleganten Hauptspeiseraum ist ebenso erlesen wie modern. In der einfacheren Grillstube kann man, umgeben von hübschen Wandmalereien, deftigere rustikale Gerichte essen.

Umgebung: Burg Saaleck; Veitshöchheim (40 km) mit Schloß und Rokokogarten

Hauptstr. 4, 97797 Wartmannsroth
Tel.: (09737) 890
Fax: (09737) 8940
Lage: im Dorf, 10 km nw von Hammelburg; mit Garten und großem Parkplatz
Mahlzeiten: Frühstück, Mittag- und Abendessen
Preise: Zimmer DD/DDDD incl. Frühstück; Mahlzeiten ab 35 DM
Zimmer: 11 Doppelzimmer mit Bad; alle Zimmer mit Zentralheizung, TV, Telefon, Radio, Fön, Minibar
Anlage: Lobby, Speiseraum, Piano-Bar, Gaststube; Terrasse, Fahrräder
Kreditkarten: AE, MC, V
Kinder: willkommen
Behinderte: keine speziellen Einrichtungen
Tiere: nur in der Grillstube erlaubt
Geschlossen: 2 Wochen im Aug., Mitte Jan. bis Mitte Feb.
Fremdsprachen: Englisch
Besitzer: Sepp Halbritter

Nordbayern

Landhotel, Hohenau

Die Bierhütte

Die abgeschiedene Lage dieses Hotels, das sich über dem kleinen Dorf Hohenau nahe der Grenze zur Tschechoslowakei erhebt, scheint sich nicht negativ auf das Geschäft auszuwirken. Als wir im Sommer dort zur Mittagszeit einkehrten, herrschte in den Speiseräumen reger Betrieb. Es gab dort die verschiedensten Gerichte von gefülltem Kohl bis zu mariniertem Lachs. Besonders empfehlenswert sind die Puddings. Die Weinkarte ist gut und umfangreich. Aber die Popularität der Bierhütte hängt nicht nur mit dem Essen, sondern auch mit der Umgebung zusammen. Von der Außenterrasse blickt man auf den hauseigenen Teich. In der Wappenstube fallen die bemalte Decke und der Marmorboden auf.

Die Gästezimmer sind in drei verschiedenen Gebäuden untergebracht: in der hübschen, wunderschön renovierten ehemaligen Brauerei über den Speiseräumen, in einem chaletähnlichen Bau, in dem Baumwollstoffe und Kiefernholz dominieren, und im jüngsten Anbau, einem weiteren Chalet mit modernen Ledersesseln und zeitgemäßer Beleuchtung.

Ludwig Störzer führt sein Hotel, in dem es recht zwanglos zugeht, sehr gut. Das Personal ist recht freundlich. Auf dem Grundstück stehen auch die Gebäude eines Bauernhofs.

Umgebung: Wintersportmöglichkeiten; Nationalpark

Bierhütte 10, 94546 Hohenau
Tel.: (08558) 315
Fax: 2387
Lage: in einem Dorf 4 km n von Freyung; mit Garten und großem Parkplatz
Mahlzeiten: Frühstück, Mittag- und Abendessen, kleine Gerichte
Preise: Zimmer D/DDD incl. Frühstück; Mahlzeiten 35-75 DM
Zimmer: 40 Doppelzimmer, 16 mit Bad, 24 mit Dusche; 3 Einzelzimmer mit Dusche; alle Zimmer mit Zentralheizung, TV, Telefon, Radio, Minibar, einige mit Fön
Anlage: 2 Speiseräume, Frühstückszimmer, Gaststube; Terrasse, Kinderspielplatz
Kreditkarten: AE, DC, MC, V
Kinder: willkommen
Behinderte: keine speziellen Einrichtungen
Tiere: willkommen (10 DM Aufpreis pro Nacht)
Geschlossen: nie
Fremdsprachen: Englisch, Französisch, Italienisch
Besitzer: Ludwig Störzer

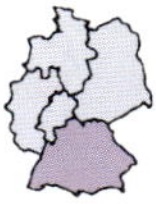

Nordbayern

Stadtpension, Miltenberg

Hotel Riesen

Das »älteste Gasthaus« liegt in der Fußgängerzone des hübschen Städtchens Miltenberg. Man betritt das Haus durch einen Seiteneingang, weil die Hauptgaststube im Erdgeschoß ein eigener Betrieb ist. Sobald man jedoch mit dem Aufzug zum Hotel im Obergeschoß fährt, fühlt man sich wie in einer anderen Welt.

Werner und Cilly Jöst sind mit Recht stolz auf die luxuriöse Atmosphäre, die sie in dem Hotel geschaffen haben. Die Gästezimmer sind nach Adligen benannt, die hier früher einmal logierten. Werner Jöst, ein ausgebildeter Architekt, hat Rücksicht auf das Alter des Gebäudes genommen. Einige Gästezimmer sind holzgetäfelt und stuckiert; in anderen sind die Sandsteinwände unverhüllt. Jedes Zimmer ist in einem anderen Stil gehalten: Das Kaiser-Friedrich-Zimmer zeigt Gelb- und Weißtöne, während die Balken schwarz und weiß bemalt sind; das Kaiserin-Maria-Zimmer (mit eigener Dachterrasse) ist sehr hell und mit Kristallverzierungen ausgestattet. Einige Zimmer enthalten herrliche antike Möbel, andere rustikale oder moderne Stücke.

Das reichhaltige Frühstück von Cilly Jöst wird in einem anheimelnden Raum zwischen Balken und Holzvertäfelung serviert. Das von Jürgen Lange zubereitete Mittag- und Abendessen kann man in der Gaststube im Erdgeschoß einnehmen.

Umgebung: Schnatterloch, Brunnen

Hauptstr. 98, 63897 Miltenberg
Tel.: (09371) 3644
Lage: in einer Fußgängerzone (die von den Anliegern befahren werden darf); ohne privaten Parkplatz
Mahlzeiten: Frühstück
Preise: Zimmer D/DDD incl. Frühstück
Zimmer: 14 Doppelzimmer mit Bad oder Dusche; alle Zimmer mit Zentralheizung, die meisten mit Telefon
Anlage: Frühstückszimmer
Kreditkarten: DC, MC
Kinder: willkommen
Behinderte: Aufzug
Tiere: nur wohlerzogene Hunde
Geschlossen: Dez. bis Ende März
Fremdsprachen: Englisch, Italienisch
Besitzer: Cilly und Werner Jöst

Nordbayern

Restaurant mit Gästezimmern, Muggendorf

Hotel Feiler

Dieses schöne, ländliche Haus, z.T. mit Fachwerk, das in einem Dorf im grünen Wiesenttal steht, ist seit 1890 im Besitz der Familie Feiler. Es ist ein Genuß, auf der herrlichen Terrasse zu sitzen und dem Gesang der Sittiche im Hotel zu lauschen; man kann dabei Trüffel essen, die der Pilzkenner Horst Feiler selbst gesammelt und zubereitet hat. Für das Studium der Speisekarte sollte man sich Zeit nehmen. Bei einem Aperitif auf Kosten des Hauses kann man in aller Ruhe überlegen, ob man lieber Seezungenfilet mit Krebsfleisch in Waldpilzsauce, Lammfilet im Walnußteigmantel mit Senfsauce oder eine andere Spezialität möchte. Die Spaniels der Familie Feiler streichen um die Beine der Gäste, um ein Bröckchen von dem Feinschmeckeressen zu erhaschen. Ein sehr familiärer Betrieb!

Die 15 geräumigen Gästezimmer sind mit hübschen Laura-Ashley-Drucken ausgestattet; die meisten gehen auf den blumengeschmückten Hinterhof. Überall im Haus spürt man die Liebe zum Detail: Dresdener Porzellanuhren und wunderschöne Lampen schmücken die Speiseräume; im Wintergarten kann man ein ungewöhnliches Glasmosaik der vier Jahreszeiten bewundern.

Umgebung: Ebermannstadt (5 km) mit gotischer Kirche Mariä Geburt; Gößweinstein (10 km) mit Wallfahrtskirche und Burg

Oberer Markt 4, 91346 Muggendorf
Tel.: (09196) 322
Fax: (09196) 362
Lage: in einem kleinen Dorf im Wiesenttal; mit Garten und großem Parkplatz
Mahlzeiten: Frühstück, Mittag- und Abendessen
Preise: Zimmer DD/DDDD incl. Frühstück; Mittagsmenüs 48-60 DM, Abendmenüs 85-120 DM
Zimmer: 9 Doppelzimmer, 3 mit Bad, 5 mit Dusche; 1 Einzelzimmer mit Dusche; 3 Appartements mit Bad; 2 Suiten mit Whirlpool; alle Zimmer mit Zentralheizung, Telefon, TV
Anlage: Speiseraum, Gartenterrasse
Kreditkarten: AE, DC, MC, V
Kinder: willkommen
Behinderte: Restaurant ebenerdig; Hotel nicht geeignet
Tiere: erlaubt (10 DM pro Nacht)
Geschlossen: 15. Nov. bis 15. März Mo bis Do, außer Weihnachten
Fremdsprachen: Englisch
Besitzer: Horst Feiler

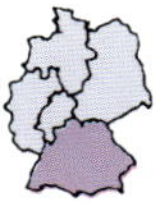

Nordbayern

Umgebautes Schloß, Riedenburg

Schloß Eggersberg

Das solide, im 15. Jahrhundert errichtete Schloß diente der Familie von Bassus über 250 Jahre lang als Jagdschloß. Der umgebende Park ist auch heute noch Teil des Anwesens, so daß man sich weiterhin wie auf einem feudalen Landsitz fühlen kann. Die Gäste können in der Nähe Boot fahren, angeln oder sich auf den 120 km Radwegen fit halten. Zusätzlich besteht die Möglichkeit, das eigene Pferd mitzubringen und die Reitschule oder die zahlreichen Reitwege zu nutzen. Im Winter gibt es Anfängerhänge für ungeübte Skifahrer (Schlepplift zurück zum Ort) sowie prächtige Loipen für Langläufer.

Aber man muß nicht unbedingt Freizeitsportler sein, um sich auf Schloß Eggersberg wohl zu fühlen. Das einladende Hotel liegt in einer herrlichen Landschaft abseits der üblichen Touristenrouten und bietet dem Gast eine anspruchsvolle internationale Küche. Für kulturell Interessierte steht ein Theater in einem umgebauten Kornspeicher zur Verfügung. Die Gästezimmer sind – wie man es nicht anders erwarten würde – geräumig und schön möbliert, hauptsächlich mit antiken Stücken verschiedener Epochen. Auf den glänzenden Parkettböden liegen farbenprächtige Perserteppiche; die weißgetünchten Wände schmücken zahlreiche Bilder. Die Badezimmer sind hübsch und modern.

Umgebung: Altmühltal; Eichstätt (35 km) – Dom (14. Jh.), Residenzplatz mit Rokokogebäuden

93339 Riedenburg
Tel.: (09442) 1498
Fax: (09442) 2845
Lage: in einem ländlichen Park in Obereggersberg, 4 km w von Riedenburg; mit großem Parkplatz
Mahlzeiten: Frühstück, Mittag- und Abendessen, Brotzeit
Preise: Zimmer D/DDD incl. Frühstück; Kinder unter 4 Jahre frei; Mahlzeiten 19-36 DM
Zimmer: 10 Doppel-, 4 Einzel-, 1 Familienzimmer; alle mit Bad, Zentralheizung, Radio
Anlage: Speiseräume, TV-Zimmer, Theater, Terrasse, Tennis, Wassersport, Radfahren, Reiten
Kreditkarten: AE, DC, MC, V
Kinder: sehr willkommen
Behinderte: Zugang schwierig
Tiere: guterzogene erwünscht
Geschlossen: Restaurant Mo
Fremdsprachen: Englisch
Geschäftsführer: Kirsten und Bernhard Leidl

Nordbayern

Stadthotel, Rothenburg ob der Tauber

Burg-Hotel

Gabriele Berger fügt ihren Namen dem ihres eleganten, kleinen Hotels hinzu, um so ihren Beitrag zum speziellen Charakter des Hauses zu unterstreichen. Das Gebäude, das sich auf dem Gelände eines ehemaligen Klosters am Rand der historischen Stadt Rothenburg hoch über der Tauber befindet, wurde im 12. Jahrhundert als Anwesen des Bettelvogts errichtet. Das Äußere strahlt noch immer klösterliche Strenge aus, während die Ausstattung und die Möblierung der Innenräume heute eindeutig weibliche Handschrift verraten (das Hotel scheint ausschließlich von Frauen geführt zu werden).

Vom Hotel aus hat man einen herrlichen Ausblick, insbesondere von der Frühstücksterrasse, die in die mittelalterliche Stadtmauer hineingebaut ist. Bei schlechtem Wetter frühstückt man in einem hübschen Raum, der in zarten Rosatönen gehalten und mit klassischen Möbeln aus Eschenholz eingerichtet ist. Außerdem steht ein angenehmer, kleiner Salon zur Verfügung. Die Gästezimmer sind ebenfalls elegant: in ruhigen, aufeinander abgestimmten Farben dekoriert und mit schönen Möbeln ausgestattet. Einige sind sehr geräumig. Man sollte nach einem Zimmer mit Blick auf die Tauber fragen – auch wenn es keine Panoramafenster gibt.

Umgebung: Rathaus, Plönlein, St.-Jakobs-Kirche mit Altären aus dem 15. und 16. Jh., Herrengasse, Topplerschlößchen

Klostergasse 3, 91541 Rothenburg
Tel.: (09861) 5037
Fax: (09861) 1487
Lage: innerhalb der mittelalterlichen Stadtmauern über dem Taubertal; mit Klostergarten und Parkplatz
Mahlzeiten: nur Frühstück
Preise: Zimmer DDD/DDDD incl. Frühstück
Zimmer: 15 Doppelzimmer mit Bad, Zentralheizung, Telefon, Fön, TV, Minibar, Radio; einige mit Safe
Anlage: Salon, Frühstücksraum, Terrasse
Kreditkarten: AE, DC, MC, V
Kinder: willkommen
Behinderte: 1 Erdgeschoßzimmer
Tiere: erlaubt
Geschlossen: nie
Fremdsprachen: Englisch, Französisch
Besitzerin: Gabriele Berger

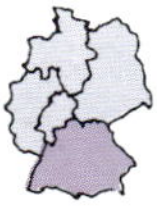

Nordbayern

Stadthotel, Rothenburg ob der Tauber

Hotel Markusturm

Das 1264 als Zollhaus errichtete Gebäude schmiegt sich an den alten Turm, von dem es seinen Namen hat und der früher Teil der Stadtmauer war. Es liegt direkt am Rand der verkehrsfreien Innenstadt der romantischen Stadt Rothenburg. Das Steildach, der gelbe Außenanstrich und die zartblauen Fensterläden wirken malerisch; auch die traditionell gehaltenen Innenräume enttäuschen nicht.

Das Haus ist bereits seit 1488 ein Gasthof, bevorzugt aber heute die treffendere Bezeichnung Hotel. Die Gästezimmer sind unterschiedlich eingerichtet: Viele davon sind hauptsächlich mit gemütlichen alten Stücken möbliert, einige haben Holzdecken, doch andere wirken eher modern. Alle sind geschmackvoll und unaufdringlich ausgestattet; die besten sind besonders geräumig. Die Deko-ration ist von Generationen zusammengetragen worden. Beim Gang durch das Haus kann man Entdeckungen machen wie in einem gepflegten Museum.

Die Küche ist traditionell; es gibt Wildgerichte während der Jagdsaison, Fische aus dem hoteleigenen Fischteich und gute regionale Gerichte. Von August bis Ende Oktober sammeln der Küchenchef und sein Bruder gern in der Umgebung Pilze, die dann auch auf der Speisekarte stehen.

Umgebung: Rathaus, Plönlein, Burggarten

Rodergasse 1, 91541 Rothenburg
Tel.: (09861) 2098
Fax: (09861) 2692
Lage: im Stadtzentrum am Markusturm, in der Nähe des Marktplatzes; mit Garagen und Parkplatz
Mahlzeiten: Frühstück, Mittag- und Abendessen
Preise: Zimmer DD/DDDD incl. Frühstück; Mahlzeiten 20-45 DM
Zimmer: 22 Doppelzimmer (5 mit Einzelbetten), 13 mit Bad, 9 mit Dusche; 3 Einzelzimmer, 1 mit Bad, 2 mit Dusche; 3 Familienzimmer mit Bad; alle Zimmer mit Zentralheizung, TV, Telefon, Radio, Fön
Anlage: Speiseräume, Sauna
Kreditkarten: AE, DC, MC, V
Kinder: sehr willkommen
Behinderte: keine speziellen Einrichtungen
Tiere: erlaubt
Geschlossen: Restaurant Jan.
Fremdsprachen: Englisch, Französisch, Italienisch
Besitzerin: Marianne Berger

Nordbayern

Stadtgasthaus, Rothenburg ob der Tauber

Kloster-Stüble

Dieser kleine, gelbgetünchte Gasthof aus dem Jahr 1540 liegt in einer Seitengasse, der Herrengasse, zwischen Marktplatz und Burggarten, und damit abseits vom Touristenrummel. Beim Eintreten gelangt man in eine kleine Gaststube mit Wandgemälden und der Rezeption.

Die Gästezimmer im oberen Stockwerk sind ebenfalls ruhig. Sie sind 1987 renoviert worden und hübsch eingerichtet: mit aufeinander abgestimmten Kiefernholzmöbeln, behaglichen Sofas und Spitzengardinen. Dabei hat man viel Wert auf gute Raumausnutzung gelegt: Ein holzgetäfeltes Zimmer, in das man ein großes Himmelbett gezwängt hat, wirkt eher gemütlich als beengend. Die Zimmer auf der Rückseite des Gebäudes bieten einen wunderschönen Blick auf das bewaldete Taubertal bis zum fernen Sauturm.

Die Gaststube im Erdgeschoß ist schlicht ausgestattet: Trockenblumen, rustikaler Zierat und ein Wandgemälde mit einem fröhlichen Zechgelage. Der dahinter gelegene Speiseraum ist in Rosa gehalten; frische Blumen schmücken die Tische. Flügeltüren führen auf die Seitenterrasse hinaus. Rudolf Hammel, der sowohl Besitzer als auch Koch des Gasthofs ist, bietet eine einfache, erfreulich preiswerte Küche.

Umgebung: Altstadt, Stadtmauer, Stadtmuseum

Heringsbronnengasse 5,
91541 Rothenburg
Tel.: (09861) 6774
Fax: (09861) 6474
Lage: mitten in der Stadt, Nähe Marktplatz; verkehrsberuhigt, aber Zufahrtmöglichkeiten mit dem Auto; öffentlicher Parkplatz in der Nähe
Mahlzeiten: Frühstück, Mittag- und Abendessen
Preise: Zimmer D/DD incl. Frühstück; Mahlzeiten 25-50 DM
Zimmer: 13 Doppelzimmer (2 mit Einzelbetten) mit Dusche; 2 Einzelzimmer mit Dusche; 5 Familienzimmer, 1 mit Bad, 4 mit Dusche; alle Zimmer mit Zentralheizung, TV, einige mit Minibar
Anlage: Speiseraum, Gaststube; Terrasse
Kreditkarten: MC, V
Kinder: willkommen
Behinderte: nicht geeignet
Tiere: erlaubt
Geschlossen: Restaurant Jan. und Febr.
Fremdsprachen: Englisch
Besitzer: Rudolf Hammel

Nordbayern

Landhotel, Volkach

Zur Schwane

Volkach ist eine Kleinstadt, die inmitten von Weinbergen am Ufer des Mains liegt. Die Schwane ist in einem der schönsten Gebäude des Orts untergebracht und zählt zu den ältesten Gasthöfen dieser Gegend (1404). Durch einen alten Torbogen gelangt man in einen kopfsteingepflasterten Hof. Im Sommer ist dieser Hof ein beliebter Platz für Mittagsmahlzeiten, insbesondere wenn die Sonne durch das Laub der Weinranken lugt, aber auch für Abendessen bei Kerzenbeleuchtung (Reservierung erforderlich). Der Wein spielt für die Familie Pfaff eine sehr wichtige Rolle: Sie besitzt eigene Weinberge und verkauft ihre preisgekrönten Weine im Hotel.

Die Küche ist dem Weinkeller mindestens ebenbürtig: gute, regionaltypische Gerichte. In der alten Gaststube, die holzgetäfelte Wände und eine wunderschöne bemalte Holzdecke besitzt, werden einfache Mahlzeiten serviert. Es gibt auch einen förmlicheren Speiseraum: hell und hübsch, mit weiß verputzten Pfeilern, alten Ölgemälden von Honoratioren des Städtchens und eleganten, silbernen Kerzenleuchtern.

Die Gästezimmer unterscheiden sich im Stil. Die älteren sind einfach, aber sehr gemütlich, die moderneren exquisiter eingerichtet, mit hübschen, gestreiften Tapeten, diskreter Beleuchtung und eleganten Bädern.

Umgebung: Wanderungen, Bootfahrten auf dem Main, Weinproben

Hauptstr. 12, 97332 Volkach
Tel.: (09381) 80660
Fax: (09381) 806666
Lage: an der Hauptstraße des Orts, 25 km ö von Würzburg; mit öffentlichem und privatem Parkplatz
Mahlzeiten: Frühstück, Mittag- und Abendessen
Preise: Zimmer D/DDDD; Mahlzeiten 39-110 DM
Zimmer: 16 Doppelzimmer (1 mit Einzelbetten), 1 mit Bad, 12 mit Dusche; 11 Einzelzimmer mit Dusche; alle Zimmer mit Zentralheizung, Telefon, TV, die meisten mit Radio, einige mit Fön, Minibar
Anlage: 2 Speiseräume, Gaststube, Konferenzraum
Kreditkarten: AE, DC, MC, V
Kinder: willkommen
Behinderte: keine speziellen Einrichtungen
Tiere: nur kleine Hunde erlaubt
Geschlossen: Restaurant 20. Dez. bis 20. Jan.
Fremdsprachen: Englisch
Besitzer: Petra und Michael Pfaff

Nordbayern

Ehemalige Poststation, Wirsberg

Posthotel

Es war einmal vor langer Zeit, als hier ein berühmter Ritter von Wirsberg von einer Burg, die auf einem Hügel über dem Dorf lag, über seine armen Untertanen herrschte. Die Burg ist verfallen; geblieben ist nur der Garten, der den Gästen dieser ehemaligen Poststation offensteht. Das von Wäldern umgebene Wirsberg ist heute ein beliebter Kurort.

Das Posthotel befindet sich in zentraler Lage direkt am Marktplatz; dennoch hört man hier keinen Verkehrslärm. Es ist ein elegantes, komfortables Haus. Die Gästezimmer bieten einen hohen Standard und sind mit Dekostoffen und Tapeten im Laura-Ashley-Stil sowie mit erstklassigen Reproduktionen alter Stücke ausgestattet. Einige der Gästezimmer auf der Rückseite des Gebäudes gehen auf einen Bach.

In der rustikalen Jägerstube oder der eleganten Patrizierstube kann man mittags und abends fränkische oder internationale Spezialitäten genießen. Nur hier gibt es die berühmte fränkische Trüffelsuppe. Das Frühstück wird in einem hübschen, hellen Raum serviert.

Eine der Attraktionen des Hotels ist der herrliche überdachte Swimmingpool, der an ein römisches Bad erinnert.

Umgebung: mittelalterlicher Marktplatz, Dampflokmuseum (2 km); Kulmbach (13 km) mit Brauereien; Plassenburg; Bayreuth (22 km)

Marktplatz 11, 95339 Wirsberg
Tel.: (09227) 2080
Fax: (09227) 5860
Lage: am Marktplatz im Dorf, 22 km n von Bayreuth; mit großem öffentlichem Parkplatz
Mahlzeiten: Frühstück, Mittag- und Abendessen, kleine Gerichte
Preise: Zimmer DD/DDDD incl. Frühstück; Mahlzeiten 18-98 DM
Zimmer: 24 Doppel-, 7 Einzelzimmer, 5 Appartements, 10 Suiten mit Bad; alle Zimmer mit Zentralheizung, TV, Telefon, Radio, Fön, Minibar, die meisten mit Klimaanlage
Anlage: Salon, Frühstückszimmer, Speiseraum, Bar, Konferenzraum; Hallenschwimmbad, Sauna
Kreditkarten: AE, DC, MC, V
Kinder: willkommen
Behinderte: keine speziellen Einrichtungen
Tiere: erlaubt
Geschlossen: nie
Fremdsprachen: Englisch, Französisch
Besitzerin: Herta Herrmann

Nordbayern

Dorfhotel, Altenkunstadt

Hotel Gondel

Hinter der hübschen, schwarzweißen Fachwerkfassade verbergen sich einladende Innenräume mit Holztüren, Balkendecke und weißgestrichenen Rauhputzwänden. Im Obergeschoß liegen einfache Gästezimmer. Das Hotel befindet sich seit 1900 im Besitz der Familie von Herrn Jahn.

Marktplatz 7, 96264 Altenkunstadt **Tel.:** (09572) 3661 **Fax:** (09572) 4596 **Mahlzeiten:** Frühstück, Mittag- und Abendessen **Preise:** Zimmer D/DDD incl. Frühstück; Mahlzeiten 18-40 DM **Zimmer:** 38, alle mit Bad oder Dusche, Zentralheizung, Telefon, TV **Kreditkarten:** keine **Geschlossen:** 1 Woche Anfang Jan., 1 Woche im Aug.; Restaurant Fr **Fremdsprachen:** Englisch

Stadthotel, Ansbach

Hotel Bürger-Palais

Ein prächtiges Stadthaus, das mit erheblichem finanziellem Aufwand renoviert worden ist, damit die Innenräume der schönen Barockfassade entsprechen. In den Gästezimmern gibt es Kristallüster und Seidendamast, in den Bädern Marmor. Die Wände im Stüble sind mit Holz verkleidet. Hübscher Garten mit Terrasse.

Neustadt 48, 91522 Ansbach **Tel.:** (0981) 95131 **Fax:** (0981) 95600 **Mahlzeiten:** Frühstück, Mittag- und Abendessen **Preise:** Zimmer DDD/DDDD incl. Frühstück; Mahlzeiten 26 DM **Zimmer:** 12, alle mit Bad, Zentralheizung, Telefon, TV **Kreditkarten:** AE, DC, MC, V **Geschlossen:** nie **Fremdsprachen:** Englisch, Französisch

Stadthotel, Bad Kissingen

Laudensacks Parkhotel

Hermann und Susanne Laudensack haben dieses um die Jahrhundertwende errichtete, von einem großen Garten umgebene Haus in ein hübsches Kurhotel umgewandelt. Sie sind reizende Gastgeber, das Essen ist ausgezeichnet, die Ausstattung entspricht dem neuesten Geschmack.

Kurhausstr. 28, 97688 Bad Kissingen **Tel.:** (0971) 1224 **Fax:** (0971) 99013 **Mahlzeiten:** Frühstück, Mittag- und Abendessen, kleine Gerichte **Preise:** Zimmer DD/DDDD incl. Frühstück; Mahlzeiten ab 68 DM **Zimmer:** 19, alle mit Bad, Zentralheizung, Telefon, TV, Radio, Fön, Minibar, Safe **Kreditkarten:** AE, DC, MC, V **Geschlossen:** Mitte Dez. bis Ende Jan. **Fremdsprachen:** Englisch

Stadthotel, Bayreuth

Hotel Königshof

Das Hotel befindet sich in der Nähe des Festspielhauses, gegenüber dem Bahnhof. Die stilvolle Fassade verbirgt reizvoll möblierte Innenräume. Die verschieden gestalteten und unterschiedlich großen Gästezimmer, die Uwe Werner geschmackvoll eingerichtet hat, sind alle ihren Preis wert. Zwei Restaurants.

Bahnhofstr. 23, 95444 Bayreuth **Tel.:** (0921) 24094 **Fax:** (0921) 12264 **Mahlzeiten:** Frühstück, Mittag- und Abendessen **Preise:** Zimmer DDD/DDDD incl. Frühstück; Mahlzeiten 27-130 DM **Zimmer:** 35, alle mit Bad oder Dusche, Zentralheizung, Telefon, TV, Minibar **Kreditkarten:** AE, DC, MC, V **Geschlossen:** nie **Fremdsprachen:** Englisch, Italienisch, Französisch.

Nordbayern

Landhotel, Bayreuth

Gaststätte im Park der Eremitage

Sie liegt im herrlichen Park des Schlosses Eremitage der Markgräfin Wilhelmine. Die ruhigen, eleganten, etwas nüchternen Gästezimmer verteilen sich auf die umgebaute ehemalige Remise und den Wasserturm. Leider können weder Küche noch Service überzeugen.

Schloßstraße, 95448 Bayreuth **Tel.:** (0921) 99287 **Mahlzeiten:** Frühstück, Mittag- und Abendessen **Preise:** Zimmer D/DDD incl. Frühstück; Mahlzeiten ab 15 DM **Zimmer:** 10, alle mit Bad oder Dusche, Zentralheizung, einige mit Telefon, TV **Kreditkarten:** keine **Geschlossen:** 15. Sept. bis 1. März; Di außerhalb der Saison **Fremdsprachen:** Englisch

Umgebaute Burg, Colmberg

Burg Colmberg

In dieser imposanten Burg fühlt man sich um 1000 Jahre in die Vergangenheit zurückversetzt, aber dennoch muß man nicht auf modernen Komfort verzichten. Mehrere herrliche Gästezimmer. Es fehlt auch nicht an Freizeitmöglichkeiten: Golfplatz, Kinderspielplatz, Tierplatz.

An der Burgenstraße, 91598 Colmberg **Tel.:** (09803) 615 **Fax:** (09803) 262 **Mahlzeiten:** Frühstück, Mittag- und Abendessen **Preise:** Zimmer D/DDD **Zimmer:** 27, alle mit Bad oder Dusche, Zentralheizung, Telefon, einige mit Fön **Kreditkarten:** MC **Geschlossen:** Febr.; Di **Fremdsprachen:** Englisch

Stadtgasthaus, Dinkelsbühl

Gasthof Goldener Anker

Dieser etwas abseits von den überfüllten Hauptstraßen gelegene Familienbetrieb besitzt im Erdgeschoß traditionell gestaltete, holzgetäfelte Räume sowie im Obergeschoß moderne, geräumige, aber etwas unpersönlich wirkende Gästezimmer.

Untere Schmiedegasse 22, 91550 Dinkelsbühl **Tel.:** (09851) 57800 **Fax:** (09851) 578080 **Mahlzeiten:** Frühstück, Mittag- und Abendessen, kleine Gerichte **Preise:** Zimmer D/DD incl. Frühstück **Zimmer:** 16, alle mit Bad oder Dusche, Zentralheizung, Telefon, TV, Radio, Minibar **Kreditkarten:** AE, DC, MC, V **Geschlossen:** 3 Wochen Jan.

Stadtgasthaus, Dinkelsbühl

Deutsches Haus

Ein altdeutsches Restaurant. In jedem Winkel spürt man seine Geschichte: Wandmalereien, bemalte Decken und Türen, antike Möbel – ein Alptraum für jede Haushälterin. Die Zimmer wurden in jüngster Zeit renoviert und sind gemütlich. Manchmal kann es etwas laut sein. Frau Kellerbauer ist unheimlich charmant.

Weinmarkt 3, 91550 Dinkelsbühl **Tel.:** (09851) 6058/9 **Fax:** (09851) 7911 **Mahlzeiten:** Frühstück, Mittag- und Abendessen, kleine Gerichte **Preise:** Zimmer D/DDD **Zimmer:** 8, alle mit Bad oder Dusche, Zentralheizung, Telefon, TV, Radio, Minibar **Kreditkarten:** AE, DC, MC, V **Geschlossen:** 24. Dez. bis 10. Jan.

Nordbayern

Landgasthaus, Eschau-Hobbach

Gasthof Engel

Dieser 200 Jahre alte Gasthof liegt im ruhigen Elsavatal, im Naturschutzgebiet Spessart. Dennoch gibt es auch hier Tagungsräume. Lassen Sie sich davon nicht abhalten: Die Gaststube ist sehr einladend; die Gästezimmer im neuen Anbau sind komfortabel.

Bayernstr. 47, 63863 Eschau **Tel.:** (09374) 388 **Fax:** (09374) 7831 **Mahlzeiten:** Frühstück, Mittag- und Abendessen **Preise:** Zimmer D/DD incl. Frühstück; Mahlzeiten ab 22 DM **Zimmer:** 24, alle mit Bad oder Dusche, Zentralheizung, Telefon, Balkon **Kreditkarten:** keine **Geschlossen:** Fr **Fremdsprachen:** etwas Englisch

Umgebaute Weinkellerei, Frickenhausen

Hotel Meintzinger

Da das Weingut Meintzinger auch weiterhin im Weingeschäft tätig ist, sollte man besser von einer ausgebauten und nicht von einer umgebauten Kellerei sprechen. Die Gästezimmer sind geräumig und komfortabel. Heller, freundlicher Frühstücksraum. Möglichkeit zu Weinproben in Gruppen.

Jahnplatz 33, 97252 Frickenhausen **Tel.:** (09331) 3077 **Fax:** (09331) 7578 **Mahlzeiten:** Frühstück **Preise:** Zimmer D/DDD **Zimmer:** 21, alle mit Bad oder Dusche, Zentralheizung, Telefon, TV, Radio **Kreditkarten:** AE, MC, V **Geschlossen:** nie **Fremdsprachen:** Englisch

Umgebautes Schloß, Fürsteneck

Schloß Fürsteneck

Diese bescheidene Pension ist in einem Schloß aus dem 12. Jahrhundert untergebracht, das hoch über einem kleinen bayerischen Dorf thront. Die Gästezimmer sind in einem schlichten, ländlichen Stil eingerichtet. Die Speiseräume sind rustikal. Dasselbe gilt für die Küche. Ein guter Ausgangspunkt für Ausflüge in die reizvolle Umgebung.

Schloßweg 5, 94142 Fürsteneck **Tel.:** (08505) 1473 **Mahlzeiten:** Frühstück, Mittag- und Abendessen **Preise:** Zimmer D/DDD incl. Frühstück; Mahlzeiten 14-40 DM **Zimmer:** 10, alle mit Zentralheizung **Kreditkarten:** AE, MC **Geschlossen:** Jan.; Restaurant Mi **Fremdsprachen:** Englisch

Chalet-Hotel, Grafenau

Säumerhof

Sehen Sie über das unscheinbare Äußere hinweg. In diesem modernen Chalet erwarten Sie ein herzlicher Empfang sowie stilvoll eingerichtete, komfortable Speiseräume und Gästezimmer. Karl Seidls (früher G. Endls) moderne Küche genießt hohes Ansehen.

Steinberg 32, 94481 Grafenau **Tel.:** (08552) 2401 **Fax**: (08552) 5343 **Mahlzeiten:** Frühstück, Mittag- und Abendessen **Preise:** Zimmer D/DDD incl. Frühstück; Mahlzeiten 50-120 DM **Zimmer:** 11, alle mit Dusche, Zentralheizung, Telefon, TV, Radio, Fön **Kreditkarten:** AE **Geschlossen:** Restaurant Mo bis Do mittag **Fremdsprachen:** Englisch

Nordbayern

Stadthotel, Gunzenhausen

Hotel zur Post

Bei der Umwandlung dieses schönen, alten Posthauses in ein komfortables, modernes Hotel wurden keine Kosten gescheut. Besonders gelungen sind die holzgetäfelten Gesellschaftsräume. Die manchmal etwas zu ehrgeizige Küche bietet reichhaltige, appetitliche Gerichte.

Bahnhofstr. 7, 91710 Gunzenhausen **Tel.:** (09831) 7061 **Fax:** (09831) 9285 **Mahlzeiten:** Frühstück, Abendessen, kleine Gerichte **Preise:** Zimmer D/DDD incl. Frühstück; Abendessen ab 14 DM **Zimmer:** 26, alle mit Dusche, Zentralheizung, Telefon, TV, Fön, Minibar **Kreditkarten:** AE, DC, MC, V **Geschlossen:** 23. Dez. bis 6. Jan.; Restaurant So, Mo **Fremdsprachen:** Englisch

Landhotel, Kainsbach bei Hersbruck

Kainsbacher Mühle

Das alte Mühlrad dreht sich immer noch, als wäre die Zeit stehengeblieben. Das alte Gebäude wurde mit viel Liebe zum Detail in einem fränkisch-rustikalen Stil ausgestattet. Die Gästezimmer wirken sehr gemütlich. Großzügig angelegter Park und Hallenbad (mit Sauna und Fitneßraum).

91230 Kainsbach **Tel.:** (09151) 7280 **Fax:** (09151) 728162 **Mahlzeiten:** Frühstück, Mittag- und Abendessen, kleine Gerichte **Preise:** Zimmer D/DDDD incl. Frühstück; Mahlzeiten 29-50 DM **Zimmer:** 34, alle mit Bad oder Dusche, Zentralheizung, Telefon, TV, Radio, Minibar **Kreditkarten:** DC, MC, V **Geschlossen:** nie **Fremdsprachen:** Englisch

Bauernhaushotel, Kötzting

Landsitz Gut Ulmenhof

Ein hübsches Bauernhaushotel für die ganze Familie. Die Eltern können unbesorgt ihre Kinder in dem umliegenden Park spielen lassen; Esel- und Ponyreiten. Neben einer Schwimmhalle gibt es eine Minigolfanlage und Angelmöglichkeiten.

Bonried 31, 93444 Kötzting **Tel.:** (09945) 632 **Mahlzeiten:** Frühstück, Abendessen **Preise:** Zimmer D/DD incl. Frühstück; Abendessen ab 23 DM **Zimmer:** 18, alle mit Bad oder Dusche, Zentralheizung, Radio **Kreditkarten:** keine **Geschlossen:** nie

Landhotel, Lohr am Main (Land)

Buchenmühle

Ein hübsches, helles Steinhaus in ruhiger Lage inmitten eines Waldgebietes. Große, sonnige Terrasse. Die einladenden, rustikalen Speiseräume sind mit viel Liebe eingerichtet worden. Den Gästezimmern mag es vielleicht etwas an Charakter, aber bestimmt nicht an Komfort mangeln.

Buchentalstr. 23, 97816 Lohr **Tel.:** (09352) 3424 **Fax:** (09352) 6824 **Mahlzeiten:** Frühstück, Mittag- und Abendessen **Preise:** Zimmer D/DD incl. Frühstück; Mahlzeiten ab 35 DM **Zimmer:** 15, alle mit Bad oder Dusche, Zentralheizung, Telefon, TV **Kreditkarten:** MC **Geschlossen:** Febr.; Mo **Fremdsprachen:** Englisch, Französisch

Nordbayern

Stadthotel, Marktbreit

Hotel Löwen

Das Gebäude ist ein wunderschönes Fachwerkhaus aus dem 15. Jahrhundert. Im Inneren findet man eine kühle, mittelalterliche Eingangshalle, holzgetäfelte Gaststuben und einen rustikalen Speiseraum mit ungewöhnlich hoher Decke sowie einige eindrucksvolle Gästezimmer. Weitere Zimmer im nahen, sehr ruhig gelegenen Gästehaus »Schlößchen«.

Marktstr. 8, 97340 Marktbreit **Tel.:** (09332) 3085 **Fax:** (09332) 9438 **Mahlzeiten:** Frühstück, Mittag- und Abendessen **Preise:** Zimmer D/DD incl. Frühstück; Mahlzeiten ab 20 DM **Zimmer:** 50, alle mit Bad oder Dusche, Zentralheizung, Telefon, einige mit TV **Kreditkarten:** AE, DC, MC, V **Geschlossen:** nie **Fremdsprachen:** Englisch

Stadthotel, Marktheidenfeld

Anker

Ein Hotel, das seit mehr als zwölf Generationen als Familienbetrieb geführt wird. In gediegenem fränkischem Stil mit vielen Antiquitäten eingerichtet. Die Gästezimmer liegen überwiegend zum ruhigen Innenhof hin. Essen kann man im Restaurant »Weinhaus Anker«.

Obertorstr. 6-8, Postfach 1253, 97828 Marktheidenfeld **Tel.:** (09391) 60040 **Fax:** 600477 **Mahlzeiten:** Frühstück, Mittag- und Abendessen; Mahlzeiten außer Frühstück werden im Restaurant »Weinhaus Anker« serviert. **Preise:** Zimmer DD/DDDD incl. Frühstück **Zimmer:** 38, alle mit Bad, Zentralheizung, TV, Radio, Minibar, Fön **Kreditkarten:** AE, MC, V **Geschlossen:** nie **Fremdsprachen:** Englisch, Französisch, Italienisch

Stadtgasthaus, Miltenberg

Jagd-Hotel Rose

Eine einladende, mit Glyzinien geschmückte Fassade mit rot-weiß gestreiften Fensterläden. Auch das Innere ist recht reizvoll: helle, luftige Speiseräume mit Terrakottaböden und Naturholzmöbeln. Die komfortablen Gästezimmer werden von Frau Schneider tadellos saubergehalten.

Hauptstr. 280, 63897 Miltenberg **Tel.:** (09371) 40060 **Fax:** (09371) 400617 **Mahlzeiten:** Frühstück, Mittag- und Abendessen **Preise:** Zimmer DD/DDD; Frühstück 15 DM; Mahlzeiten 50-79 DM **Zimmer:** 23, alle mit Dusche, Zentralheizung, Telefon, TV, Radio, Fön, Minibar **Kreditkarten:** AE, DC, MC, V **Geschlossen:** So abend **Fremdsprachen:** Englisch, Französisch, Schwedisch

Landhotel, Nürnberg

Hotel Zirbelstube

Dieses Hotel ist wirklich klein und zauberhaft. Weitere Pluspunkte sind die idyllische Lage am Ludwigskanal, das wunderschöne, holzgetäfelte Restaurant, die hübschen kleinen Gästezimmer mit üppigen Dekostoffen und die sonnige Terrasse.

Friedrich-Overbeck-Str. 1, 90455 Nürnberg **Tel.:** (0911) 88155 **Mahlzeiten:** Frühstück, Abendessen **Preise:** Zimmer DD/DDD incl. Frühstück; Mahlzeiten 103 DM **Zimmer:** 8, alle mit Dusche, Zentralheizung, Telefon, TV, Radio, Minibar **Kreditkarten:** AE, MC **Geschlossen:** 2 Wochen im Jan./Febr., 3 Wochen im Juli/Aug.; Mo **Fremdsprachen:** Englisch, Französisch

Nordbayern

Landhotel, Ochsenfurt

Polisina

Dieses »Wald- und Sporthotel« besitzt eine reizvolle Lage und bietet seinen Gästen vier Tennisplätze und eine Schwimmhalle mit angrenzendem Ruheraum. Stein und Holz sorgen für eine einladende Atmosphäre in den Innenräumen.

Marktbreiter Str. 265, 97199 Ochsenfurt **Tel.:** (09331) 3081 **Fax:** (09331) 7603 **Mahlzeiten:** Frühstück, Mittag- und Abendessen **Preise:** Zimmer D/DDDD incl. Frühstück; Mahlzeiten ab 34 DM **Zimmer:** 27, alle mit Bad oder Dusche, Zentralheizung, Telefon, TV, Radio, Fön, Minibar, **Kreditkarten:** AE, DC, MC, V **Geschlossen:** nie **Fremdsprachen:** Englisch, Französisch

Stadthotel, Passau

Hotel Wilder Mann

150 Jahre lang übernachtete in diesem Rokokogebäude vor allem der Adel. Die Gästezimmer besitzen noch immer ihre vornehme Atmosphäre. In den Zimmern auf der Gartenseite hört man nichts vom Straßenlärm. Gebhard Endl ist für die ausgezeichnete Küche verantwortlich.

Am Rathausplatz, 94032 Passau **Tel.:** (0851) 35071 **Fax:** (0851) 31712 **Mahlzeiten:** Frühstück, Mittag- und Abendessen **Preise:** Zimmer D/DD; Frühstück 15 DM; Mahlzeiten ab 60 DM **Zimmer:** 49, alle mit Bad oder Dusche, Zentralheizung, Telefon, TV, Radio, einige mit Minibar **Kreditkarten:** AE, DC, MC, V **Geschlossen:** nie **Fremdsprachen:** Englisch, Französisch, Italienisch

Luxusgasthaus, Pegnitz

Pflaums Posthotel

Die beiden Brüder Pflaum haben Gespür für Effekte. Das gilt sowohl für die Architektur als auch für die Küche. Die wunderschöne Fassade ist alt, während die Innenräume luxuriös und futuristisch gestaltet sind. Anspruchsvolle Küche, großartiges Frühstück, gepflegter Service und ein 27-Loch-Golfplatz.

Nürnberger Str. 12-16, 91257 Pegnitz **Tel.:** (09241) 7250 **Fax:** (09241) 80404 **Mahlzeiten:** Frühstück, Mittag- und Abendessen **Preise:** Zimmer DDD/DDDD incl. Frühstück **Zimmer:** 50, alle mit Bad, Zentralheizung, Telefon, TV **Kreditkarten:** AE, DC, MC, V **Geschlossen:** nie **Fremdsprachen:** Englisch, Französisch, Spanisch

Chalet-Pension, Regen

Burggasthof Weißenstein

Dieses unkomplizierte, kleine Chalet liegt friedlich im Schatten einer alten Burgruine. Von der Terrasse hat man einen weiten Blick auf den Bayerischen Wald. Die Gästezimmer sind traditionell eingerichtet. Der Speiseraum wirkt farbenfroh und wird öfter durch Live-Musik belebt. Gemütliche Bierstube und Festzimmer.

Weißenstein 32, 94209 Regen **Tel.:** (09921) 2259 **Mahlzeiten:** Frühstück, Mittag- und Abendessen **Preise:** Zimmer D/D incl. Frühstück; Mahlzeiten 12-25 DM **Zimmer:** 15, alle mit Bad oder Dusche, Zentralheizung, TV, z.T. Balkon **Kreditkarten:** keine **Geschlossen:** Nov. bis Mitte Dez.; Di **Fremdsprachen:** etwas Englisch

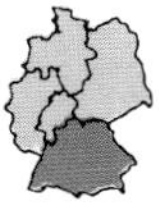

Nordbayern

Umgebautes Palais, Regensburg

Bischofshof am Dom

Ein großes, vielbesuchtes Hotel, das eigentlich unser Größenlimit überschreitet. Aber sehr attraktiv: Die historische Atmosphäre ist trotz des modernen Komforts erhalten geblieben. Die Gästezimmer wirken sehr vornehm: alles erstklassige Qualität von den Fliesen im Bad bis zu den Teppichen.

Krauterermarkt 3, 93047 Regensburg **Tel.:** (0941) 59086 **Mahlzeiten:** Frühstück, Mittag- und Abendessen **Preise:** Zimmer DD/DDD incl. Frühstück **Zimmer:** 60, alle mit Bad oder Dusche, Zentralheizung, Telefon, Radio, TV **Kreditkarten:** AE, DC, MC, V **Geschlossen:** 21. bis 25. Dez.

Stadthotel, Rothenburg ob der Tauber

Hotel Meistertrunk

Ein neues Hotel in einer historischen Stadt (zentrale, aber sehr ruhige Lage neben Burggarten mit eigenem Garten). Es zeichnet sich durch geräumige, elegant eingerichtete Gästezimmer und einen freundlichen, holzgetäfelten Frühstücksraum aus, der in einem traditionellen Stil gehalten ist. Schöne Kaffee-Terrasse.

Herrngasse 26, 91541 Rothenburg **Tel.:** (09861) 6077 **Fax:** (09861) 86871 **Mahlzeiten:** Frühstück, Mittag- und Abendessen **Preise:** Zimmer D/DDD incl. Frühstück **Zimmer:** 15, alle mit Bad oder Dusche, Zentralheizung, Telefon, TV, Radio **Kreditkarten:** AE, MC, V **Geschlossen:** Jan. bis Febr.

Stadtgasthaus, Rothenburg ob der Tauber

Hotel Reichs-Küchenmeister

Obwohl dieser zentral gelegene, kleine Gasthof weitgehend nach dem Zweiten Weltkrieg wiederaufgebaut wurde, erinnert er noch immer an das ursprüngliche Gebäude aus dem 14. Jahrhundert, obwohl es in den gegenüberliegenden Bau übergeht. Das rustikale Dekor wirkt dennoch nicht überladen. Mehrere hübsche Gästezimmer.

Kirchplatz 8-10, 91541 Rothenburg **Tel.:** (09861) 2046 **Fax:** (09861) 86965 **Mahlzeiten:** Frühstück, Mittag- und Abendessen, kleine Gerichte **Preise:** Zimmer DD/DDD incl. Frühstück **Zimmer:** 50, alle mit Zentralheizung, Telefon, TV, Radio **Kreditkarten:** AE, DC, MC, V **Geschlossen:** nie **Fremdsprachen:** Englisch

Stadthotel, Rothenburg ob der Tauber

Hotel Bären

In einer vom Fremdenverkehr lebenden Stadt, die zahlreiche Hotels besitzt, haben die Müllers viel Geld investiert, um die Konkurrenz auszustechen. Das Ergebnis ist ein geschmackvoll und luxuriös eingerichtetes Hotel. Weitere Pluspunkte sind Fritz Müllers moderne Küche und die ruhige Lage.

Hofbronnengasse 9, 91541 Rothenburg **Tel.:** (09861) 6033 **Fax:** (09861) 4875 **Mahlzeiten:** Frühstück, Abendessen; Mittagessen Fr- So und an Feiertagen **Preise:** Zimmer DDD/DDDD incl. Frühstück; Mahlzeiten 35-135 DM **Zimmer:** 35, alle mit Bad, Zentralheizung, Telefon, TV **Kreditkarten:** MC, V **Geschlossen:** Jan. bis März; Restaurant Di, Mo und Mi-Fr mittag **Fremdsprachen:** Englisch

Nordbayern

Modernes Landhotel, Wirsberg

Reiterhof

Ein liebevoll entworfenes Luxushotel in ruhiger Lage, das vor allem Skifahrer, Reiter und Tennisspieler anzieht. Phantasievolle Ausstattung: Palmen am Swimmingpool, verzierte Holztäfelung und vergoldete Kronleuchter in den Gesellschaftsräumen. Reichhaltige Küche.

Sessenreuther Str. 50, 95339 Wirsberg **Tel.:** (09227) 2040 **Fax:** (09227) 7058 **Mahlzeiten:** Frühstück, Mittag- und Abendessen **Preise:** Zimmer DD/DDDD incl. Frühstück; Mahlzeiten (à la carte) ab 40 DM **Zimmer:** 51, alle mit Bad oder Dusche, Zentralheizung, Telefon, TV, Radio, Fön, Minibar **Kreditkarten:** AE, DC, MC, V **Geschlossen:** nie **Fremdsprachen:** Englisch, Französisch

Hotelgasthof, Würzburg

Zur Stadt Mainz

Der dunkel gehaltene Speiseraum dieser altfränkischen Gaststuben mit dem rustikalen Dekor besitzt eine Geschichte, die bis 1430 zurückreicht. Die Gästezimmer sind hübsch und freundlich; der Gasthof liegt zwar in der Stadtmitte, aber dank der Schallschutzfenster ist man vor dem Verkehrslärm geschützt (einige der Zimmer gehen zum Innenhof). 1992 für umweltbewußte Betriebsführung ausgezeichnet. Menü-Karte in 5 Sprachen und Braille.

Semmelstr. 39, 97070 Würzburg **Tel.:** (0931) 53155 **Fax:** (0931) 58510 **Mahlzeiten:** Frühstück, Mittag- und Abendessen **Preise:** Zimmer DD/DDD incl. Frühstück **Zimmer:** 15, alle mit Dusche, Zentralheizung, Telefon, TV, Radio **Kreditkarten:** AE, MC, V **Geschlossen:** 20. Dez. bis 20. Jan.; Gaststuben So abend, Mo und feiertags

Südbayern

Überblicksartikel

Hotels in Südbayern

Ausländische Touristen verbinden mit Bayern, genauer gesagt Oberbayern, zumeist Lederhosen, Dirndl und überschäumende Maßkrüge. Aber der Süden von Bayern ist vor allem eine landschaftlich reizvolle Region: hohe Berggipfel, große Seen mit klarem Wasser, Märchenschlösser, die auf Bergen thronen, Blumenkästen an den Holzbalkonen typischer alpenländischer Häuser und zwiebelförmige Kirchtürme. Südbayern ist auch ein Paradies für Sportler: Wandern, Bergsteigen und Segeln im Sommer, Skifahren, Rodeln und Schlittschuhlaufen im Winter.

Flüsse durchschneiden die Ebenen und sanften Hügel im nördlichen Teil der Region. Die Fuggerstadt Augsburg, die Geburtsstadt von Bertolt Brecht, liegt an der Romantischen Straße. Wir empfehlen hier das *Hotel Gregor* (Tel. 0821/80050, Fax 800569, 40 Zimmer), das beste einer Reihe mittelmäßiger Hotels mit gutem Restaurant, *Cheval Blanc*, sowie das ruhige, komfortable *Fischertor* (Tel. 0821/156051, Fax 30702, 21 Zimmer), das aber von außen etwas trist wirkt.

Die vitale, elegante Landeshauptstadt München besitzt zahlreiche schöne Geschäfte und überdurchschnittlich viele hervorragende Hotels. Während man im Süden und Osten von München ebenfalls eine große Auswahl an guten Hotels hat, sieht es nördlich von München schlechter aus. Zusätzlich zu unseren Einträgen empfehlen wir das *Terrassenhotel Kolbergarten* (Tel. 08041/9067, Fax 9069, 16 Zimmer) im hübschen Kurort Bad Tölz. Der vor der herrlichen Kulisse der Alpen gelegene Chiemsee zieht nicht nur wegen des von König Ludwig II. erbauten Schlosses Herrenchiemsee viele Touristen an. Hier liegen als Alternativen zu den ausführlich beschriebenen Hotels *Zum goldenen Pflug* (Tel. 08667/790, Fax 56542, 89 Zimmer), ein vor allem für Reiter geeignetes Sporthotel in Chieming-Ising, und das malerische *Yachthotel Chiemsee* (Tel. 08051/6969, Fax 5171, 101 Zimmer).

Ein anderes beliebtes Fremdenverkehrsziel ist Füssen am Forggensee, denn in seiner Nähe liegen Neuschwanstein, das »Märchenschloß« Ludwigs II., und Hohenschwangau, wo der unglückliche König geboren wurde. *Alpenschlößle* (Tel. 08362/39847, 10 Zimmer) und *Hirsch* (Tel. 08362/5080, Fax 508113, 46 Zimmer) sind beides Familienbetriebe, ersteres mit ausgezeichneter Küche.

Nahe der Grenze zu Österreich befindet sich mit dem malerischen Mittenwald eine weitere Touristenhochburg. Die Pension *Gästehaus Franziska* (Tel. 08823/5051, Fax 3893, 20 Zimmer) ist trotz ihrer zentralen Lage ruhig und schön eingerichtet. Die Küche des hochgelegenen *Latscheneck* (Tel. 08823/1057, 13 Zimmer) bietet nur für Übernachtungsgäste regionale Spezialitäten. Eher spartanisch sind die Gästezimmer im *Wipfelder* (Tel. 08823/1057, Fax 4077, 15 Zimmer), aber das Frühstück ist üppig.

Auf dieser Seite werden empfehlenswerte Hotels in Südbayern vorgestellt, die keinen eigenen Eintrag erhalten. Die langen Einträge mit den Hotels, von denen wir am meisten begeistert waren, beginnen auf der nächsten Seite. Wir waren jedoch auch von den Hotels angetan, die hier nur mit Kurzeinträgen (ab S. 205) berücksichtigt werden.

Südbayern

Landhotel, Altenstadt-Illereichen

Landhotel Schloßwirtschaft

Ein wirklich ausgezeichnetes kleines und persönliches Hotel ist eine Seltenheit in Deutschland. Nach unseren Maßstäben ist die Schloßwirtschaft deshalb ein echtes Juwel. Mit nicht einmal einem Dutzend Zimmern gehört es zu den kleinsten in diesem Führer vorgestellten Hotels. Es besitzt sehr viel Atmosphäre und ist weder übertrieben elegant noch zu rustikal. Die Preise für die Zimmer sind recht vernünftig.

Für manche zählt Eberhard Aspacher zu den Spitzenköchen in Deutschland (obwohl ihm Michelin nur einen Stern verliehen hat). Entsprechend hoch sind auch die Preise für seine Gerichte. Wer hier zu Abend ißt, zahlt das Drei- bis Vierfache der Rechnung für das Zimmer. Manche Touristen können nichts mit dem Stil der Küche anfangen: sehr modern und kunstvoll in der Präsentation.

Das Hotel, das von Eberhards freundlicher junger Frau Renate geführt wird, ist geschmackvoll und gemütlich eingerichtet und in sanften Farben gehalten. In dem von einer Balkendecke überspannten, mit Kiefernholz getäfelten Speiseraum steht ein großer Kachelofen. In den Gästezimmern findet man hübsch bemalte Möbel. Die Lobby, die zugleich als Bar dient, fällt mit ihren recht langweiligen Sesseln etwas aus dem Rahmen.

Umgebung: Memmingen (20 km) mit Siebendächerhaus

Kirchplatz 2, 89281 Illereichen
Tel.: (08337) 8045
Fax: (08837) 460
Lage: im Dorf, 20 km n von Memmingen, in einer Sackgasse nahe der Kirche; mit Garten, Garagen und großem Parkplatz
Mahlzeiten: Frühstück, Mittag- und Abendessen
Preise: Zimmer DD/DDD incl. Frühstück; Mahlzeiten 132-150 DM; Kinderteller
Zimmer: 11 Doppelzimmer mit Bad; alle Zimmer mit Zentralheizung, TV, Telefon, Minibar
Anlage: Frühstückszimmer, Speiseraum, Bar; Terrasse, Kinderspielplatz
Kreditkarten: AE, DC, MC, V
Kinder: sehr willkommen
Behinderte: Parterrezimmer
Tiere: erlaubt (15 DM pro Nacht)
Geschlossen: nie; Restaurant So abend, Mo
Fremdsprachen: Englisch, Französisch, Italienisch
Besitzer: Eberhard Aspacher

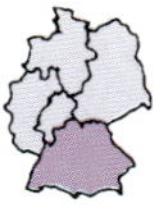

Südbayern

Brauereigasthof, Aying

Brauereigasthof Hotel Aying

Der Gasthof ist nach dem Ort benannt, in dem er liegt – einem Dorf, wo seit über 500 Jahren ein berühmtes bayerisches Bier gebraut wird. Die moderne Ayinger Brauerei und der Gasthof liegen direkt nebeneinander. Die meisten Gäste kommen in erster Linie wegen des Biers (die Bierkarte ist sehr umfangreich und enthält auch Bierspezialitäten, die nur zu bestimmten Jahreszeiten hergestellt werden).

Eingangstür und Fenster des Gasthofs verschwinden fast hinter üppig wachsendem Wilden Wein. Der Gasthof verfügt über einen Saal mit einer prächtig bemalten Decke; er bietet Platz für 200 Personen und wird gern für Veranstaltungen genutzt. Doch es gibt auch ein Restaurant, wo man à la carte essen kann. Die Küche bietet sowohl regionale als auch internationale Gerichte. Das Bier kommt selbstverständlich frisch vom Faß, aber es gibt auch eine gute Auswahl an Weinen. Hinter dem Haus befindet sich ein Restaurantgarten, der an Sommertagen sehr einladend ist.

Die Gästezimmer sind geräumig und geschmackvoll eingerichtet: In einigen stehen wunderschön bemalte Bauernmöbel und Himmelbetten.

Umgebung: Brauerei (mit Bierproben); bayerische Alpen (im Winter Skifahren); München (30 km); Rosenheim (30 km)

Zornedinger Str. 2, 85653 Aying
Tel.: (08095) 705
Fax: (08095) 2053
Lage: im Dorf, 26 km sö von München; Abfahrt Hofolding von der E 45; mit großem Parkplatz
Mahlzeiten: Frühstück, Mittag- und Abendessen, Brotzeit
Preise Zimmer DDD/DDDD incl. Frühstück; Mahlzeiten 40-80 DM
Zimmer: 18 Doppelzimmer (1 mit Einzelbetten), 7 mit Bad, 9 mit Dusche, 1 mit Waschbecken; 3 Einzelzimmer mit Dusche; 7 Familienzimmer mit Bad; alle Zimmer mit Zentralheizung, Telefon, TV, Radio
Anlage: Speiseraum; Biergarten
Kreditkarten: AE, DC, MC, V
Kinder: sehr willkommen
Behinderte: nicht geeignet
Tiere: erlaubt
Geschlossen: Mitte bis Ende Jan.
Besitzer: Franz Inselkammer

Südbayern

Stadthotel, Bad Aibling

Romantik-Hotel Lindner

Mit seiner gelbgetünchten Fassade und den grün-weiß gestreiften Fensterläden erinnert das vornehme Äußere dieses Hotels daran, daß das Gebäude ein über 1000 Jahre altes Schloß ist. Auch in den Innenräumen ist die historische Atmosphäre erhalten geblieben. Über die Gesellschaftsräume spannen sich Dekkengewölbe; den Treppenabsatz schmücken antike Tische und Familienporträts in Öl. Vor den Fenstern hängen hübsche Vorhänge im Renaissancestil. Bayerische Kristallüster tragen zum Reiz der Räume bei, obwohl die Holzvertäfelung im Speiseraum und im Frühstückszimmer von modernen Scheinwerfern und Spotlights angestrahlt wird.

Die Gästezimmer sind hübsch und geräumig und wurden kürzlich renoviert. Die meisten sind mit verschiedenen antiken Stücken möbliert; an den Wänden hängen Reproduktionen impressionistischer Gemälde. Einige befinden sich in einem neuen Gebäude hinter dem Haus, durch einen Hof abgetrennt und mit Blick auf den hübschen Garten. Der Anbau beherbergt auch eine kleine Bar mit Bibliothek; die Getränke können aber auch im Garten serviert werden. Erna Lindners elegant gekleidete Tochter Gabi ist eine charmante und umsichtige Gastgeberin, die sich glücklich schätzt, die 150 Jahre alte Familientradition fortzuführen.

Umgebung: Miesbach (10 km) mit Wasserlilienpark

Marienplatz 5, 83043 Bad Aibling
Tel.: (08061) 4050
Fax: (08061) 30535
Lage: mitten im Ort am Marktplatz; mit Garten, großem Parkplatz und Garagen
Mahlzeiten: Frühstück, Mittag- und Abendessen
Preise: Zimmer D/DDD incl. Frühstück; Mahlzeiten 19-70 DM
Zimmer: 16 Doppelzimmer (2 mit Einzelbetten), 6 mit Bad, 5 mit Dusche, 5 mit Waschbecken; 16 Einzelzimmer, 2 mit Bad, 9 mit Dusche, 5 mit Waschbecken; alle Zimmer mit Zentralheizung, die meisten mit Telefon, TV, Fön
Anlage: Speiseraum, Frühstückszimmer, Konferenzzimmer; Garten, Terrasse
Kreditkarten: AE, DC, MC, V
Kinder: sehr willkommen
Behinderte: einige Parterrezimmer
Tiere: willkommen (7 DM pro Nacht)
Geschlossen: nie
Fremdsprachen: Englisch, Französisch
Besitzer: Erna Lindner und Gabi Jung

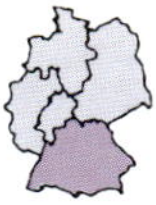

Südbayern

Restaurant mit Gästezimmern, Bad Tölz

Altes Fährhaus

Die an Jod reiche Isar fließt auf ihrem Weg zur Donau durch Bad Tölz. Auf der einen Seite des Flusses liegt die Altstadt, wo sich auch das Alte Fährhaus befindet, auf der anderen der Kurort. Deshalb war früher auch eine Fähre notwendig. Das unterhalb der Altstadt gelegene ehemalige Bootshaus ist in ein elegantes Restaurant mit Gästezimmern umgewandelt worden. Obwohl es nicht ganz leicht zu finden ist, stellt seine abgeschiedene Lage am Fluß eine der Hauptattraktionen dar.

Abgesehen von seiner hübschen, schattigen Terrasse wirkt das Gebäude zwischen den dunklen Bergen nicht sonderlich eindrucksvoll. Die beiden Speiseräume sind hell und luftig; der eine ist mit Art-déco-Lampen und Holzschnitzereien, der andere mit Bändern und rosa Schmetterlingen dekoriert. Die gemütlichen, modern möblierten Gästezimmer besitzen alle einen eigenen Balkon mit Blick auf die Isar.

Elly Reißer ist nicht nur die Besitzerin des Fährhauses, sondern kümmert sich auch um die Küche. Sie bietet ihren Gästen klassische Gerichte, vor allem Fisch wie z. B. Flußbarsch im Teigmantel oder Steinbutt in Beurre blanc. Auf der Speisekarte stehen auch Wildgerichte.

Eine Übernachtung lohnt sich hier schon allein wegen des köstlichen Frühstücks: Neben verschiedenen selbstgebackenen Brotsorten und selbstgemachten Marmeladen gibt es Parmaschinken und marinierten Lachs.

Umgebung: Altstadt (Marktstraße, Kirche Mariä Himmelfahrt)

An der Isarlust 1, 83646 Bad Tölz
Tel.: (08041) 6030
Lage: am Isarufer am Nordostrand der Stadt; mit kleinem Garten und beschränkten Parkmöglichkeiten
Mahlzeiten: Frühstück, Mittag- und Abendessen
Preise: Zimmer DD/DDD incl. Frühstück; Menüs 85-130 DM
Zimmer: 5 Doppelzimmer (mit Einzelbetten); alle Zimmer mit Bad, Zentralheizung, Telefon, TV, Radio, Minibar
Anlage: 2 Speiseräume; Terrasse
Kreditkarten: keine
Kinder: geduldet
Behinderte: nicht geeignet
Tiere: nur in den Gesellschaftsräumen erlaubt
Geschlossen: Jan. und Febr.; Restaurant Mo, Di mittag
Fremdsprachen: Englisch
Besitzerin: Elly Reißer

Südbayern

Dorfgasthaus, Bayrischzell

Postgasthof Rote Wand

Dieser in einem Alpental gelegene Gasthof eignet sich vor allem für Wanderer und Skifahrer. Die Ausstattung ist einfach, aber gut. Die Gästezimmer sind gemütlich; in den großen Bädern findet man reichlich heißes Wasser, um seine müden Glieder zu entspannen. Die besondere Attraktion neben der Lage ist der freundliche Empfang durch die Familie Gaukler-Pellkofer. Die Gastgeber tun alles für das Wohl ihrer Gäste; auch Kinder sind hier bestens aufgehoben.

Die Speiseräume (von denen einer Nichtrauchern vorbehalten ist) sind einfach möbliert und mit rustikalem Dekor ausgestattet; es gibt dort auch Jagdtrophäen der Familie sowie Fotos, die Herrn Pellkofer als Skifahrer und Teilnehmer der Olympischen Winterspiele 1936 zeigen. Ein Teil der hübschen Terrasse ist überdacht, so daß erschöpfte Bergwanderer hier im Schatten ein kühles Bier genießen können. Im Winter können die Gäste ihre feuchte Kleidung vor einem großen Kachelofen trocknen. Das herzhafte Essen (zubereitet von Michael, Sohn des Hauses), dessen verführerischer Duft das Haus durchzieht, wird von der freundlichen Tochter der Familie in großen Portionen serviert. Man sollte jedoch beachten, daß die Küche in der Regel ab 20 Uhr geschlossen ist. Eine Ausnahme wird aber anscheinend an Samstagen im Sommer gemacht, wenn viel Betrieb ist (unser Tester war an einem solchen Tag dort).

Umgebung: Rotwand (1885 m); Wendelstein-Seilbahn

Geitau 15, 83735 Bayrischzell
Tel.: (08023) 661
Fax: 656
Lage: in einem Weiler, 5 km nö von Bayrischzell; mit Garten und großem Parkplatz
Mahlzeiten: Frühstück, Mittag- und Abendessen
Preise: Zimmer D/DD incl. Frühstück (50% Ermäßigung für Kinder); Mahlzeiten 25-60 DM
Zimmer: 20 Doppelzimmer, 4 mit Bad, 16 mit Dusche; 10 Einzelzimmer mit Dusche; 1 Familienzimmer mit Dusche; alle Zimmer mit Zentralheizung, Telefon
Anlage: Gaststube, Speiseräume, Fernsehzimmer, Terrasse
Kreditkarten: AE, MC, V
Kinder: sehr willkommen
Behinderte: keine speziellen Einrichtungen
Tiere: willkommen
Geschlossen: Restaurant Di, Mi mittag
Fremdsprachen: Englisch
Besitzer: Familie Gaukler-Pellkofer

Südbayern

Ländliche Pension, Eisenberg

Magnushof

Allein schon die Lage inmitten herrlicher Seen, Felder und Wälder am Fuße der Alpen macht den Magnushof zu einem reizvollen Aufenthaltsort. Hinzu kommen noch eine erstaunliche Innenausstattung und eine angenehme Atmosphäre.

Die Vorbesitzer haben die Einrichtung des Hauses deutlich geprägt; zum kühn zusammengestellten Mobiliar gehören bemalte Bettgestelle sowie bunt verzierte Deckenkassetten, aber auch moderne, rosafarbene Ledergarnituren. Alles ist geschmackvoll kombiniert und wirkungsvoll. In den großen, nach Wildenten benannten Gästezimmern fühlt man sich sofort wie daheim; man findet darin auch eine Menge Bücher. Der elegante Swimmingpool, die Sauna und der große Fitneßraum locken selbst unsportliche Gäste aus dem gemütlichen, hübsch möblierten Salon mit offenem Kamin und wunderschöner rot-blauer Glaswand.

Die Marmeladen, die zum reichhaltigen Frühstück serviert werden, sind selbstgemacht. Ein ausgezeichnetes Gasthaus, in das auch Einheimische gern einkehren, ist gleich nebenan; außerdem gibt man Ihnen gern Tips, wo Sie in der Umgebung gepflegt essen können.

Umgebung: Füssen, Schloß Neuschwanstein, Schloß Hohenschwangau (10 km), Weißensee (2 km), Hopfensee (4 km)

Unterreuten 51, 87637 Eisenberg
Tel.: (08363) 91220
Lage: in einem Weiler, erreichbar über eine ausgeschilderte Straße zwischen Eisenberg und Hopferau, 10 km nw von Füssen; mit Garten und großem Parkplatz
Mahlzeiten: Frühstück, Brotzeit (auf Wunsch)
Preise: Zimmer D/DD (pro Person) incl. Frühstück
Zimmer: 8 Doppelzimmer (mit Einzelbetten), 3 mit Bad, 5 mit Dusche; 1 Einzelzimmer mit WC; alle Zimmer mit Zentralheizung, TV, Telefon, Radio, Fön, die meisten mit Minibar
Anlage: Speiseraum, Salon mit Kaminecke, Hallenbad, Sauna, Solarium, Fitneßraum
Kreditkarten: keine
Kinder: werden aufgenommen, wenn älter als 8 Jahre
Behinderte: nicht geeignet
Tiere: nach vorheriger Absprache erlaubt
Geschlossen: nie
Fremdsprachen: etwas Englisch
Besitzer: Karin Baur

Südbayern

Landhotel, Ettal

Der Benediktenhof

Die herrliche Lage ist eine der Hauptattraktionen dieses Hotels: Das ehemalige Benediktinerhospital liegt friedlich inmitten der unter Naturschutz stehenden Wiesen und Wälder des Tales von Ettal, am Fuße der Alpen in einer Region mit regem Fremdenverkehr.

Die Innenräume sind farbenfroh, aber sehr geschmackvoll gestaltet. Sowohl in den Gesellschaftsräumen als auch in den Gästezimmern stehen antike Möbel; Gemälde unterschiedlichster Motive und Stilrichtungen hängen an den Wänden. Baronin Eva von Reitzenstein hat zahlreiche Familienschätze für die Ausstattung des Hotels verwendet und ihm eine überraschende Atmosphäre verliehen, die etwas an »Alice im Wunderland« erinnert.

Die Gästezimmer sind individuell eingerichtet, aber alle sind geräumig, komfortabel und gut ausgestattet. Einige Betten sind antik, andere modern; die Bettköpfe aus Plüsch passen zu den Vorhängen. Die meisten Zimmer verfügen über Balkone mit prachtvoller Aussicht.

Die vielbesuchten Speiseräume stellen eine Mischung aus rustikal und traditionell dar. Die Tochter des Hauses, die an ihrem langen blonden Zopf zu erkennen ist, hilft beim Servieren der typisch bayerischen Gerichte.

Umgebung: Kloster Ettal; Oberammergau (5 km); Schloß Linderhof (10 km)

Zieglerstr. 1, 82488 Ettal
Tel.: (08822) 4637
Fax: 7288
Lage: inmitten von Wiesen in einem Alpental, 2 km w von Ettal; mit Gärten und großem Parkplatz
Mahlzeiten: Frühstück, Mittag- und Abendessen
Preise: Zimmer D/DD; Frühstück 10 DM; Mahlzeiten ca. 25-65 DM
Zimmer: 15 Doppelzimmer, 9 mit Bad, 6 mit Dusche; 1 Einzelzimmer mit Bad; alle Zimmer mit Zentralheizung, Telefon
Anlage: Speiseraum, Fernsehzimmer, Weinstube; Terrasse
Kreditkarten: keine
Kinder: willkommen
Behinderte: nicht geeignet
Tiere: erlaubt
Geschlossen: Mo
Fremdsprachen: Englisch, Französisch, Italienisch
Besitzer: Baron Ernst und Baronin Eva von Reitzenstein

Südbayern

Landhotel, Frasdorf

Landgasthof Karner

Dieses Hotel, das nur einen Steinwurf entfernt von der Autobahn auf halber Strecke zwischen München und Salzburg liegt, ist ein beliebtes Ziel für betuchte Wochenendausflügler, die einmal aus der Stadt hinauswollen – aber nicht zu weit.

Rauchblaue Fensterläden, makellos weißgetünchte Mauern und wunderschöne Holztüren zeigen schon von außen, daß es sich hier nicht um ein durchschnittliches Chalet in den Alpen handelt. Doch das Innere ist ebenso eindrucksvoll. Der Speiseraum wirkt mit seinem Holzfußboden, der alten Holzvertäfelung und den schlichten, aber hübschen Vorhängen stilvoll. Die Gästezimmer sind teilweise mit schönen Bauernmöbeln ausgestattet. Das hat man uns jedenfalls erzählt, denn beim Besuch unserer Testerin waren die Karners und das Personal leider zu beschäftigt mit ihren Gästen, um sie herumzuführen.

Trotz eines Michelin-Sterns ist die Küche kritisiert worden, weil sie ausgefallene Kombinationen von Zutaten ausprobiert, aber sie findet sichtlich viele Liebhaber – besonders an sonnigen Nachmittagen, wenn die hübsche Gartenterrasse bis auf den letzten Platz besetzt ist.

Umgebung: Skifahren, Paragliding; Wildenwart (5 km) mit Schloß; Chiemsee (15 km)

Nußbaumstr. 6, 83112 Frasdorf
Tel.: (08052) 4071
Fax: 4711
Lage: in einer Seitenstraße des Dorfs, 78 km sö von München; mit Garten und großem Parkplatz
Mahlzeiten: Frühstück, Mittag- und Abendessen
Preise: Zimmer D/DDD incl. Frühstück; Mahlzeiten 80-110 DM
Zimmer: 18 Doppelzimmer (mit Einzelbetten), 9 mit Bad, 9 mit Dusche; 2 Einzelzimmer mit Dusche; 3 Appartements mit Bad; alle Zimmer mit Zentralheizung, TV, Telefon, Radio
Anlage: Speiseraum, Gaststube, Gartenterrasse; Sauna/Solarium und Schwimmbad
Kreditkarten: AE, DC, MC, V
Kinder: werden aufgenommen
Behinderte: keine speziellen Einrichtungen
Tiere: erlaubt
Geschlossen: nie
Fremdsprachen: Englisch
Besitzer: Christel und Günter Karner

Kommentare des Lesers

Unsere Hotelführer profitieren von den Zuschriften unserer Leser. Teilen Sie uns deshalb bitte Ihre Erfahrungen mit kleinen Hotels, Pensionen oder Gasthäusern mit, ob gut oder schlecht, auch wenn diese nicht im Buch erwähnt sind. Neben Deutschland sind wir auch an kleinen Hotels in Großbritannien und Irland, Italien, Frankreich, Spanien, Portugal, Österreich, der Schweiz und den USA interessiert. Besonders konstruktive Zuschriften werden mit einem Freiexemplar der nächsten Ausgabe des betreffenden Hotelführers honoriert. Wir sind außerdem immer auf der Suche nach neuen Hoteltestern. Die Mitglieder unseres Teams unternehmen entweder ihre Reisen speziell, um Hotels zu inspizieren, oder verbinden ihre Arbeit mit einem Urlaub.

Südbayern

Chalet-Hotel, Grainau

Alpenhof

Grainau ist fast ein ländlicher Vorort von Garmisch-Partenkirchen und besitzt auch den gleichen majestätischen Alpenblick wie der Kurort. Die Zugspitzbahn, die auf den höchsten Berg von Deutschland (an der Grenze zu Österreich) hinauffährt, geht durch das Dorf hindurch.

In einem Gebiet, wo an blumengeschmückten Chalet-Hotels kein Mangel ist, zeichnet sich der Alpenhof – von außen her unscheinbar – durch seine zurückhaltende Verwendung von traditionellen Stilelementen im Inneren aus. Die Holztäfelung in den Speiseräumen wirkt ebensowenig überladen wie die vergoldeten Lampen, die die Wärme des Holzes zur Geltung bringen. Ein weiterer Raum mit hoher Decke verfügt über ein amüsantes *Trompe-l'œil*-Wandbild, das die Außenfront eines imaginären Gebäudes darstellt. Die wunderbar geräumigen Gästezimmer sind schlichter gehalten, enttäuschen aber keineswegs (wie bei so vielen konkurrierenden Chalet-Hotels); die antiken Möbel und die modernen Deko-Stoffe in gedämpften Farben reichen aus, um die weißgetünchten Wände aufzulockern.

Die Liebe zum Detail ist auch im Hallenbad spürbar, das ungewöhnlich stilvoll ist und auf den grünen Garten blickt; dort befindet sich eine Terrasse, auf der im Sommer helle Tische und Stühle stehen. Spezielle Abendveranstaltungen im Sommer.

Umgebung: Skifahren, Wandern, Zugspitze

Alpspitzstr. 22, 82491 Grainau
Tel.: (08821) 8071
Fax: (08821) 81680
Lage: mitten im Dorf, 6 km sw von Garmisch-Partenkirchen; auf einem Grundstück mit großem Parkplatz
Mahlzeiten: Frühstück, Mittag- und Abendessen, Imbisse
Preise: Zimmer D/DDDD incl. Frühstück; Kinder unter 5 Jahren frei; Mahlzeiten ab 20 DM
Zimmer: 29 Doppelzimmer, 12 mit Bad, 17 mit Dusche; 7 Einzelzimmer mit Dusche; alle Zimmer mit Zentralheizung, Telefon, TV, Fön, Minibar
Anlage: 3 Speiseräume, Salon, Gaststube; Terrasse, Sauna, Hallenbad, Fahrräder
Kreditkarten: DC, MC, V
Kinder: willkommen
Behinderte: keine speziellen Einrichtungen
Tiere: nicht erlaubt
Geschlossen: nie
Fremdsprachen: Englisch
Besitzer: Albert und Margret Falkenstein

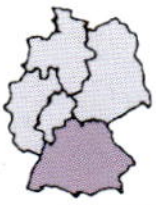

Südbayern

Umgebautes Jagdschloß, Grünwald

Schloßhotel und Schloßwirtschaft Grünwald

Das mit farbenfroher »Lüftlmalerei« versehene Jägerschlößchen liegt am Hochufer der Isar, in unmittelbarer Nähe der im 13. Jahrhundert von Herzog Ludwig dem Strengen errichteten Grünwalder Burg. Die Panorama-Gartenterrasse, die von alten Kastanienbäumen überschattet wird, bietet einen herrlichen Blick auf das Isartal.

Das Anwesen wurde 1879 zu einer Gastwirtschaft und 1911 zu einem Hotel umgebaut. Florian Voigt hat es verstanden, die historische Atmosphäre zu bewahren. Die Innenräume sind mit antiken Möbeln, Statuen und Ölgemälden ausgestattet. Die Gästezimmer sind ebenfalls stilecht eingerichtet; ihre Ausmaße reichen von groß bis winzig, wobei sich die kleineren im ehemaligen Dienst-botentrakt befinden.

Florian Voigt betreut auch selbst die Küche. Die Mahlzeiten werden im gemütlichen Restaurant (mit Kreuzgewölbe und großen Korbbogenfenstern) serviert. Der holzgetäfelte Rittersaal (mit altem Kachelofen) und das Südtiroler Bauernstüberl eignen sich vor allem für Hochzeiten und Tagungen. Die klassische europäische Haute Cuisine zieht besonders Künstler und Schauspieler der nahegelegenen Bavaria-Filmstudios an.

Umgebung: Burg Grünwald mit prähistorischem Museum; Bavaria-Filmstudios Geiselgasteig (Führungen)

Zeillerstr. 1, 82031 Grünwald
Tel.: (089) 6417935
Fax: (089) 6414771
Lage: 10 km s von München, erreichbar über die Grünwalder Straße; mit Garten und Parkplatz
Mahlzeiten: Frühstück, Mittag- und Abendessen, kleine Gerichte
Preise: Zimmer DD/DDDD incl. Frühstück; Mahlzeiten 20-64 DM; Kinderteller 6,50-11,50 DM
Zimmer: 7 Doppelzimmer, 3 mit Bad, 4 mit Dusche; 6 Einzelzimmer, 2 mit Bad, 4 mit Dusche; 3 Familienzimmer, 2 mit Bad, 1 mit Dusche; alle Zimmer mit Zentralheizung, TV, Telefon, Radio, 5 mit Minibar
Anlage: Speiseraum, Gaststube, 2 Nebenräume; Gartenterrasse
Kreditkarten: AE, DC, MC, V
Kinder: sehr willkommen
Behinderte: nicht geeignet
Tiere: erlaubt (5 DM pro Nacht)
Geschlossen: nie
Fremdsprachen: Englisch, Französisch
Manager: Florian Voigt

Südbayern

Stadthotel, Landshut

Hotel Fürstenhof

Das kleine Hotel besitzt zwar keine besonders reizvolle Lage (am Rand der hübschen Stadt), aber dafür ist das Innere dieses hohen, verzierten Giebelhauses um so schöner. Hertha Sellmair hat die Gesellschaftsräume, angefangen von der Rezeption bis hin zu den Speiseräumen, mit viel Flair gestaltet. In jeder Ecke stehen Schnittblumen oder Gestecke aus Trockenblumen. Die Beleuchtung ist dezent; die Farben, zarte Blau- und Rosatöne, verraten eindeutig die weibliche Handschrift.

Das spürt man auch in den Gästezimmern. Rosagetünchte Wände harmonieren mit rauchblauen Teppichen. 1991 wurde ein neues Stockwerk fertiggestellt, das drei nur für Nichtraucher vorbehaltene Suiten umfaßt und ebenfalls geschmackvoll eingerichtet ist. Designervorhänge bringen die eleganten Möbel noch besser zur Geltung; auch das übrige Dekor ist sorgfältig ausgewählt.

Es gibt insgesamt drei Speiseräume: das holzgetäfelte, rustikale Herzogstüberl, das elegante, vornehm ausgestattete Fürstenzimmer und den hellen, hübschen Pavillon mit Blick auf den Garten. Die modern-deutsche Küche bringt durch einen einfallsreichen Umgang mit Gewürzen und Saucen solche Spezialitäten wie Flußbarsch auf Gemüsebett mit Sesam hervor. Christopher Narbutus, der aus England stammende Maître d'hôtel, ist ebenso charmant wie die Besitzerin.

Umgebung: Münster St. Martin, Burg Trausnitz

Stethaimer Str. 3, 84034 Landshut
Tel.: (0871) 82025
Fax: (0871) 89042
Lage: an der Hauptstraße in einem Vorort der Altstadt; mit Garten und großem Parkplatz
Mahlzeiten: Frühstück, Mittag- und Abendessen
Preise: Zimmer DD/DDD incl. Frühstück; Mahlzeiten 34-42 DM
Zimmer: 11 Doppelzimmer, 2 mit Bad, 9 mit Dusche; 10 Einzelzimmer mit Dusche; 3 Suiten mit Bad; alle Zimmer mit Zentralheizung, TV, Telefon, Radio, Fön, Minibar
Anlage: Salon, 2 Speiseräume, Bistro im Wintergarten, Sauna, Solarium; Gartenterrasse
Kreditkarten: AE, DC, MC, V
Kinder: willkommen
Behinderte: nicht geeignet
Tiere: erlaubt (10 DM Aufpreis pro Nacht)
Geschlossen: Restaurant So
Fremdsprachen: Englisch, Französisch
Besitzerin: Hertha Sellmair

Südbayern

Stadthotel, München

Schrenkhof

Von außen wirkt der Schrenkhof wie ein modernes Alpenchalet, aber das Innere dieses hübschen Hotels am südlichen Stadtrand von München ist erstaunlich. Obwohl das Haus erst 1988 erbaut wurde, griff man in hohem Maße auf alte Baumaterialien und Stilmittel zurück, um eine antike Atmosphäre zu schaffen. Für die prächtigen Malereien und Intarsien in den Gesellschaftsräumen und den Gästezimmern wurden keine Kosten gescheut.

Das Hotel selbst ist zwar alpenländisch gehalten, aber die Gästezimmer sind dennoch keineswegs rustikal ausgestattet. Zwar werden überall die gleichen schönen Dekostoffe und breitgestreiften Teppiche verwendet, doch jedes Zimmer ist in einem besonderen historischen Stil ausgeschmückt: In einigen gibt es minutiös ausgeführte Malereien, in anderen Holzschnitzereien, was jedem Zimmer seinen ganz eigenen Reiz verleiht. Selbst die Beleuchtung ist diskret und kombiniert antike mit exquisiten modernen Lampen.

Der Frühstücksraum paßt zu den Gästezimmern; sein Mittelpunkt ist ein Kachelofen im Renaissancestil. Das gleichnamige Restaurant, das gleich nebenan liegt, ist ebenfalls stilvoll und einladend und besitzt eine schöne Terrasse an einem Teich.

Umgebung: Sehenswürdigkeiten von München; bayerische Alpen gut mit dem Auto zu erreichen

Leonhardsweg 6,
82008 Unterhaching bei München
Tel.: (089) 6100910
Fax: 61009150
Lage: in einer Wohngegend, 10 km s von der Innenstadt, zu erreichen über die Tegernseer Landstraße und die B 13; mit 4 Tiefgaragen und großem Parkplatz
Mahlzeiten: Frühstück; Restaurant nebenan
Preise: Zimmer DDD/DDDD incl. Frühstück
Zimmer: 20 Doppel-, 5 Einzelzimmer, alle mit Bad, Zentralheizung, Telefon, Fön, TV, Minibar, Radio
Anlage: Frühstücksraum, Sauna, Solarium
Kreditkarten: AE, DC, MC, V
Kinder: werden aufgenommen
Behinderte: geeignet
Tiere: erlaubt
Geschlossen: 20. Dez. bis 9. Jan.
Fremdsprachen: Englisch, Französisch
Besitzerin: Petra Durach

Südbayern

Stadtpension, München

Acanthus

Das Acanthus hieß früher Hotel am Sendlinger Tor, benannt nach dem nahen ehemaligen Südtor aus dem 14. Jahrhundert; heute kreuzen sich hier der Altstadtring und die Ausfallstraße, die zur Autobahn Salzburg führt. Es erhielt seinen neuen Namen 1989, als es von der ehemaligen Lufthansa-Stewardeß Carola Günther und ihrem Mann Jörg übernommen wurde, die es mit Geschmack und Stil renovierten.

Die äußerst komfortablen Gästezimmer im Alba-Rosa-Stockwerk sind mit hübschen Tapeten und Dekostoffen im »englischen Stil« ausgestattet und mit Antiquitäten eingerichtet. Die billigeren Zimmer im Rustikana-Stockwerk sind ebenfalls komfortabel, aber nicht ganz so reizvoll; sie sind in zarten Cremetönen gehalten und modern möbliert.

Das reichhaltige Frühstücksbüfett bietet eine große Auswahl, darunter selbstgebackenes Brot und hausgemachte Marmeladen. Im Acanthus gibt es keine Sperrstunde; in der Bar kann man 24 Stunden durchgehend Getränke und kleine Gerichte erhalten. Als freundliches, erschwingliches Hotel in der Innenstadt ist das Acanthus schwerlich zu übertreffen.

Umgebung: Alte Pinakothek, Mariahilfkirche in der Au, Stadtzentrum mit Fußgängerzone

Blumenstr. 40, 80331 München
Tel.: (089) 231880
Fax: (089) 2607364
Lage: in einer Nebenstraße des Altstadtrings nahe Sendlinger-Tor-Platz; mit Tiefgarage
Mahlzeiten: Frühstück, kleine Gerichte
Preise: Zimmer DD/DDDD incl. Frühstück
Zimmer: 24 Doppel-, 12 Einzelzimmer mit Bad; alle Zimmer mit Zentralheizung, Telefon, TV, Minibar
Anlage: Frühstückszimmer, Bar (24 Stunden geöffnet)
Kreditkarten: AE, MC, V
Kinder: werden aufgenommen
Behinderte: nicht geeignet
Tiere: erlaubt (15 DM Aufpreis pro Nacht)
Geschlossen: über Weihnachten
Fremdsprachen: Englisch, Französisch
Besitzer: Carola und Jörg Günther

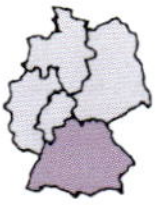

Südbayern

Stadthotel, München

Hotel Rafael

Das Rafael gehört zur Kette Relais & Châteaux und rangiert nach Größe und Preislage in unserem Führer ganz oben. Die Einrichtung ist zweckmäßig, das Dekor relativ gleichförmig. Dank seiner gelungenen Kombination von verhaltenem Luxus, stilvoller Eleganz und aufmerksamem Service hat es sich vor allem unter Geschäftsleuten zu einer beliebten Adresse entwickelt. Wer Hotels dieser Art mag, wird sich hier sehr wohl fühlen.

Die Umwandlung dieses 1875-80 errichteten Neorenaissancegebäudes in ein Hotel wurde mit ebensoviel Sorgfalt wie finanziellem Aufwand vorgenommen. Die Gesellschaftsräume kombinieren geschickt moderne und traditionelle Elemente (Deckenstrahler, Glastische, alte Stiche, elegante Stühle). Holzmöbel und eine stellenweise Täfelung in warmen Farben tragen zur angenehmen, harmonischen Atmosphäre bei. Die gemütliche Lobby-Bar, in die seit neuem die bekannte Pianobar integriert ist, wo auch kleine Gerichte serviert werden, ist ein beliebter Treffpunkt.

Die Gästezimmer und Suiten sind sehr komfortabel, äußerst geräumig und hervorragend ausgestattet. Besonders attraktiv sind die mit portugiesischem Marmor ausgekleideten Badezimmer mit extravaganten Badewannen.

Umgebung: Englischer Garten, Schloß Nymphenburg, Alte Pinakothek

Neuturmstr. 2, 80331 München
Tel.: (089) 290980
Fax: (089) 222539
Lage: im Stadtzentrum hinter dem Hofbräuhaus; mit Privatparkplatz für 40 Autos (Parkhaus)
Mahlzeiten: Frühstück, Mittag- und Abendessen, kleine Gerichte
Preise: Zimmer DDDD/DDDD incl. Frühstück; Mahlzeiten ab 45 DM
Zimmer: 56 Doppelzimmer (5 mit Einzelbetten), 18 Suiten mit Bad; alle Zimmer mit Bädern, Zentralheizung, Klimaanlage, TV, Videorecorder, 4 Telefone, Radio, Fön, Minibar
Anlage: Lobby, Speiseraum, Bar, 3 Salons; Dachterrasse mit Swimmingpool
Kreditkarten: AE, DC, MC, V
Kinder: sehr willkommen
Behinderte: Aufzug; Rollstuhl vorhanden
Tiere: nur auf den Zimmern erlaubt
Geschlossen: nie
Fremdsprachen: Englisch, Französisch, Italienisch, Spanisch
Manager: Karl-Heinz Zimmermann

Südbayern

Kurhotel, Oberstaufen

Hotel zum Löwen

Dieses Kurhotel, das in einem der schönsten Gebäude des eleganten Kurorts untergebracht ist, wird noch nicht vollständig von den Einrichtungen und Aktivitäten der physischen Gesundheit beherrscht. Natürlich fällt der blau-grüne Swimmingpool sofort ins Auge; die Fitneßräume sind geräumig und gut ausge-stattet. Die Diätpläne (von denen einer ausschließlich aus Wein und Kräutern zu bestehen scheint) sind ebenso spartanisch wie in anderen Kurhotels. Aber auch der normale Feriengast ist sofort vom stilvollen Ambiente gefangen; dies beginnt bei den Blumenmalereien an der Fassade und den Fensternischen und reicht bis zu der hellen, einladenden Hotelhalle.

Die drei Speiseräume sind in unterschiedlichen Stilen gehalten: einer ist modern und hellgrün, ein zweiter holzgetäfelt und rustikal, der dritte intim und reizvoll. Die anspruchsvolle Küche, die großes Lob von Michelin und Gault-Millau erntet, bietet Spezialitäten wie Lachs- und Barschröllchen oder Taubenbrust mit Trüffelfarce. Für Kurgäste gibt es köstliche Salate, aber die umfangreiche Weinkarte hilft die Pein etwas lindern.

Die Gästezimmer sind geräumig und besitzen erstklassige Einbaubetten, moderne Möbel, kühne Drucke mit moderner Kunst und vornehme Bäder; alle verfügen über Balkone mit wunderschönem Blick auf die umliegende Hügellandschaft.

Umgebung: Pfarrkirche, Heimatmuseum, Theater; Skifahren

Kirchplatz 8, 87534 Oberstaufen
Tel.: (08386) 4940
Fax: (08386) 494222
Lage: in einer Fußgängerzone mitten im Ort; mit Garten, Garagen und großem Parkplatz
Mahlzeiten: Frühstück, Mittag- und Abendessen, kleine Gerichte
Preise: Zimmer DDD/DDDD incl. Frühstück; Mahlzeiten 68-121 DM
Zimmer: 20 Doppel- (mit Einzelbetten), 10 Einzelzimmer mit Dusche; 3 Appartements mit Bad; alle Zimmer mit Zentralheizung, Kabel-TV, Telefon, Radio, Fön, Minibar
Anlage: Salon, Café, 3 Speiseräume, Luxusrestaurant; Sauna, überdachter Swimmingpool, Fitneßraum, Kosmetikstudios, Naturheilkundepraxis
Kreditkarten: AE, DC, V
Kinder: willkommen
Behinderte: Zugang leicht, Aufzug
Tiere: nach Vereinbarung erlaubt
Geschlossen: Mitte Nov. bis Mitte Dez.; Restaurant Mi
Fremdsprachen: Englisch, Französisch, Italienisch, Spanisch
Besitzer: Familie Emerich

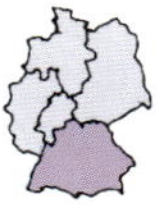

Südbayern

Hotel am See, Seebruck

Malerwinkel

Der Malerwinkel trägt seinen Namen zu Recht: Der Blick, den man vom Hotel auf den Chiemsee hat, ist zauberhaft. Große Flügeltüren führen vom Speiseraum auf die Terrasse, wo man nicht müde wird, die Aussicht auf den See und die dahinter aufragenden Alpen zu genießen.

Der Speiseraum ist zweigeteilt: Auf der einen Seite befindet sich der Winterspeiseraum, den ein großer, grüner Kachelofen wärmt, auf der anderen ein Sommerpavillon, in dem ein Holzpfeiler an die Boote erinnert, die am hauseigenen Steg liegen. Da sich die Küche unmittelbar daran anschließt, hört man etwas Lärm von dort. Aber das Essen ist so gut und der Service so freundlich, daß man gerne darüber hinwegsieht. Die liebenswerte Anni Loh und ihr Personal bereiten selbst noch eine herzhafte Mahlzeit zu, wenn ein Gast spät ankommt und die Küche schon offiziell geschlossen hat.

Die Gästezimmer sind geschmackvoll mit einer Mischung aus antiken und ausgesuchten modernen Möbeln eingerichtet. In den Zimmern auf der Rückseite des Gebäudes leidet man etwas unter dem Verkehrslärm; für die Zimmer mit Seeblick muß man einen Aufpreis zahlen.

Umgebung: Segeln; Herrenchiemsee mit Schloß, Fraueninsel mit Benediktinerabtei

Lambach 23, 83358 Seebruck
Tel.: (08667) 488
Fax: (08667) 1408
Lage: am NW-Ufer des Chiemsees, 3 km sw von Seebruck; mit Garten und großem Parkplatz
Mahlzeiten: Frühstück, Mittag- und Abendessen, kleine Gerichte
Preise: Zimmer D/DDD incl. Frühstück; Mahlzeiten 40-75 DM
Zimmer: 13 Doppel-, 1 Einzel- und 6 Familienzimmer mit Dusche; alle Zimmer mit Zentralheizung, TV, Telefon, Radio
Anlage: Speiseraum, Konferenzzimmer; Sauna, Seeterrasse, Bootssteg
Kreditkarten: keine
Kinder: sehr willkommen
Behinderte: nicht geeignet
Tiere: erlaubt (5 DM pro Nacht)
Geschlossen: nie
Fremdsprachen: Englisch, Französisch
Besitzerin: Anni Loh

Südbayern

Chalet-Hotel, Bayrischzell

Die Meindelei

Ein reizvoller Familienbetrieb mit zusätzlichen Unterbringungsmöglichkeiten in chaletähnlichen Bungalows im ruhigen Garten. Die Schwerdtfegers sind liebenswürdige Gastgeber und sehr stolz auf ihr gemütliches Hotel. Hallenbad mit Sauna und Solarium.

Michael-Meindl-Str. 13, 83735 Bayrischzell **Tel.:** (08023) 318 **Fax:** (08023) 1480 **Mahlzeiten:** Frühstück, Abendessen **Preise:** Zimmer D/DDD incl. Frühstück; Mahlzeiten 28-42 DM **Zimmer:** 8, alle mit Bad oder Dusche, Zentralheizung, Telefon, TV, einige mit Fön **Kreditkarten:** AE, DC, MC **Geschlossen:** Mitte Nov. bis Mitte Dez.; Di **Fremdsprachen:** Englisch, Französisch

Landhotel, Berchtesgaden-Stangaß

Hotel Geiger

Ein umgebautes Bauernhaus, das stark erweitert und neu möbliert worden ist. Es gehört seit langem zu den beliebtesten Hotels in Berchtesgaden. Salon und Speiseraum sind gemütlich und rustikal, während die Gästezimmer schlichter und moderner eingerichtet sind.

Berchtesgadener Str. 103-115, 83471 Berchtesgaden **Tel.:** (08652) 5055 **Fax:** (08652) 5058 **Mahlzeiten:** Frühstück, Mittag- und Abendessen **Preise:** Zimmer D/DDDD incl. Frühstück; Mahlzeiten ab 45 DM **Zimmer:** 51, alle mit Zentralheizung, Telefon, die meisten mit Minibar, einige mit Fön, TV **Kreditkarten:** V **Geschlossen:** 15. Nov. bis 15. Dez. **Fremdsprachen:** Englisch, Französisch, Spanisch

Umgebautes Kloster, Burghausen

Klostergasthof Raitenhaslach

Dieser große Flügel eines ehemaligen Klosters zieht zahlreiche Busse an: Tagsüber kommen die Menschen wegen des Biers, am Abend zum Essen. Die gewölbten Speiseräume sind groß und einladend, die Gästezimmer gemütlich. Im Haus gibt es auch einige hübsche Antiquitäten und Gemälde.

Raitenhaslach 9, 84489 Burghausen **Tel.:** (08677) 7062 **Fax:** (08677) 66111 **Mahlzeiten:** Frühstück, Mittag- und Abendessen, kleine Gerichte **Preise:** Zimmer D/DD incl. Frühstück **Zimmer:** 14, alle mit Dusche, Zentralheizung, Telefon, TV, Radio **Kreditkarten:** AE, MC, V **Geschlossen:** 1.-9. Nov. **Fremdsprachen:** Englisch, Französisch

Restaurant mit Gästezimmern, Dietmannsried/Probstried

Landhaus Haase

Wilfried Haase führt sein Chalet-Hotel und Restaurant mit viel Engagement. Die beiden geschmackvollen Speiseräume (der eine luxuriös, der andere eher rustikal eingerichtet) erfreuen sich bei den Einheimischen großer Beliebtheit, so daß sich Tischreservierungen empfehlen. Die Gästezimmer sind geräumig, gut ausgestattet und komfortabel.

Wohlmutser Weg 2, 87463 Dietmannsried **Tel.:** (08374) 8010 **Fax:** (08374) 6655 **Mahlzeiten:** Frühstück, Mittag- und Abendessen **Preise:** Zimmer D/DDD incl. Frühstück; HP 35 DM, VP 60 DM **Zimmer:** 8, alle mit Bad oder Dusche, Zentralheizung, Telefon, TV, Radio **Kreditkarten:** AE, DC, MC, V **Geschlossen:** nie; Restaurant Sa mittag **Fremdsprachen:** Englisch, Französisch

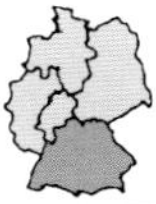

Südbayern

Stadthotel, Eichstätt

Hotel Adler

Hinter der hübschen, alten Barockfassade verbirgt sich ein luxuriös ausgestattetes Hotel, dessen Einrichtung überwiegend modern ist, aber auch traditionelle Dekorelemente wie z. B. Kandelaber besitzt. Gleichförmig möblierte, aber sehr geräumige Gästezimmer.

Marktplatz 22, 85072 Eichstätt **Tel.:** (08421) 6767 **Fax:** (08421) 8283
Mahlzeiten: Frühstück **Preise:** Zimmer DD/DDD incl. Frühstück **Zimmer:** 38, alle Zimmer mit Bad, Zentralheizung, Telefon, TV, Radio, Minibar **Kreditkarten:** AE, DC, MC, V **Geschlossen:** 15. Dez. bis 15. Jan. **Fremdsprachen:** Englisch, Französisch

Dorfgasthaus, Ettal

Zur Post

Ein hübsches Chalet an der Hauptstraße nach Oberammergau. Schöne, holzgetäfelte Speiseräume mit leiser Hintergrundmusik. Unterschiedliche Gästezimmer: einige mit guten Reproduktionen alter Stücke, andere modern eingerichtet.

Kaiser-Ludwig-Platz 18, 82488 Ettal **Tel.:** (08822) 3596 **Fax:** (08822) 6971
Mahlzeiten: Frühstück, Mittag- und Abendessen, kleine Gerichte **Preise:** Zimmer D/DDD incl. Frühstück **Zimmer:** 22, alle mit Bad oder Dusche, Zentralheizung, TV, Radio **Kreditkarten:** AE, DC, MC, V **Geschlossen:** Nov. bis Mitte Dez. **Fremdsprachen:** Englisch, Italienisch

Landgasthaus, Freilassing

Gasthof Moosleitner

Dieser hübsche, alte Gasthof, der an der ehemaligen Handelsstraße zwischen Salzburg und München liegt, wird von Traudl und Hans Niederbuchner geführt. Sie haben ihn mit viel Geschmack und entsprechend seinem Alter (700 Jahre) eingerichtet. Tennishalle und Tennisplätze.

Wasserburger Str. 52, 83395 Freilassing **Tel.:** (08654) 63060 **Fax:** (08654) 630699
Mahlzeiten: Frühstück, Mittag- und Abendessen **Preise:** Zimmer D/DDD incl. Frühstück; Mahlzeiten ab 38 DM **Zimmer:** 50, alle mit Bad oder Dusche, Zentralheizung, Telefon, TV, Radio, Fön, Minibar **Kreditkarten:** AE, DC, MC, V **Geschlossen:** 2. bis 6. Jan. **Fremdsprachen:** Englisch, Französisch

Chalet-Hotel, Garmisch-Partenkirchen

Gasthof Fraundorfer

Ein Gasthof mit festlichen Lüftlmalereien und ebenso fröhlichem Dekor in den Innenräumen. Zu den abendlichen Veranstaltungen gehört u. a. Jodeln. Die Bettgestelle sind exzentrisch; einige sind wie Autos geformt.

Ludwigstr. 24, 82467 Garmisch-Partenkirchen **Tel.:** (08821) 71071 **Fax:** 71073
Mahlzeiten: Frühstück, Mittag- und Abendessen, kleine Gerichte **Preise:** Zimmer D/DDD incl. Frühstück **Zimmer:** 33, alle mit Zentralheizung, Telefon, TV; teilw. Radio **Kreditkarten:** AE, MC, V **Geschlossen:** nie; Restaurant Di

Südbayern

Chalet-Hotel, Garmisch-Partenkirchen

Hotel Garmischer Hof

Ein hübsches, mit ungewöhnlich viel Geschmack und Stil eingerichtetes Chalet mitten in Garmisch. Vom Garten, in dem ein einfaches Mittagessen serviert wird, hat man einen wunderschönen Alpenblick.

Chamonixstr. 10, 82467 Garmisch-Partenkirchen **Tel.:** (08821) 51091 **Fax:** 51440 **Mahlzeiten:** Frühstück, Mittagessen, kleine Gerichte **Preise:** Zimmer D/DDD incl. Frühstück **Zimmer:** 43, alle mit Bad oder Dusche, Zentralheizung, Telefon, TV, Minibar **Kreditkarten:** AE, DC, MC, V **Geschlossen:** nie

Chalet-Hotel, Garmisch-Partenkirchen

Hotel Staudacherhof

Unter der zwiebelförmigen Kuppel des Turms liegt ein großes, modernes Chalet. Die Innenräume sind mit spanischen Bogen und typisch bayerischen Dekor-elementen gestaltet. Von den geräumigen Gästezimmern, die großenteils bis April 1992 renoviert wurden, hat man einen traumhaften Alpenblick. Es gibt ein Hallenbad und einen Swimmingpool im Freien.

Höllentalstr. 48, 82467 Garmisch-Partenkirchen **Tel.:** (08821) 55155 **Fax:** (08812) 55186 **Mahlzeiten:** Frühstück, kleine Gerichte **Preise:** Zimmer D/DDDD incl. Frühstück; Mahlzeiten 15 DM **Zimmer:** 37, alle mit Bad oder Dusche, Balkon, Zentralheizung, Telefon, TV, Radio, Minibar, einige mit Fön **Kreditkarten:** MC, V **Geschlossen:** Mitte Nov. bis Mitte Dez. **Fremdsprachen:** Englisch, Französisch, Schwedisch

Hotel am See, Garmisch-Partenkirchen

Rießersee

Dieses niedrige, moderne Gebäude im Chaletstil wirkt außen wie innen recht gefällig, wenn auch ein Teil des Mobiliars ziemlich gleichförmig ist. Hauptattraktion ist seine Lage: Von der sonnigen Terrasse hat man einen traumhaften Blick über einen kleinen See auf die Zugspitze.

Rieß 6, 82467 Garmisch-Partenkirchen **Tel.:** (08821) 50181 **Fax:** (08821) 72589 **Mahlzeiten:** Frühstück, Mittag- und Abendessen **Preise:** Zimmer DD/DDD incl. Frühstück; Mahlzeiten ab 15 DM **Zimmer:** 5, alle mit Bad oder Dusche, Zentralheizung, Telefon, TV, Radio, Minibar **Kreditkarten:** AE, DC, MC, V **Geschlossen:** Mo; Nov. bis 20. Dez. **Fremdsprachen:** Englisch

Chalet-Hotel, Garmisch-Partenkirchen

Clausing's Posthotel

Das nahe bei der Kirche im Ortsteil Garmisch gelegene Hotel ist noch populärer als das Posthotel im Ortsteil Partenkirchen. Auf der Straßenseite befindet sich eine vielbesuchte Terrasse. Volksmusik und Tanz im Post-Hörndl. Gourmet-Stüberl und Restaurant.

Marienplatz 12, 82467 Garmisch-Partenkirchen **Tel.:** (08821) 7090 **Fax:** (08821) 709205 **Mahlzeiten:** Frühstück, Mittag- und Abendessen, kleine Gerichte **Preise:** Zimmer DD/DDD incl. Frühstück; Mahlzeiten ab 20 DM **Zimmer:** 31, alle mit Bad oder Dusche, Zentralheizung, Telefon, TV, Radio **Kreditkarten:** AE, DC, MC, V **Geschlossen:** nie **Fremdsprachen:** Englisch, Französisch, Italienisch

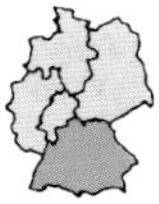

Südbayern

Stadthotel, Garmisch-Partenkirchen

Posthotel Partenkirchen

In dieser ehemaligen Postkutschenstation mit bemalter Fassade ist unverfälschte bayerische Tradition erhalten geblieben: Balkendecken, Deckengewölbe oder Spiegeldecken, holzgetäfelte oder stuckierte Wände. Stilvolle, rustikal gestaltete Gästezimmer.

Ludwigstr. 49, 82467 Garmisch-Partenkirchen **Tel.:** (08821) 51067 **Fax:** (08821) 78568 **Mahlzeiten:** Frühstück, Mittag- und Abendessen, kleine Gerichte **Preise:** Zimmer DD/DDDD incl. Frühstück; Mahlzeiten 30-69 DM **Zimmer:** 60, alle mit Bad, Zentralheizung, Telefon, TV, Radio, Minibar **Kreditkarten:** AE, DC, MC, V **Geschlossen:** nie **Fremdsprachen:** Englisch, Französisch

Vorstadthotel, Grünwald

Alter Wirt

Ein hübsches Hotel in günstiger Lage, fast direkt an der Straße nach München. Helle, luftige Gästezimmer stehen dunkleren, von Balkendecken überspannten Gesellschaftsräumen gegenüber. Auf der von Bäumen umgebenen Terrasse kann man kleine Gerichte essen. Mit Tiefgarage.

Marktpl. 1, 82039 Grünwald **Tel.:** (089) 6417855 **Fax:** (089) 6414266 **Mahlzeiten:** Frühstück, Mittag- und Abendessen **Preise:** Zimmer DD/DDD incl. Frühstück; Mahlzeiten 53 DM **Zimmer:** 49, alle mit Bad oder Dusche, Zentralheizung, Telefon, TV, Radio **Kreditkarten:** AE, MC, V **Geschlossen:** 24. Dez. **Fremdsprachen:** Englisch, Französisch, Italienisch, Spanisch

Chalet-Hotel, Herrsching am Ammersee

Piushof

Hans Mosers mit dekorativer Lüftlmalerei versehenes Hotel, das zur Silencehotelkette gehört, ist kleiner und geschmackvoller eingerichtet als die meisten typischen Chalet-Hotels.

Schönbichlstr. 18, 82211 Herrsching **Tel.:** (08152) 1007 **Fax:** (08152) 8328 **Mahlzeiten:** Frühstück, Mittag- und Abendessen **Preise:** Zimmer DD/DDD incl. Frühstück (Suite 300 DM); Mahlzeiten 20-95 DM **Zimmer:** 21, alle mit Zentralheizung, Telefon, TV, Radio, Minibar **Kreditkarten:** AE, DC, MC, V **Geschlossen:** Restaurant So abend, Mo mittag **Fremdsprachen:** Englisch

Landhotel, Hirschegg-Kleinwalsertal

Walserhof

Ein modernes Chalet, das neben der Straße an einen Berg gebaut ist und gute Sportmöglichkeiten sowie einen herrlichen Blick über das Kleinwalsertal bietet. Einladende, rustikale Innenräume, vor allem die gemütliche Gaststube mit niedriger Balkendecke.

Walserstr. 11, 87568 Hirschegg **Tel.:** (08329) 5684 **Fax:** (08329) 5938 **Mahlzeiten:** Frühstück, Mittag- und Abendessen, kleine Gerichte **Preise:** Zimmer D/DDD incl. Frühstück; Mahlzeiten ab 28 DM **Zimmer:** 35, alle mit Bad oder Dusche, Zentralheizung, Telefon, TV, Radio **Kreditkarten:** keine **Geschlossen:** Nov. bis Mitte Dez. **Fremdsprachen:** Englisch, Französisch

Südbayern

Chalet-Hotel, Iffeldorf

Landgasthof Osterseen

Die großen Terrassen mit Blick auf einen friedlichen See locken viele Besucher an, die hier essen. In den Innenräumen des Hotels überwiegen Möbel aus Naturkiefer. Die Familie Link führt das Hotel mit viel Charme und hält es tadellos sauber.

Hofmark 9, 82393 Iffeldorf **Tel.:** (08856) 1011 **Fax:** (08856) 9606 **Mahlzeiten:** Frühstück, Mittag- und Abendessen, kleine Gerichte **Preise:** Zimmer DD/DDD incl. Frühstück; Mahlzeiten 25-80 DM **Zimmer:** 24, alle mit Bad, Zentralheizung, Telefon, TV, Radio **Kreditkarten:** AE, DC, MC, V **Geschlossen:** Restaurant Jan., Juni **Fremdsprachen:** Englisch

Landhotel, Inzell

Zur Post

Auf den ersten Blick ein typisch bayerisches Posthotel: ein solides Gebäude mit Fassadenmalereien und Balkonen. Es steht in der Nähe der Kirche in einem von Bergen umgebenen Dorf. Im Inneren warten jedoch hinter den Gängen mit Deckengewölbe Räume, die mehr Eleganz als rustikalen Charme besitzen.

Reichenhaller Str. 2, 83334 Inzell **Tel.:** (08665) 6011 **Fax:** (08665) 7927 **Mahlzeiten:** Frühstück, Mittag- und Abendessen **Preise:** Zimmer DD/DDDD incl. Frühstück; Mahlzeiten ab 30 DM **Zimmer:** 45, alle mit Bad oder Dusche, Zentralheizung, Telefon, TV, Radio **Kreditkarten:** DC, MC, V **Geschlossen:** Mitte Nov. bis Mitte Dez. **Fremdsprachen:** Englisch, Italienisch

Stadthotel, Kaufbeuren

Goldener Hirsch

Das bedeutendste Hotel der Stadt, aber das gereicht ihm nicht zum Nachteil: ein einfaches, aber hübsches Haus aus dem 17. Jahrhundert, das einfühlsam und geschmackvoll modernisiert worden ist, wobei einige alte Stilelemente erhalten geblieben sind. Schicke Gästezimmer.

Kaiser-Max-Str. 39, 87600 Kaufbeuren **Tel.:** (08341) 43030 **Fax:** (08341) 430369 **Mahlzeiten:** Frühstück, Mittag- und Abendessen **Preise:** Zimmer D/DDD; Mahlzeiten ab 40 DM **Zimmer:** 42, alle mit Bad oder Dusche, Zentralheizung, Telefon, TV, Radio, Minibar **Kreditkarten:** AE, DC, MC, V **Geschlossen:** nie **Fremdsprachen:** Englisch, Französisch

Landhotel, Kiefering bei Altötting

Bauernsepp

Man nehme eine Pizzeria, eine rustikale Backstube, im orientalischen und im Art-déco-Stil eingerichtete Speiseräume, ein Restaurant mit Deckengewölbe und einen kleinen, dunklen Nachtclub und mische das Ganze gut durch: Heraus kommt der Bauernsepp! Außerdem gibt es noch einen Hof mit Rasen und elegante, moderne Gästezimmer.

84577 Kiefering **Tel.:** (08633) 1045 **Fax:** (08633) 7994 **Mahlzeiten:** Frühstück, Mittag- und Abendessen **Preise:** Zimmer D/DD incl. Frühstück; Mahlzeiten 18-60 DM **Zimmer:** 40, alle mit Bad oder Dusche, Zentralheizung, Telefon, TV, einige mit Radio **Kreditkarten:** AE, MC **Geschlossen:** nie **Fremdsprachen:** Englisch

Südbayern

Hotel am See, Lindau

Lindauer Hof

Die wunderschöne Lage mit Blick auf den Hafen und die Altstadt von Lindau sowie den Bodensee dahinter ist die Hauptattraktion dieses historischen Hotels. Die kürzlich durchgeführte komplette Renovierung hat dem alten Gebäude ein elegantes, zeitgemäßes Gesicht verliehen.

An der Seepromenade, 88105 Lindau **Tel.:** (08382) 4064 **Fax:** 24203 **Mahlzeiten:** Frühstück, Mittag- und Abendessen, kleine Gerichte **Preise:** Zimmer DD/DDDD incl. Frühstück **Zimmer:** 23, alle mit Bad, Zentralheizung, Telefon, TV, Radio, Minibar, Safe **Kreditkarten:** AE, MC, V **Geschlossen:** Mitte Jan. bis Ende Febr. **Fremdsprachen:** Englisch, Französisch

Dorfgasthof, Maxlrain

Schloßwirtschaft Maxlrain

Im Gegensatz zu vielen Gasthäusern rund um München ist das gelbgetünchte Haus neben dem kleinen Renaissance-Schloß gleichen Namens kein Phantasiegebilde. Es gibt einfache Kost und Logis und hausgebrautes Bier im zünftigen Biergarten unter Kastanienbäumen.

83140 Maxlrain **Tel.:** (08061) 8342 **Fax:** (08061) 8657 **Mahlzeiten:** Frühstück, Mittag- und Abendessen **Preise:** Zimmer D/D incl. Frühstück **Zimmer:** 2, beide mit Zentralheizung, Telefon **Kreditkarten:** keine **Geschlossen:** die ersten 2 Wochen im Sept.; 2 Wochen zu Weihnachten und Silvester

Stadthotel, München

Hotel Splendid

Ein zentral gelegenes Hotel mit Privathausatmosphäre, das mit eleganten Antiquitäten und traditionellem Dekor ausgestattet ist. Geräumige Gästezimmer. Kein Restaurant, aber dafür eine Terrasse, auf der kleine Gerichte und Getränke serviert werden.

Maximilianstr. 54, 80538 München **Tel.:** (089) 296606/07 **Fax:** (089) 2913176 **Mahlzeiten:** Frühstück, kleine Gerichte **Preise:** Zimmer DD/DDDD incl. Frühstück **Zimmer:** 40, alle mit Zentralheizung, Telefon, TV, Radio **Kreditkarten:** AE, DC, MC, V **Geschlossen:** nie

Stadthotel, München

Gästehaus Englischer Garten

Eine umgebaute ehemalige Wassermühle am Rande des Englischen Gartens, mitten in München. Es bietet recht schlichte, aber geräumige und preiswerte Gästezimmer, so daß man unbedingt im voraus buchen muß. In der Nähe gibt es zahlreiche Restaurants.

Liebergesellstr. 8, 80802 München **Tel.:** (089) 392034 **Fax:** (089) 391233 **Mahlzeiten:** Frühstück **Preise:** Zimmer DD/DDD; Frühstück 6 DM **Zimmer:** 34, alle mit Bad oder Dusche, Zentralheizung, Telefon, TV, die meisten mit Minibar **Kreditkarten:** keine **Geschlossen:** nie **Fremdsprachen:** Englisch, Französisch, Spanisch

Südbayern

Stadthotel, München

Hotel Preysing

Die Hauptattraktionen dieses Hotels, das in einem aus Glas und Marmor bestehenden Gebäude untergebracht ist, sind seine clubähnliche Bar und das von Michelin mit einem Stern ausgezeichnete Kellerrestaurant. Schwimmbad mit Sauna und Whirlpool. Ausgezeichnete Lage nahe Gasteig, Deutschem Museum und Innenstadt.

Preysingstr. 1, 81667 München **Tel.:** (089) 481011 **Fax:** (089) 4470998 **Mahlzeiten:** Frühstück, Abendessen **Preise:** Zimmer DDD/DDDD incl. Frühstück; Mahlzeiten 30-45 DM **Zimmer:** 76, 5 Suiten, alle mit Bad oder Dusche, Zentralheizung, Klimaanlage, Telefon, TV, Radio, Fön, Minibar **Kreditkarten:** keine **Geschlossen:** 23. Dez. bis 6. Jan. **Fremdsprachen:** Englisch, Französisch, Italienisch

Umgebaute Wassermühle, München

Insel-Mühle

Wie viele zu gewerblichen Zwecken errichtete Gebäude sind alte Wassermühlen im Inneren oft düster. Diese hier macht keine Ausnahme, aber sie ist mit viel Geschmack in rustikalem Stil umgebaut worden. Besonders reizvoll sind die Dachzimmer. Die Lage direkt an der Würm ist sehr idyllisch.

Von-Kahr-Str. 87, 80999 München **Tel.:** (089) 81010 **Fax:** (089) 8120571 **Mahlzeiten:** Frühstück, Mittag- und Abendessen **Preise:** Zimmer DDD/DDDD incl. Frühstück; Mahlzeiten ab 30 DM **Zimmer:** 37, alle mit Dusche, Zentralheizung, Telefon, TV, Radio **Kreditkarten:** AE, DC, MC, V **Geschlossen:** Restaurant So und feiertags **Fremdsprachen:** Englisch, Französisch

Stadthotel, München

Exquisit

Das hilfsbereite Personal stellt nur einen Pluspunkt dieses modernen, direkt am Sendlinger Tor gelegenen Hotels dar. Die Räume sind schick und elegant. Die Gästezimmer sind komfortabel und gut ausgestattet. Es gibt einen Zimmerservice.

Pettenkoferstr. 3, 80336 München **Tel.:** (089) 5519900 **Fax:** (089) 55199499 **Mahlzeiten:** Frühstück **Preise:** Zimmer DDD/DDDD incl. Frühstück; Suiten 340 DM **Zimmer:** 50, alle mit Bad oder Dusche, Zentralheizung, Telefon, TV, Radio, Fön **Kreditkarten:** AE, DC, MC, V **Geschlossen:** nie **Fremdsprachen:** Englisch, Französisch

Stadthotel, München

Hotel Prinzregent

Das von außen unscheinbar wirkende Hotel, das nahe der Isar liegt, hält einige Überraschungen bereit: freiliegendes Gebälk, holzgetäfelte Wände und herrliche Barockverzierungen in den Innenräumen. Auch die Gästezimmer sind sehr stilvoll eingerichtet. Frühstück im neuen Wintergarten.

Ismaninger Str. 42-44, 81675 München **Tel.:** (089) 416050 **Fax:** (089) 41605466 **Mahlzeiten:** Frühstück, kleine Gerichte **Preise:** Zimmer DDD/DDDD incl. Frühstück; Kinder unter 12 Jahren, die im Zimmer der Eltern schlafen, frei **Zimmer:** 66, alle mit Bad oder Dusche, Zentralheizung, Telefon, TV, Radio, Fön, Minibar **Kreditkarten:** AE, DC, MC, V **Geschlossen:** Weihnachten, Silvester **Fremdsprachen:** Englisch, Französisch, Italienisch, Spanisch

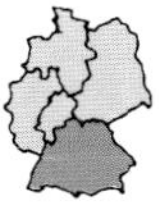

Südbayern

Restaurant mit Gästezimmern, München-Langwied

Gasthof Böswirth

»Das kleine Restaurant« von Werner Böswirth ist so populär geworden, daß er in ein größeres Gebäude umziehen mußte. Glücklicherweise ist der Betrieb jedoch so klein geblieben, daß er sich für unseren Führer eignet. Der Speiseraum ist mit Möbeln aus Kiefern- und Eschenholz eingerichtet. Die Gästezimmer sind zeitgemäß und zurückhaltend ausgestattet.

Waidachanger 9, 81249 München **Tel.:** (089) 8644163 **Fax:** (089) 8643857 **Mahlzeiten:** Frühstück, Mittag- und Abendessen **Preise:** Zimmer D/DD incl. Frühstück; Mahlzeiten ab 85 DM **Zimmer:** 12, alle mit Dusche, Zentralheizung **Kreditkarten:** AE **Geschlossen:** 3 Wochen im Jan.; 2 Wochen über Pfingsten; Restaurant So, Mo **Fremdsprachen:** Englisch

Chalet-Hotel, Murnau am Staffelsee

Alpenhof Murnau

Der im Landhausstil erbaute Alpenhof Murnau, der zur Kette Relais & Châteaux gehört, liegt sehr ruhig abseits des Verkehrs, mit Blick auf die oberbayerischen Alpen und das Murnauer Moos. Die Speisekarte bietet französische Küche und Gerichte aus regionalen Produkten. Gute Weinkarte.

Ramsachstr. 8, 82418 Murnau **Tel.:** (08841) 1045 **Fax:** (08841) 5438 **Mahlzeiten:** Frühstück, Mittag- und Abendessen **Preise:** Zimmer D/DDDD incl. Frühstück **Zimmer:** 44, alle mit Bad, Zentralheizung, Telefon, Radio **Kreditkarten:** AE, MC, V **Geschlossen:** Jan.

Chalet-Hotel, Oberammergau

Gasthof zur Rose

Ein netter, kleiner Gasthof, der von der freundlichen Familie Stückl geführt wird. Antiquitäten, farbenprächtige Bilder, Blumen und hübsche Dekostoffe schaffen eine gemütliche, einladende Atmosphäre. Die Gästezimmer sind einfach. Das in einem hellen Speiseraum servierte Essen ist reichhaltig. Nicht ganz leicht zu finden.

Dedlerstr. 9, 82487 Oberammergau **Tel.:** (08822) 4706 **Fax:** (08822) 6753 **Mahlzeiten:** Frühstück, Mittag- und Abendessen **Preise:** Zimmer D/DD incl. Frühstück; Mahlzeiten ab 10 DM **Zimmer:** 24, alle mit Bad oder Dusche, Zentralheizung, einige mit TV; 13 Ferienwohnungen in drei Landhäusern **Kreditkarten:** AE, DC, MC, V **Geschlossen:** Nov. **Fremdsprachen:** Englisch

Frühstückspension, Oberstdorf

Haus Wiese

Als fünftbestes Hotel garni von Deutschland aufgeführt. Haus Wiese besticht durch seine Einrichtung und das künstlerische Ambiente. Das Wandrelief »Alt Hamburg« im Hallenbad verrät die Heimat der Wieses und die Liebe zum Außergewöhnlichen.

Stillachstr. 4 a, 87561 Oberstdorf **Tel.:** (08322) 3030 **Mahlzeiten:** Frühstück **Preise:** Zimmer D/DDD incl. Frühstück **Zimmer:** 13, alle mit Bad oder Dusche, Zentralheizung, Telefon, Kabel-TV **Kreditkarten:** keine **Geschlossen:** nie

Südbayern

Chalet-Hotel, Pfronten

Hotel Bavaria

Ein großes, aber freundliches Hotel mit moderner Fassade und luxuriöser, in traditionellem Stil gehaltener Einrichtung, in herrlicher Lage am Eingang eines friedlichen Tals. Gemütliche Kaminfeuer im Winter, besonders angenehm für Gäste, die den Swimmingpool im Freien (30 Grad warm) benutzen. Gute Ausstattung.

Kienbergstr. 62, 87459 Pfronten **Tel.:** (08363) 9020 **Fax:** (08363) 6815
Mahlzeiten: Frühstück, Mittag- und Abendessen, kleine Gerichte **Preise:** Zimmer DD/DDDD incl. Frühstück **Zimmer:** 50, alle mit Bad oder Dusche, Zentralheizung, Telefon, TV, Radio **Kreditkarten:** AE **Geschlossen:** Restaurant Nov.
Fremdsprachen: Englisch

Chalet-Pension, Seeg

Pension Heim

Berge im Süden, sanfte Hügel im Norden: Ruhe und eine herrliche Landschaft umgeben diese kleine Pension. Dekor und Möbel sind nicht außergewöhnlich, aber alles ist sauber und ordentlich. Die Heims sind nette, freundliche Gastgeber.

Aufmberg 8, 87637 Seeg **Tel.:** (08364) 258 **Fax:** (08364) 1051
Mahlzeiten: Frühstück **Preise:** Zimmer D/DD incl. Frühstück **Zimmer:** 18, alle mit Bad oder Dusche, Zentralheizung, Telefon **Kreditkarten:** keine **Geschlossen:** 1. Nov. bis 20. Dez.

Landhotel, Wallgau

Parkhotel Wallgau

Dieses luxuriöse, chaletähnliche Hotel erhebt sich vor der herrlichen Kulisse der Alpen. Das Dekor ist rustikal: überall Holzschnitzereien, von der Täfelung in der Gaststube bis zu den Stühlen im Speiseraum (mit Galerie). Hallenbad mit Sauna.

Barmseestr. 1, 82499 Wallgau **Tel.:** (08825) 290 **Fax:** (08825) 366
Mahlzeiten: Frühstück, Abendessen, mittags kleine Gerichte **Preise:** HP DD/DDD, Luxusappartements 200-210 DM **Zimmer:** 52, alle mit Bad oder Dusche, Zentralheizung, Telefon, TV, Radio, Fön, Minibar, einige mit Klimaanlage
Kreditkarten: keine **Geschlossen:** 7 Wochen Nov. bis Dez.
Fremdsprachen: Englisch, Französisch, Italienisch

Register der Hotels

In diesem Register sind die Hotels nach dem wichtigsten Bestandteil ihres Namens alphabetisch geordnet; in vielen Fällen werden sehr häufige Bezeichnungen wie »Hotel«, »Gasthof« u. ä. und der Artikel weggelassen. Beginnt der Name eines Hotels mit »Schloß« oder »Schloßhotel«, wird das Haus in der Regel unter dem darauffolgenden Eigennamen geführt. In den Übersichtsartikeln genannte Hotels werden hier nicht aufgeführt.

Register der Hotels

Register der Hotels

Register der Orte

In diesem Register sind die Hotels nach dem Namen des Ortes, in denen oder in deren Nähe sie liegen, alphabetisch geordnet. Liegt ein Hotel in einem sehr kleinen Ort, so wird es möglicherweise unter dem Namen des nächstgrößeren Ortes aufgeführt, der auf der Karte leichter aufzufinden ist.

A

B

Register der Orte

Register der Orte

Register der Orte